MANAGEMENT DES ORGANISATIONS DE SANTÉ

Karl Blanchet • Mathias Waelli

MANAGEMENT DES ORGANISATIONS DE SANTÉ

De la théorie à la pratique

DUNOD

Éditorial : Marie-Cécile de Vienne, Coline Roche-Lamanche
Fabrication : Pauline Riou
Composition : Nord Compo
Couverture : Studio Dunod (Nicolas Wiel)

NOUS NOUS ENGAGEONS EN FAVEUR DE L'ENVIRONNEMENT :

PAPIER CERTIFIÉ

Nos livres sont imprimés sur des papiers certifiés pour réduire notre impact sur l'environnement.

Le format de nos ouvrages est pensé afin d'optimiser l'utilisation du papier.

Depuis plus de 30 ans, nous imprimons 70 % de nos livres en France et 25 % en Europe et nous mettons tout en œuvre pour augmenter cet engagement auprès des imprimeurs français.

Nous limitons l'utilisation du plastique sur nos ouvrages (film sur les couvertures et les livres).

11 rue Paul Bert, 92240 Malakoff
www.dunod.com

ISBN : 978-2-10-087029-5

PRÉFACE

L'ouvrage que vous avez sous les yeux est le fruit d'un travail remarquable. Une référence d'une telle envergure, couvrant l'essentiel des domaines du management des organisations de santé, était attendue. En lisant attentivement *Management des organisations de santé*, le lecteur pourra, de temps à autre, lever les yeux et, je l'espère, s'interroger sur des questions existentielles entourant l'avenir de nos organisations de santé et celui de leurs acteurs.

Le sens et l'engagement, les attentes et les besoins, l'identité professionnelle et le leadership.

Commençons par le sens et l'engagement. Le sens d'une activité professionnelle a toujours été important, mais il sera désormais vital pour les organisations de santé, qui devront compter sur des générations pour lesquelles la centralité du travail est moins marquée que par le passé. Il faudra convaincre davantage par l'utilité sociale que par le simple devoir. Ceci d'autant plus que l'utilité et le sens global de l'action des soins sont moins évidents, compte tenu de la récente spécialisation et division des pratiques. Le phénomène de *brown-out* – lorsque le professionnel ne trouve plus le sens, l'utilité de son activité professionnelle – et le désengagement des professionnels de la santé sont prévalents, avec un risque réel de rupture. Les organisations de santé devront trouver les leviers, non seulement pour assurer la qualité de leurs soins, mais aussi pour être des sources d'engagement (distinctes de la simple satisfaction) et d'épanouissement pour leurs équipes. Redonner du sens, éliminer les activités absurdes, favoriser le sentiment d'appartenance des professionnels à leur institution et adopter un discours renouvelé (on réenchante rarement avec le désespoir) sont indispensables.

Au fond, l'un des enjeux majeurs est de réconcilier les attentes des professionnels de la santé avec les besoins de leurs organisations. Or, l'une des fortes attentes de ces professionnels est l'autonomie. Par exemple, un tiers des médecins a évoqué en 2023 la perte de contrôle et d'autonomie comme cause de burnout[1]. Lorsque le contrôle exercé par autrui dépasse l'autonomie, les conséquences sur les individus – quelle que soit leur profession – se traduisent par une démotivation, une perte de confiance et une érosion de l'estime de soi. Plusieurs chapitres de l'ouvrage *Management des organisations de santé* soulignent les efforts à fournir pour permettre aux patients de gagner en autonomie dans la gestion de leurs maladies. Force est de constater que

1. Medscape, *Physician Burnout & Depression*, 2024.

l'autonomisation (*empowerment*) des patients ne s'est pas accompagnée d'un élargissement de l'autonomie des professionnels de la santé pour répondre aux nombreuses demandes et exigences induites par cet *empowerment*. Au contraire, du fait de l'évolution du système et d'une société marquée par une supervision accrue et des contrôles importants des professions de la santé, il s'est probablement opéré, sur le terrain, un certain rétrécissement de l'espace décisionnel des professionnels de la santé – ce que j'ai qualifié ailleurs d'ère de la « *helicopter medicine* »[1]. L'autonomie est une condition *sine qua non* pour l'engagement et la satisfaction des professionnels de la santé. Ceux-ci ont besoin de disposer d'un contrôle accru sur leur carrière, plutôt que de subir celui d'autrui sur leurs activités. Il est par ailleurs urgent de relever cet enjeu pour répondre aux attentes d'une génération de plus en plus encline à rejeter l'idée d'occuper un poste de responsabilité ou managérial (ce qu'on appelle le *conscious unbossing*)[2].

Alors que la médecine personnalisée fait l'objet de réflexions intenses et commence à se dessiner clairement, les médecins, soignants et autres professionnels de la santé semblent souffrir d'une crise d'identité. Sans doute influencée par la fragmentation des soins, la multiplication des fonctions au détriment du cœur de métier, la prolifération des intervenants autour du patient et la perte des traditions et rituels, l'identité professionnelle des professionnels de la santé – faite de connaissances, de savoir-faire spécifique et de valeurs – s'est quelque peu estompée. Avoir une lecture claire de la manière dont on se perçoit et dont on est perçu dans le cadre de son métier est essentiel pour le bien-être professionnel et la réussite à long terme.

Les compétences, valeurs, attitudes, rôles et responsabilités spécifiques aux métiers doivent être comprises et transmises de génération en génération chez les médecins, les soignants et l'ensemble des professionnels de la santé. Or, force est de constater que nous faisons face à une crise dans les actes de transmission des savoir-faire et savoir-être des métiers du soin. Pour assurer la continuité de ces métiers, il faut à la fois renouveler et transmettre. Les organisations de santé doivent dès à présent construire et proposer des programmes de développement de l'identité professionnelle ; sans une identité forte, nous risquons d'être dépassés, voire supplantés, notamment par l'intelligence artificielle.

Pour nous aider à nous surpasser et à faire avancer nos organisations aussi vite que les évolutions sociétales et technologiques, il nous faudra des leaders, de nombreux leaders. Des leaders audacieux et courageux. Il est impératif de

---

1. Guessous I., « Médecine transformée : (ré)concilier attentes et besoins », *Revue médicale suisse*, vol. 20(888), 2024, p. 1679-1680.
2. Gentina A., « "Conscious Unbossing" ; quand les jeunes délaissent le rôle – trop stressant – de manager », *Courrier Cadres*, 2024.

consacrer autant de temps et d'énergie à leur formation et à leur identification (ils et elles seront de plus en plus difficile à trouver) qu'à l'interprofessionnalité, l'intelligence collective et au leadership partagé. Ces « concepts », présentés comme la panacée, ou du moins les bonnes nouvelles pratiques dans les institutions de santé, et assurer la présence de ces grands leaders ne doivent pas être mutuellement exclusifs. Les malheurs de la vie n'arrivent pas que du lundi au vendredi, de 9 h à 17 h, et qu'à 50 %. Il faudra toujours des organisations et professionnels de la santé, la nuit, pour prendre soin des patients.

Les grands leaders sauront nous le rappeler.

Genève, février 2025

Idris Guessous

Professeur et Vice-Doyen, Faculté de médecine, UNIGE

LES AUTEURS

Coordination

Karl Blanchet est Professeur à la faculté de médecine de l'université de Genève. Diplômé d'un master en management, il est également Docteur en santé publique. Il débute sa carrière à la London School of Hygiene and Tropical Medicine avant de rejoindre en 2019 l'université de Genève. Il est aujourd'hui directeur académique du programme de formation en management des organisations de santé et co-directeur du Healthcare Organisation Management Research Lab à l'université de Genève. Il publie dans des revues scientifiques prestigieuses, comme le *Lancet*.

Mathias Waelli est *privat-docent* à la faculté de médecine de l'université de Genève. Jusqu'en 2018, il a été maître de conférences en sciences de gestion à l'École des hautes études en santé publique (EHESP) à Rennes. Il est aujourd'hui directeur pédagogique des formations en management des organisations de santé et directeur du Healthcare Organisation Management Research Lab à l'université de Genève.

Contributeurs

Les auteurs tiennent à remercier chaleureusement Rosemary Jouhaud pour le travail essentiel de coordination des chapitres de cet ouvrage !

Maria Ximena Acero (chapitre 8) est chargée de recherche appliquée et développement pour l'Institut interdisciplinaire du développement de l'entreprise, au sein de la Haute école d'ingénierie et de gestion du Canton de Vaud, en Suisse.

Maëlle Achard (chapitres 3 et 4) est infirmière aux Hôpitaux universitaires de Genève et collaboratrice scientifique à la faculté de médecine, à l'université de Genève.

Marlène Barreda (chapitre 22) est maître de conférences à l'université de Perpignan, dans le département de recherche en management.

Erwan Bellard (chapitre 6) est chargé d'enseignement à la faculté de psychologie et des sciences de l'éducation de l'université de Genève. Docteur en sciences économiques et sociales, il est co-directeur des formations MRHC (Management, ressources humaines et carrières).

Pierre Chopard (chapitre 11) est le fondateur de la Chopard Quality Academy in Healthcare, à Genève. Docteur en médecine, il a été président de la Commission fédérale pour la qualité, en Suisse.

Isabelle da Ernestho Crespin (chapitre 24) est responsable de la transition écologique dans les soins, aux Hôpitaux universitaires de Genève.

Stéphanie Dagron (chapitre 10) est professeure à la faculté de droit et de médecine de l'université de Genève, au sein du département Global Studies Institute.

Souhayl Dahmani (chapitre 7) est professeur d'anesthésiologie et soins intensifs à l'hôpital Robert Debré et Robert Ballanger, au sein l'université de Paris-Cité.

Sylvain De Lucia (chapitre 24) est médecin chef de clinique aux Hôpitaux universitaires de Genève, dans le service de médecine de premier recours. Il est référent de la transition écologique dans les soins pour son département.

Antoine Flahault (chapitre 20) est médecin épidémiologiste, professeur à la faculté de médecine de l'université de Genève, où il dirige l'Institut de santé globale.

Irène Georgescu (chapitre 22) est professeure à l'université de Montpellier, dans le département de recherche en management.

Idris Guessous (préface) est médecin chef de service aux Hôpitaux universitaires de Genève, dans le service de médecine de premier recours. Il est vice-doyen de la faculté de médecine de l'université de Genève.

Rosemary Jouhaud (chapitres 13 et 14) est médecin interne en santé publique et collaboratrice scientifique à la faculté de médecine de l'université de Genève.

Philippe Lorino (chapitre 12) est Professeur émérite à l'Essec Business School, à Paris, et expert auprès de l'Autorité de sûreté nucléaire française.

Laurie Marrauld (chapitre 23) est maître de conférences à l'École des hautes études en santé publique, à Rennes.

Joachim Marti (chapitre 17) est professeur associé en économie de la santé à l'université de Lausanne et co-responsable du secteur économie et politiques de santé au Centre universitaire de médecine générale et santé publique (Unisanté).

Sophie Meisser (chapitre 24) est responsable du pôle responsabilité sociale et environnementale des Hôpitaux universitaires de Genève.

Franck Missonier-Piera (chapitre 18) est professeur aux universités de Fribourg et Genève, titulaire de la chaire de Comptabilité et Analyse Financière.

Aude Motulsky (chapitre 16) est professeure dans le département de gestion, d'évaluation et de politique santé de l'École de santé publique de l'Université de Montréal et co-directrice du LabTNS – transformation numérique en santé.

Nicolas Perone (chapitre 15) est médecin spécialiste en médecine interne et chargé d'enseignement à la faculté de médecine de l'université de Genève, à l'Institut universitaire de médecine de famille et de l'enfance.

Arnaud Perrier (chapitre 2) est professeur honoraire de la faculté de médecine de l'Université de Genève et a été directeur médical des Hôpitaux de Genève.

Thomas C. Ricketts (chapitre 9) est professeur et membre senior de l'université de Chapel Hill, en Caroline du Nord, au Cecil G. Sheps Center pour la recherche sur les services de santé.

Claude-François Robert (chapitre 21) est médecin, spécialiste FMH en santé publique, et chargé d'enseignement à l'université de Neuchâtel, en Suisse.

Béatrice Schaad (chapitre 5) est professeure titulaire à l'Institut des humanités en médecine, au sein du Centre hospitalier universitaire vaudois, en Suisse. Elle est en charge de l'enseignement et de la recherche sur les relations entre patients, proches et professionnels.

Philippe Schaller (chapitre 19) est le fondateur du Réseau Delta, réseau intégré de soins avec coresponsabilité budgétaire, en Suisse. Il est médecin associé aux Hôpitaux universitaires de Genève.

Claude Sicotte (chapitre 16) est professeure dans le département de gestion, d'évaluation et de politique santé de l'École de santé publique de l'Université de Montréal.

Fatima Yatim (chapitre 3) est maître de conférences au Laboratoire interdisciplinaire de recherches en sciences de l'action (Lirsa), au Conservatoire national des arts et métiers, en France.

SOMMAIRE

INTRODUCTION

Ce livre s'adresse aux managers des organisations de santé, ceux dont nous assurons la formation à l'université de Genève.

En avril 2022, nous avons hérité, à la faculté de médecine, de la plus grande formation continue de Suisse romande en management des organisations de santé, réunissant aujourd'hui plus de 250 participants chaque année. Ces participants sont des cadres paramédicaux, infirmiers, médecins, chefs d'équipes administratives, de département, directeurs et directrices d'hôpitaux, d'institutions médico-sociales, de soins à domicile, de centres de santé communautaires… autant de profils variés et de perspectives multiples. Pour autant, les défis auxquels ils font face sont assez similaires : gérer des équipes, intégrer des innovations techniques et organisationnelles, coordonner les parcours complexes de santé, assurer la qualité et la sécurité des soins, prendre des décisions dans un univers en constante évolution, ou communiquer en situation de crise.

Nous savons à quel point le potentiel de ces compétences est intéressant pour améliorer les performances des organisations de santé. Aux États-Unis, le coût d'une mauvaise organisation est chiffré à près de 30 % des dépenses totales de santé (doublons, no shows, coûts des hospitalisations évitables…)[1]. Minvielle[2] estime qu'en France, on pourrait déjà aisément réduire ces dépenses d'un tiers par une meilleure coordination des acteurs impliqués dans les parcours de patients. Ce n'est pas seulement une question d'argent ; le management est aussi une clé de la qualité et de la sécurité des soins. Près de 70 % des évènements indésirables sont attribués à des lacunes de communication[3]. Enfin, dans un contexte où l'on se préoccupe du manque d'attractivité des métiers de la santé, le management est aussi au cœur de la qualité de vie au travail.

Nous nous sommes donnés pour mission d'accompagner les participants et les alumni dans les défis du quotidien, avec une approche scientifique. C'est dans cet esprit qu'est né cet ouvrage, qui offre des analyses de terrain, des propositions concrètes et des lectures complémentaires. Ce livre réunit des experts internationaux dont les travaux éclairent directement la pratique managériale. Ils interviennent pour la plupart dans nos formations. Nous les avons choisis pour leurs qualités académiques mais aussi pour leur pragmatisme, car le management est avant tout une science de l'action.

1. Berwick D.M., Hackbarth A.D., "Eliminating waste in US health care", *JAMA Network*, vol. 307(14), 2012, p. 1513-1516.
2. Minvielle E., *Le patient et le système*, Seli Arslan, 2018.
3. The Joint Commission, *Sentinel Event Data Summery*, 2007.

Dans cet esprit, nous avons conçu ce livre comme un pont entre la théorie et la pratique : les grands enjeux rencontrés par les managers des organisations de santé sont adressés en termes simples par des sociologues, économistes, cliniciens, juristes, politistes et gestionnaires, dont les recherches apportent des réponses concrètes et applicables aux acteurs de terrain. Nous avons aussi mobilisé des acteurs de terrain innovants, avec par exemple un entretien avec une représentante des patients partenaires. Leurs témoignages éclairent à la fois l'importance et la difficulté de faire une place à la perspective des patients dans l'organisation.

Chaque chapitre soulève un enjeu de management des organisations de santé, offre une synthèse des connaissances actuelles, propose des solutions pratiques puis suggère des lectures complémentaires. La structure du livre poursuit une logique de terrain qui préside au découpage des sous-disciplines des sciences de gestion : stratégie, gestion des ressources humaines, finances, systèmes d'information, contrôle de gestion, évaluation, communication et gestion de crise.

Nous avons intégré des aspects émergents mais incontournables dans la transformation des systèmes de santé. Le premier aspect concerne la place des patients et des proches, qui évolue beaucoup dans l'organisation du travail (Partie 1). Cet élément a surtout été abordé d'un point de vue clinique (centrage patient, partenariat patient, décision partagée…) mais rarement sous une perspective managériale. Comment ces pratiques transforment l'organisation ? Quelles ressources mettre à disposition des professionnels pour favoriser le dialogue avec les patients et les proches ? Ces questions se situent au cœur des préoccupations des managers et traversent tous les aspects de leur activité, aussi bien la gestion d'équipe ou financière, le management par la qualité, ou la gestion de crise. D'un point de vue stratégique, ces questions s'inscrivent dans une transformation profonde des organisations vers une gestion de la singularité à grande échelle. Nous avons alors souhaité que les patients tiennent une place de choix en ouverture de cet ouvrage.

La gestion des ressources humaines préoccupe particulièrement les managers de la santé (Partie 2). Dans une étude sur les priorités au travail, les managers de première ligne évoquent d'abord la dynamique de groupe, le management générationnel (en particulier, les difficultés d'intégrer les pratiques des jeunes générations), les tensions entre les professions, également l'attraction des métiers de santé, la protection des personnels et l'accompagnement de nouveau métiers comme enjeux du quotidien. Cette attention spécifique des acteurs aux questions d'interaction avec les équipes reflète parfois une difficulté à s'extraire de l'instant pour analyser les conflits dans une perspective systémique.

La performance et la qualité (Partie 3) sont souvent associées par les professionnels de santé (et parfois les managers de proximité) à des normes venues d'en haut, déconnectées de l'activité. En elles-mêmes, ces notions remettent les résultats au centre de l'activité. Elles constituent alors pour les managers une opportunité de conférer du sens au travail et d'améliorer les pratiques. Les chapitres qui leur sont consacrés proposent d'expliquer l'histoire du management par la qualité dans les hôpitaux, de réfléchir à l'appropriation des outils d'aide à la décision et de discuter deux outils d'amélioration des pratiques ; le Lean et l'évaluation de l'expérience des patients.

Aujourd'hui, le développement des systèmes et des technologies de l'information (Partie 4) est porteur de beaucoup d'espoir pour les décideurs du milieu de la santé. Ces innovations se présentent comme des leviers de la personnalisation des prises en charge, d'amélioration de la qualité des soins et de rationalisation des coûts. Mais la technologie seule ne garantit pas ces résultats. Ceux-ci dépendent à la fois de l'adaptation des outils aux contraintes du terrain et de l'appropriation par les acteurs. Le premier chapitre propose une revue des dispositifs, de leurs apports et de leurs limites sur le terrain. Le second nous rappelle combien le social et la technique sont imbriqués et ainsi le rôle clé des managers des organisations de santé dans la mise en œuvre de ces innovations.

Dans un contexte de rationalisation des ressources, l'économie et les finances tiennent une place centrale dans l'écosystème des managers de la santé (Partie 5). L'organisation repose sur des modes de financement qui peuvent aussi bien les contraindre dans leur activité ou, à l'inverse, les inciter à multiplier les actes. L'exemple des soins intégrés montre à quel point les incitatifs financiers conditionnent les modes d'organisation du travail. Mais les outils financiers peuvent aussi constituer des opportunités. Pour prendre des décisions, ou pour les appuyer dans les négociations concernant les ressources, les managers disposent d'informations financières de plus en plus riches, qu'ils doivent apprendre à décrypter.

L'actualité sanitaire et climatique rappelle régulièrement aux managers l'importance de la gestion de crise (Partie 6). Elle les incite d'abord à mieux saisir les facteurs épidémiologiques et climatiques pour anticiper les réponses à déployer. Les situations de crises nécessitent la mise en place d'une communication adaptée en interne, pour assurer la coordination et l'implication des équipes, et surtout à l'extérieur, pour s'assurer la compliance des populations et la mise à disposition des ressources nécessaires. Par ailleurs, les crises constituent des laboratoires d'innovations organisationnelles, susceptibles à long terme d'enrichir l'arsenal des managers de la santé.

Enfin, le livre se termine sur une réflexion prospective. En interrogeant l'empreinte carbone du système de santé, la dernière partie (Partie 7) confie encore au manager une nouvelle responsabilité pour l'avenir.

Karl Blanchet et Mathias Waelli

TRANSFORMER LA PLACE ET LE RÔLE DU PATIENT AU SEIN DES ORGANISATIONS DE SANTÉ

1

PARTIE

1 PERSONNALISATION DES PARCOURS DE SANTÉ : UNE AFFAIRE DE MANAGEMENT

Mathias Waelli

Résumé

L'augmentation du nombre de maladies chroniques met les organisations de santé au défi de la personnalisation, consistant à adapter les services aux besoins spécifiques de chaque patient. Aujourd'hui, ce processus est peu formalisé. Les recherches sur le sujet adoptent surtout une perspective clinique. Elles visent principalement à trouver le bon traitement pour le bon patient. C'est important mais les besoins de personnalisation comprennent aussi d'autres aspects de la prise en charge, telle que la prise en compte de contraintes de la vie quotidienne (activités sportives, gardes d'enfants, implication dans la vie professionnelle, charges ménagères…). Les considérer exige d'engager des transformations profondes de l'organisation. Celles-ci pourraient s'inspirer des exemples d'autres services marchands. Cette démarche nous a conduits à identifier six facteurs-clés qui conditionnent la gestion de la personnalisation en santé : la catégorisation, le développement des compétences, l'implication des patients, les nouvelles technologies, l'évaluation par les patients et la faisabilité financière.

MESSAGES-CLÉS

- Il y a une forte demande de personnalisation du service en santé.
- Les travaux sur la personnalisation en santé s'adressent principalement aux professionnels de la clinique. Ils ne donnent pas les ressources au management pour le faire.
- Les modèles appliqués dans d'autres secteurs d'activité, parce qu'ils mettent l'accent sur les ressources organisationnelles, peuvent inspirer la personnalisation en santé.
- Il existe six facteurs-clés, favorisant la personnalisation dans les organisations de santé. La catégorisation constitue le facteur essentiel pour organiser une stratégie de personnalisation en santé.
- Un enjeu fort consiste à mieux prendre en compte les demandes non-cliniques lorsqu'on catégorise les besoins des patients.

INTRODUCTION

Dans les services marchands, nous faisons chaque jour l'expérience de la personnalisation. Lors des courses dans la grande distribution, nous sommes la cible de promotions nominatives. Elles nous informent, par différents canaux, de la baisse du prix de nos aliments préférés. Ce marketing ciblé résulte d'une analyse systématique des habitudes de consommation par l'intermédiaire des cartes de fidélité. Pendant ce temps, nous écoutons de la musique sur des applications qui, sur le même principe, anticipent nos envies. Elles font des propositions de morceaux adaptés à nos goûts. De façon plus épisodique, nous profitons aussi de la possibilité offerte par les enseignes de meubles de composer un dressing ou une cuisine adaptée aux contraintes de notre habitat et à nos goûts personnels. Nous y parvenons par la combinaison originale d'une variété d'éléments standardisés…

Dans tous ces cas, pour offrir un service personnalisé à grande échelle, – au sens d'une réponse adaptée aux besoins spécifiques des individus sans augmenter les coûts de production – ces organisations ont connu des changements profonds. Dans ces secteurs, ces transformations ont été bien analysées, permettant d'identifier les ressources nécessaires pour les mettre en œuvre. Ces exemples pourraient inspirer l'organisation du travail dans la santé.

En effet, dans le secteur de la santé aussi, l'évolution des prises en charge met le management au défi de personnaliser les services. Le vieillissement de la population et l'accès à des nouveaux traitements – qui tout à la fois améliorent les pronostics et augmentent la durée des parcours de soins – rendent la prise en charge des patients plus complexe. Lorsque le parcours dure plusieurs mois, voire des années, qu'il passe par des aller/retour entre l'hôpital, le domicile et autres établissements médico-sociaux, avec des phases aiguës, des phases de rémission et moments d'observation, les besoins des patients et leurs familles évoluent. Ils se multiplient et changent de nature. Pour mieux y répondre, les organisations, encore très centrées sur l'offre médicale, doivent passer à un système centré sur la demande des bénéficiaires.

Une première difficulté de ce passage c'est de se donner les moyens de recueillir, considérer toutes les demandes des patients et de les faire parvenir au bon format, aux bons professionnels dans les bonnes institutions. Comme ces demandes émergent en tous lieux et peuvent concerner de nombreux aspects de la vie quotidienne (comme l'exercice physique, l'aide au ménage, le droit du travail, le transport, la garde d'enfants…), cela exige aussi de répondre à des nouvelles attentes.

Le second enjeu consiste alors à considérer et traiter des demandes sortant du périmètre classique de la clinique. Les équipes de soins, très occupées par ailleurs ne les considèrent pas toujours comme une priorité (ce que les soignants signifient parfois par la remarque « ce n'est pas un hôtel ici ! »). Ces deux aspects (recueillir et traiter les besoins, et répondre à des demandes nouvelles) constituent un fort enjeu pour l'organisation du travail. En santé, la question du traitement des demandes est connue. Mais elle est étudiée principalement du point de vue des professionnels de la clinique. Ce chapitre vise à montrer l'importance de recourir aux sciences de gestion pour appuyer l'effort de personnalisation.

LE POINT DE VUE CLINIQUE : MÉDECINE PERSONNALISÉE ET *PATIENT-CENTERED CARE*

La personnalisation en santé s'est surtout exprimée d'un point de vue biomédical. Elle a pris d'abord la forme de la « médecine personnalisée ». La médecine personnalisée définit les besoins des patients par l'analyse de leurs spécificités biologiques ou, plus précisément, génétiques. Elle vise alors un objectif principal : déterminer le bon traitement au bon moment pour le bon patient[1]. C'est évidemment un aspect central de la prise en charge, notamment en oncologie,

1. Jackson S. E., Chester J. D., "Personalised cancer medicine", *International Journal of Cancer*, vol. 137(2), 2015, p. 262-266.

mais il n'est pas le seul. D'autres types d'attentes des patients existent. Elles doivent alors être prises en considération lorsqu'on conçoit le fonctionnement d'une organisation de santé.

Toujours dans une optique clinique, mais dans une approche plus globale du soin, les perspectives « centrées sur le patient »[1] ont émergé au début des années 2000. Elles proposent une avancée importante vers la personnalisation. Ces approches proposent aux professionnels de santé de considérer des besoins de patients de nature très variée en fonction des environnements dans lesquels ils évoluent. Elles invitent les professionnels de santé à adapter leurs prises en charge non seulement aux caractéristiques biologiques mais aussi psycho-sociales des individus. Elles rappellent ainsi que l'isolement social des patients, les barrières financières pour l'accès au traitement, l'état psychologique… doivent être considérés lors d'une prise en charge. L'approche centrée sur les patients propose aussi des services différents, allant du transport à l'appui juridique, en passant par l'aide au ménage. Ces services ne relèvent pas directement des compétences cliniques des soignants. Ils ont cependant un impact important sur l'état de santé des patients.

Nous savons maintenant qu'en plus de ces besoins de types psycho-sociaux, les patients expriment aussi des préférences durant la prise en charge, souvent ignorées par nos organisations. Dans une étude de l'expérience patient en oncologie[2], nous avons montré que les demandes qualifiées de « non-cliniques » étaient perçues par les patients comme mal prises en compte dans les hôpitaux. Les résultats ont aussi montré que ces mêmes patients attribuent autant d'importance aux demandes non-cliniques (liées à la vie quotidienne) qu'aux demandes cliniques (choix des traitements, renseignements sur les effets secondaires…). Le champ des demandes s'étend alors bien au-delà des compétences traditionnelles des professionnels de santé. Il intègre toutes sortes de services comme des « renseignements sur les horaires des bus » et « l'accès au parking », « la garde d'un chien », le « confort en chambre et l'accès à des biens culturels durant un séjour hospitalier ». La prise en compte de ces demandes nécessite le développement de nouvelles compétences, éventuellement de nouveaux métiers, et de nouvelles ressources organisationnelles qui ne sont pas traitées par la recherche clinique.

Ainsi, les approches cliniques centrées sur les patients agissent comme un révélateur de la variété des besoins. Elles jouent un rôle très important de sensibilisation des professionnels à la nécessité de les intégrer dans leurs pratiques.

---

1. Bardes C. L., "Defining patient-centered medicine", *The New England Journal of Medicine*, vol. 366, 2012.
2. Waelli M., Minvielle E., Acero M. X., Ba K., Lalloué B., "What matters to patients? A mixed method study of the importance and consideration of oncology patiente demands", *BMC Health Services Research*, vol. 21, 2021, p. 1-13.

Cet aspect concourt à limiter les résistances au changement. Cependant, ces approches n'ont pas pour vocation d'identifier les ressources organisationnelles nécessaires pour les prendre en compte. En d'autres termes, elles nous montrent ce que l'on doit faire, mais pas comment le faire. C'est là le rôle des sciences de gestion.

LE POINT DE VUE MANAGÉRIAL : « *MASS CUSTOMIZATION* »

Depuis la fin des années 1980, les sciences de gestion ont beaucoup analysé la montée en puissance des stratégies de personnalisation dans d'autres secteurs d'activité. Les transformations du secteur marchand peuvent alors éclairer les managers de la santé. Depuis la fin des années 1970, on a assisté à un processus de dé-standardisation de la production des biens et des services. Le phénomène repose sur les principes de la *mass customization* définie par Davis[1] comme « la production de biens et de services répondant aux besoins individualisés des consommateurs tout en restant au prix de la production de masse ». La première leçon de la *mass customization* est que la standardisation de la production n'est pas en contradiction avec la personnalisation du bien ou du service rendu. Au contraire, c'est la standardisation de la production qui rend possible la gestion de la singularité à grande échelle. Ce qui caractérise la personnalisation à cette échelle, c'est la combinaison de séquences plus ou moins standardisées. Lampel et Mintzberg définissent le niveau de customisation (+ ou – individualisé) par l'implication des bénéficiaires aux différentes étapes du processus de production de bien ou de service (de la conception à la distribution en passant par la fabrication et l'assemblage). Plus le bénéficiaire intervient en amont du processus de production (conception), plus le service est considéré comme customisé. Les auteurs soulignent déjà qu'en santé, en comparaison d'autres services, le besoin de personnalisation est en moyenne très élevé, mais qu'il est différencié, en fonction du type de prise en charge et des caractéristiques du bénéficiaire. Dans les situations complexes, la demande des patients doit être prise en compte très en amont, dès la conception des prises en charge.

1. Davis S. M., *Future perfect*, Palgrave Macmillan UK, 1990, p. 18-28.

Continuum de stratégies vers la personnalisation à grande échelle (exemple du secteur marchand et de la santé).

	Pure standardisation Standardisation du design à la distribution, le consommateur n'intervient à aucune étape du processus	**Standardisation segmentée** Le choix du consommateur intervient lors de la distribution, mais il n'a aucune influence sur le processus de production	**Standardisation customisée** Le client intervient à l'étape d'assemblage	**Customisation sur-mesure** Le client intervient dans la fabrication du produit	**Pure customisation** Les demandes du client interviennent dès la conception du processus
Exemples marchand	Ford T (*"any color as long as it is black"*)	Choix de céréales en rayon	Cuisine Ikea, *Build a bear*	Commande d'un gâteau d'anniversaire	Architecture d'intérieur
Santé	Prescription médicale	Espace aménagé pour patients stressés	Cataracte	Appendicectomie	Interventions complexes

Source : Lampel et Mintzberg

L'APPLICATION AU MANAGEMENT DE LA SANTÉ : SIX FACTEURS CLÉS ORGANISATIONNELS

Le transfert à la santé de principes hérités du secteur marchand ne va pas de soi. Par exemple, intégrer les demandes des patients à toutes les étapes du processus de prise en charge peut provoquer des résistances. Les professionnels de santé peuvent parfois remettre en cause l'expertise des patients dans la prise de décisions concernant leur propre prise en charge. Pour autant, le principe de base de la *mass customization,* répond bien aux caractéristiques de l'activité en santé : la combinaison individualisée de séquences standardisées. En effet, par nature, l'activité en santé est nécessairement humaine et relationnelle. Elle nécessite des ajustements constants aux besoins individuels des patients et de leurs proches. Dans le même temps, la standardisation des protocoles constitue une garantie d'accès au plus grand nombre à des soins de qualité.

Dernièrement, le concept du GERS a été développé par Minvielle[1] pour décrire l'implémentation des principes de la *mass customization* dans la santé (*care customization*). Il repose sur une revue de littérature intersectorielle antérieure[2] qui a permis d'identifier six facteurs-clés organisationnels : La catégorisation (FC1),

1. Minvielle E., *Le patient et le système : en quête d'une organisation sur-mesure : approches innovantes du parcours de santé*, Seli Arslan, 2018.
2. Minvielle E., Waelli M., Sicotte C., Kimberly J. R., "Managing customization in health care: a framework derived from the services sector literature", *Health Policy*, vol. 117(2), 2014, 216-227.

l'implication des patients (FC2), le développement de compétences (notamment de coordination) (FC3), l'usage des technologies de l'information (FC4), l'évaluation de l'expérience des patients (FC5) et le business model (FC6). Ces facteurs ont chacun des enjeux propres, mais sont interdépendants dans leur activation.

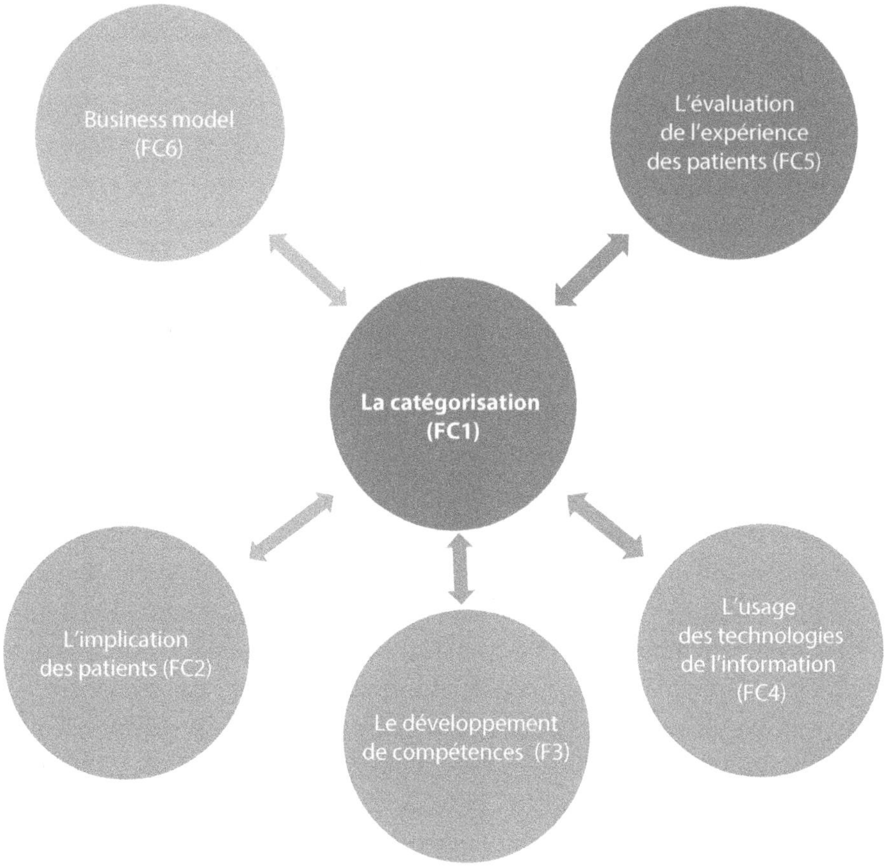

Six facteurs clés pour la personnalisation du service à grande échelle en santé[1].

1. Waelli M., création originale, 2025.

LA CATÉGORISATION, POINT DE DÉPART D'UNE PERSPECTIVE GESTIONNAIRE SUR LA PERSONNALISATION

L'ensemble des facteurs agissent sur la personnalisation du service en santé. Cependant, dans une perspective gestionnaire, la catégorisation (FC1) constitue un point essentiel, spécifique à cette approche. Les autres facteurs sont communs avec certaines approches cliniques centrées patients. La catégorisation consiste à produire des segmentations de bénéficiaires et à identifier pour chaque segment des réponses adaptées et actionnables dans l'organisation. Le niveau de précision des informations et la temporalité du recueil de données sont des enjeux-clés. La réponse à ces enjeux dépend d'abord des ressources disponibles. Il doit y avoir au moins une réponse pertinente par catégorie de bénéficiaires.

Comme nous l'avons souligné concernant la nature des demandes en oncologie, il serait souvent souhaitable d'élargir le spectre des réponses possibles en incluant des services de nature non-clinique. Cela impliquerait alors aussi d'intégrer dans le recueil de données davantage d'items concernant des caractéristiques psycho-sociales, mais aussi de prendre en compte des préférences de la vie quotidienne. L'autre point d'attention est la mise à jour des données pour ajuster les réponses aux évolutions des besoins des patients. À l'hôpital, c'est souvent au début et à la fin d'un séjour qu'on recueille des données permettant de catégoriser les patients. Ces moments ne sont pas forcément les mieux choisis. Ils sont souvent chargés de stress et déconnectés des besoins de la vie quotidienne. D'autres moments paraîtraient plus adaptés, situés en amont ou en aval dans le parcours de soins, lorsque les patients, leurs proches et même les professionnels sont plus disponibles et ont une meilleure compréhension des besoins réels.

La catégorisation est prise très au sérieux dans l'ensemble des services marchands. En témoigne le succès des méthodes CRM (*consumer relationship management*) qui structurent aujourd'hui l'ensemble des relations des consommateurs avec les grandes entreprises de service. Les investissements sur les solutions dédiées forment aujourd'hui le plus gros poste de dépense informatique des entreprises aux États-Unis[1]. On le voit avec les solutions CRM, les nouvelles technologies (FC2) qui prennent en charge le recueil et le traitement des données sont un facilitateur important à cette étape de conception

1. Selon une étude de Fortune Business Insights, les entreprises nord-américaines dépensent plus de 60 milliards de dollars par an dans des logiciels CRM. Ce qui en fait le plus gros investissement en solutions informatiques professionnelles. Selon la revue, ce chiffre pourrait doubler en 2030.

du service. Dans la santé, le phénomène émergeant de personnalisation repose aussi souvent sur le développement de solutions informatiques et d'applications disponibles sur les smartphones. C'est le cas d'HUG@home, Chuv@home en Suisse ou AP-HP Patient en France qui permettent de fluidifier les parcours des patients. Dans ce cas, l'informatique n'est pas seulement un support pour le recueil et le traitement de données (FC1), c'est aussi un support au développement des compétences de coordination inter et intra institutionnelle (FC4). Elle est également une modalité d'implication des patients dans la gestion de leur parcours (FC3) puisque les applications dédiées donnent accès à l'information sur les pathologies, permettent de mieux gérer les prises de rendez-vous en ligne, donnent des informations sur les attentes aux urgences et facilitent les interactions avec les équipes soignantes depuis le domicile… La diffusion de technologie de l'information se présente aussi comme une opportunité de mieux évaluer l'expérience des patients et de leurs proches (FC5).

L'exemple ci-dessus montre à la fois l'imbrication des facteurs-clés et la dimension fortement structurante de la catégorisation. De façon générale, les stratégies de personnalisation du service à grande échelle s'échafaudent autour d'un projet de catégorisation des bénéficiaires et des services proposés. Les autres facteurs répondent à des enjeux de mise en œuvre et d'évaluation. Cet aspect constitue la caractéristique d'une perspective gestionnaire sur la personnalisation.

CONCLUSION

Cette introduction visait à sensibiliser les managers de la santé à l'importance de considérer la personnalisation dans une perspective d'organisation du travail.

Notre démarche implique au moins deux points d'attention qui ne sont pas ou peu présents dans les approches cliniques de la personnalisation : les dimensions dialectique et intersectorielle.

Il faut considérer d'abord la personnalisation comme un processus dialectique au sens d'un mouvement produit par une action réciproque. Cela veut dire que d'un point de vue organisationnel, standardiser ne s'oppose pas à personnaliser. La standardisation est même la seule manière d'envisager la personnalisation à si grande échelle. Elle permet tout à la fois de faire des économies d'échelle et d'assurer la qualité des prestations. C'est l'intervention du patient à toutes les étapes du processus de production qui assure l'individualisation de la réponse organisationnelle. Enfin, la dimension dialectique implique aussi de considérer le travail toujours en tension (ici entre la standardisation et l'individualisation). Cela permet de mieux anticiper les éventuels conflits dans l'organisation du travail. Les managers ont alors la tâche (importante) d'organiser des espaces de dialogue sur le travail aboutissant à des compromis opératoires et à la personnalisation des prises en charge des patients.

La perspective organisationnelle distingue aussi l'organisation de l'activité clinique. Elle est donc par nature intersectorielle. Elle invite les acteurs à réfléchir au transfert de principes de management issus d'autres secteurs d'activité partageant un certain nombre de caractéristiques communes (ici le service à la personne). Aller voir ailleurs est parfois la source d'importantes innovations managériales. Parmi ces innovations, notons les récents rapprochements en Suisse d'hôpitaux universitaires avec une grande école de management, dans le but d'offrir un véritable service hôtelier aux patients en long séjour. Enfin, les comparaisons intersectorielles facilitent la compréhension des phénomènes. Elles permettent de distinguer ce qui est commun à tous les secteurs de ce qui est propre à l'un d'entre eux. C'est de cette démarche que sont issus les six facteurs-clés de personnalisation du service en santé discutés plus haut. Faire des comparaisons éclaire aussi les managers dans leur action quotidienne sur les enjeux de la mise en œuvre de ces facteurs dans les organisations de santé.

PROPOSITIONS MANAGÉRIALES

- La perspective gestionnaire et le détour intersectoriel permettent aux managers de se débarrasser d'un certain nombre d'idées reçues sur la personnalisation en santé.
- Il faut raisonner la personnalisation en santé comme une combinaison originale de processus standardisés. Le management doit tendre à standardiser les processus (de catégorisation des patients par exemple) qui permettent de prendre en compte les besoins individuels des patients à grande échelle.
- La catégorisation des demandes et des ressources pour y répondre doit être mise au centre des projets de personnalisation à grande échelle.
- L'organisation doit mieux considérer et traiter les demandes non-cliniques des patients. Les critères de catégorisation utilisés par les professionnels centrés sur la clinique ne tiennent pas toujours compte des priorités des patients.

Lectures complémentaires

- LAMPEL J., MINTZBERG H., "Customizing customization", *Sloan Management Review*, vol. 38, 1996.
- MINVIELLE E., *Le patient et le système : en quête d'une organisation sur-mesure : approches innovantes du parcours de santé*, Seli Arslan, 2018.
- WAELLI M., MINVIELLE E., ACERO M. X., BA K., LALLOUÉ B., "What matters to patients? A mixed method study of the importance and consideration of oncology patient demands", *BMC Health Services Research*, vol. 21, 2021, p. 1-13.

2 RÉPONDRE AUX BESOINS DES PATIENTS LES PLUS VULNÉRABLES À L'HÔPITAL

Arnaud Perrier

Résumé

Certains patients, souvent appelés « vulnérables », sont à risque d'être mal pris en charge en milieu hospitalier, en particulier lorsque le problème médical se double de difficultés majeures de communication et/ou de troubles du comportement. Les médecins et soignants manquent de compétences pour répondre à leurs besoins et sont ainsi mis en difficulté. Le programme handicap déployé aux Hôpitaux universitaires de Genève (HUG) s'adresse aux personnes en situation de polyhandicap ou de déficience intellectuelle avec troubles du comportement. Les actions d'amélioration sont ciblées sur les besoins identifiés par ces personnes, leurs proches, les professionnels de l'hôpital et les partenaires du réseau. La transmission des informations essentielles depuis le lieu de vie, un soutien spécialisé aux équipes pendant l'hospitalisation, la préparation du retour dans le lieu de vie et une formation de base des professionnels ont permis d'améliorer la qualité des soins et la satisfaction tant des soignants que des patients.

MESSAGES-CLÉS

- La prise en charge de certaines catégories de patients dits « vulnérables » pose des défis aux médecins et soignants, notamment en raison de problèmes de communication et/ou de comportement.
- Les projets destinés à leur assurer une prise en charge de qualité doivent répondre à des objectifs précis, basés sur les demandes de ces personnes et de leurs proches, et les observations des professionnels de santé.
- Ce regard croisé permet de cibler les interventions qui ont le plus grand impact potentiel dans un contexte de ressources limitées.
- L'implication de tous les partenaires du réseau de soins est indispensable, de même qu'une attention particulière aux phases de transition.
- La formation des professionnels de terrain, d'une brève formation de base à large échelle à des formations approfondies destinées à des futurs référents dans leur environnement de travail permet de limiter les ressources spécialisées nécessaires.
- Les compétences acquises dans la prise en charge de ces situations particulièrement complexes bénéficient à l'ensemble des patients.

INTRODUCTION

Marc est un homme de 24 ans vivant avec un trouble sévère du spectre autistique. Il réside depuis quatre ans dans une institution spécialisée. Depuis deux jours, il est inhabituellement tendu, ce qui se manifeste par des gestes d'automutilation, un refus de participer aux activités et des gestes agressifs envers les éducateurs et les autres résidents. La situation devenant difficile à gérer dans son foyer, Marc est amené aux urgences ambulatoires adultes des Hôpitaux universitaires de Genève (HUG). La salle d'attente est pleine et les deux heures d'attente avant de pouvoir rencontrer un médecin sont extrêmement difficiles pour Marc, ses accompagnants et les autres patients. Il n'y a pas de fiche de transmission du foyer détaillant les problèmes de santé de Marc, son traitement, ni la manière de l'aborder. L'infirmière et la médecin qui l'accueillent envisagent d'emblée une hospitalisation en milieu psychiatrique spécialisé. Les accompagnants éducateurs insistent, il est important d'exclure d'abord une cause somatique à son changement de comportement. Mais, dans cet environnement hostile, Marc est impossible à calmer et ne peut être examiné.

Il est alors transféré à l'hôpital psychiatrique, dans l'unité spécialisée pour les personnes avec déficience mentale. Ce n'est qu'alors qu'il pourra être évalué par le médecin interniste consultant rattaché à l'unité, qui met en évidence un fécalome dont l'extraction permet à Marc de retrouver son état habituel et de regagner son foyer.

La situation décrite ci-dessus est donc bien réelle et se répète souvent sous d'autres formes. Selon le rapport mondial sur le handicap de l'OMS, une personne en situation de handicap a une probabilité deux fois plus grande d'être face à des prestataires de soins sans les compétences requises, trois fois celle de se voir refuser des soins et quatre fois celle d'être mal soignée par le système de santé. Ceci est inacceptable, humainement, tant pour le patient que pour les soignants, et en termes de qualité des soins.

Pendant très longtemps, l'hôpital a été organisé davantage pour répondre aux besoins des professionnels, qu'à ceux des patients. Qu'il s'agisse de l'horaire des repas ou des visites des proches ; de l'interdiction pour eux de rester présents pendant les soins et d'y participer ; ou des transmissions faites entre soignants sans impliquer les patients… les exemples abondent. Les pratiques ont heureusement évolué. Le mouvement du *patient-centered care* a franchi les murs de l'hôpital' Des bonnes pratiques pour mettre le patient au centre de nos organisations ont été définies, évaluées et se répandent' Enfin, l'hôpital est en train de passer des soins *pour* le patient (*patient centeredness*) aux soins *avec* le patient (*patient partnership*).

Dans la ligne de cette évolution, la nécessité est apparue de réfléchir aux besoins spécifiques de certaines catégories de patients. Ces patients, souvent dénommés patients vulnérables, sont à risque d'être mal soignés et mettent les soignants en difficulté, ce qui comporte le risque additionnel de générer des contre-attitudes. Si toute personne nécessitant une hospitalisation est en situation de vulnérabilité, les difficultés de communication et les troubles du comportement (auto et hétéro-agressivité) sont des facteurs de vulnérabilité particulièrement importants. L'objectif de ce chapitre est de détailler les facteurs clés d'implémentation d'un dispositif de service adapté à des patients spécifiques

EXPÉRIENCE LOCALE

Nous prendrons pour illustration le programme handicap des HUG. En réponse à de nombreux témoignages de difficultés rencontrées au cours de séjours à l'hôpital de la part des personnes et des milieux concernés, une infirmière enseignante de la HES Santé de Genève et un médecin chef de service des Hôpitaux universitaires de Genève (HUG) ont décidé d'échafauder un projet pour mieux répondre aux besoins spécifiques des patients en situation de handicap (PSH). Les objectifs de ce « projet handicap » sont détaillés dans le tableau suivant. Ce projet s'est étendu sur quatre ans et a ensuite été intégré dans le plan stratégique des HUG.

Objectifs du programme handicap des HUG

Objectif pricipal	Objectifs secondaires
Améliorer la prise en soins des PSH aux HUG	• Faciliter la communication entre les différents intervenants • Assurer la coordination des prises en charge intra-extra HUG • Identifier et former des référents handicap médico-soignants • Identifier les besoins spécifiques en santé des PSH • Favoriser la collecte de données statistiques et épidémiologiques sur cette population

EXEMPLE

Principales étapes d'un projet d'individualisation de la prise en soins pour des patients vulnérables et aux besoins spécifiques.

- Définir le problème et fixer les objectifs : que veut-on améliorer ? À quels besoins spécifiques veut-on répondre ?
- Définir le public-cible : tous les patients ?
- Définir le périmètre : tout l'hôpital ? Stationnaire ? Ambulatoire ? Les deux ?
- Définir la-les interventions prévues, y compris de formation.
- Identifier les partenaires au sein de l'hôpital (interdisciplinarité et interprofessionnalité) et dans le réseau.
- Mesurer et améliorer.

Sont ainsi détaillées les étapes suivies dans le cadre de ce projet, qui peuvent s'appliquer des projets du même type s'adressant à d'autres populations de patients vulnérables et/ou aux besoins spécifiques.

DÉFINIR LE PROBLÈME

La réussite d'une démarche d'amélioration de la qualité dépend toujours de la capacité des professionnels concernés d'adapter ou modifier leur comportement. Leur adhésion au changement est donc cruciale et repose, notamment, sur une vision partagée des améliorations à apporter. Or, les soignants et les médecins surestiment souvent leur performance et ne sont donc pas conscients des amendements nécessaires. La première étape est donc un alignement entre promoteurs du changement et professionnels de terrain. Les sources d'information qui permettent cet alignement sont nombreuses : résultats cliniques reflétés par les indicateurs de qualité, y compris les indicateurs-patient (*patient-reported outcomes* ou PROMS, et *patient-reported experience measures* ou PREMS), résultat des enquêtes de satisfaction, autres formes de retour des patients y compris les plaintes.

Dans le cadre du projet handicap, il y avait de nombreux retours de proches et accompagnants alertant sur des problèmes d'accueil, de communication, d'accompagnement par les proches durant le séjour, et de préparation de la sortie (retour en foyer ou dans la famille). Les soignants étaient également insatisfaits, en particulier de la difficulté de l'accueil aux urgences, de la pauvreté des informations transmises depuis le lieu de vie de la personne, et de l'absence de formation et de ressources spécialisées.

DÉFINIR LE PUBLIC-CIBLE ET LE PÉRIMÈTRE DE L'INTERVENTION

L'étiquette handicap s'applique à toutes sortes de situations bien différentes. Une personne âgée avec des limitations fonctionnelles et/ou cognitives a une forme de handicap, de même qu'une personne paraplégique à la suite d'un accident. Mais ces situations sont bien connues des soignants et ne posent pas de problèmes spécifiques de prise en charge. Alors que la prise en soins de personnes non-verbales, et/ou ayant des troubles du comportement, met les équipes en grande difficulté. Dans un contexte de ressources limitées, il est important de faire des choix et de bien cibler un programme d'amélioration de la qualité. C'est ainsi que le projet a ensuite ciblé l'action sur les personnes avec un polyhandicap, et celles avec une déficience intellectuelle et des problèmes de communication et/ou de comportement (notamment les personnes avec un trouble du spectre autistique).

Les itinéraires de ces patients dans l'hôpital sont complexes et peuvent couvrir de nombreux secteurs. Il est donc important de déterminer quelle partie de l'itinéraire de soins améliorer en priorité. Ceci est vrai pour les PSH, mais également pour tous les patients aux besoins particuliers (patients diabétiques, patients avec une maladie psychique, enfants avec une maladie complexe ou rare…). Pour le projet handicap, une approche par cercles concentriques – en ciblant d'abord les urgences adultes, porte d'entrée d'un grand nombre de ces patients, sachant que ce premier contact conditionne une bonne orientation du patient et concentre les difficultés de prise en charge – a été adopté. Puis le projet a été élargi aux unités de soins aigus de médecine et chirurgie, avant de s'intéresser à l'ambulatoire (création d'une consultation de référence), et à l'organisation de bilans hospitaliers courts de type hôpital de jour, permettant plusieurs examens ou interventions coordonnées.

DÉFINIR LES INTERVENTIONS PRÉVUES

TRANSMISSION DES INFORMATIONS DEPUIS LE LIEU DE VIE

S'agissant de personnes dépendantes avec des problèmes de communication, la qualité de la prise en charge aux urgences dépend largement de la pertinence des informations transmises depuis l'amont. Or, les PSH ciblées par notre projet arrivaient le plus souvent aux urgences avec des informations fragmentaires, que ce soit sur leurs problèmes de santé et leur traitement, ou sur des aspects importants de leur prise en charge. Outre les informations personnelles (tutelle ? personnes de référence ?) et médicales (diagnostics ? traitements ?), une fiche de transmission a été établie, qui comporte, notamment, les informations suivantes :

1. la personne est-elle capable de communication (on peut être non-verbal et capable de communiquer par une synthèse vocale ou des pictogrammes) ?
2. comment manifeste-t-elle un inconfort, ? Une douleur ?
3. a-t-elle besoin de moyens auxiliaires pour se déplacer ?
4. redoute-t-elle le contact physique, et si oui, comment l'approcher ?

Grâce à une collaboration étroite avec les institutions hébergeant ces personnes et avec leurs familles, une telle fiche de transmission a été remplie pour chaque personne résidant en foyer, de façon à être à disposition pour l'accompagner en cas d'hospitalisation en urgence.

AMÉNAGEMENT DE L'ACCUEIL

Une personne avec un trouble du spectre autistique en phase de décompensation supporte très mal l'exposition à un environnement fermé, bruyant, avec de multiples personnes. Une attente prolongée dans ces conditions est donc la recette du désastre, tant pour la personne que pour ses accompagnants et les autres patients. Un lieu d'attente dédié et calme a donc été identifié, et les urgentistes ont accepté de prioriser la prise en charge des PSH indépendamment du degré d'urgence dicté par le problème clinique pour réduire le temps d'attente.

FORMATION

La formation des médecins et des soignants à la prise en charge des personnes en situation de handicap est encore très limitée, voire inexistante, du prégradué à la formation continue. Une formation de sensibilisation obligatoire pour tous les collaborateurs du service des urgences (plus de 200 personnes) a été mise en place dans les HUG. Il s'agit d'une séance interactive de deux heures qui aborde les problèmes médicaux les plus fréquents, mais aussi la communication avec les personnes en situation de handicap.

Puis des formations de niveau plus approfondi ont été organisées, allant de deux jours à un cycle de plusieurs modules de deux à trois jours, cette fois sur une base volontaire, afin que la plupart des services disposent de personnes-ressources dans le domaine du handicap. Notons ici que ce programme de formation repose en partie sur l'intervention de PSH formatrices, anciens patients, qui partagent leur expérience et interviennent dans des jeux de rôle et des simulations avec les professionnels en formation. Le principe auquel les PSH sont attachées, « rien sur nous sans nous », est ainsi respecté.

RESSOURCES SPÉCIALISÉES

La réalisation de ce programme a été rendue possible par l'engagement d'une médecin et d'une infirmière référentes dans le domaine du handicap, disponibles dans toute l'institution sur appel. Elles aident les équipes soignantes à prendre en charge les PSH hospitalisées par des conseils spécialisés, en assurant la liaison avec les proches et les institutions. Cette équipe handicap est également responsable des formations. Cela peut sembler peu pour un hôpital de plus de 1 000 lits de soins aigus, mais cela s'est révélé suffisant grâce à l'effet d'amplification fourni par la formation d'un grand nombre de professionnels sur le terrain. L'autre difficulté demeure le manque de formations approfondies, de type CAS ou MAS[1], dans le domaine du handicap à destination des soignants et des médecins. Le pays européen le plus avancé dans ce domaine est les Pays-Bas, avec toutefois le barrage de la langue (quelques formations commencent à être dispensées en anglais).

IDENTIFIER LES PARTENAIRES AU SEIN DE L'HÔPITAL ET DANS LE RÉSEAU

D'acteur central du réseau de soins, l'hôpital devient de plus en plus un partenaire parmi d'autres qui intervient de façon ponctuelle dans la prise en soins

1. Le *Certificate of Advanced Studies* et le *Master of Advances Studies* sont des titres de formations universitaires.

de patients chroniques. Cela nécessite une attention particulière aux phases de transition, en particulier entre l'hôpital et le retour dans le lieu de vie, qu'il s'agisse du domicile, d'un établissement médico-social ou d'un établissement pour personnes en situation de handicap (EPH). Ainsi, le lien avec les partenaires du réseau est essentiel et dans ce projet, dès le début, les associations de PSH et de parents (notamment Cerebral et Insieme, mais aussi tous les EPH du canton de Genève) ont été impliqués. La fiche de transmission de données a été créée en commun et est un bon exemple de cette collaboration.

De même, à l'intérieur de l'hôpital, il est important de constituer un réseau des professionnels spécialisés souvent sollicités dans la prise en charge des PSH ; les neurologues pour la prise en charge de l'épilepsie, les gastroentérologues pour les problèmes de sondes, de gastrostomie et de nutrition, les pneumologues pour les personnes ventilées. Ceci permet une prise en charge coordonnée et tenant compte de l'ensemble des besoins de la personne et des spécificités de sa situation.

MESURER ET AMÉLIORER

Un des objectifs du projet était d'obtenir des données précises sur la fréquence de la prise en soins des personnes avec ces caractéristiques dans notre institution.

Depuis le déploiement de ce programme en 2016, près de 1 300 adultes ont été inscrits dans notre base de données. En soins aigus, ce sont 8 à 10 lits qui sont occupés en permanence par ces patients dans les services les plus divers, et 15 à 20 lits dans le secteur de réadaptation. C'est donc bien une problématique fréquente à l'échelle des HUG, mais à laquelle l'exposition individuelle de chaque soignant demeure faible. En 2017, le service qualité des soins a réalisé une analyse médico-économique pour évaluer l'impact de ce programme par une comparaison avant-après, sur 606 séjours[1]. Les résultats principaux montrent une baisse non significative de la mortalité intrahospitalière globale de 3,4 % à 2,6 % (P = 0,6), une baisse significative de la mortalité intrahospitalière pour des causes respiratoires de 13,6 % à 0 % (P<0,05), une amélioration du *cost-weight* et une réduction des durées de séjour. Des questionnaires spécifiques délivrés aux proches et accompagnants ont également démontré une augmentation de la satisfaction. Enfin, les retours des professionnels sur le terrain sont très favorables.

1. Hôpitaux universitaires de Genève, *Rapport qualité*, avril 2018.

CONCLUSION

À l'ère de la personnalisation du service en santé, il est essentiel que l'hôpital puisse répondre adéquatement aux besoins individuels de tous les patients, quelles que soient leurs limitations cognitives, fonctionnelles ou relationnelles. Si la formation à la communication avec les patients fait désormais partie de tous les parcours de formation, la communication avec les personnes non-verbales, avec ou sans troubles de comportement, et plus généralement leur abord, en est largement absente. L'avenir est à l'intégration de ces compétences dans la formation de base des médecins et des soignants, avec un renforcement dans la pratique. L'acquisition de ces compétences de base permet d'éviter que des personnes vulnérables, notamment les PSH, soient moins bien soignées que les personnes valides. De plus, cet élargissement de la palette de compétences relationnelles et comportementales des soignants bénéficie à l'ensemble des patients. Les hôpitaux doivent également disposer de soignants spécialisés dans la gestion de ces patients complexes. Des formations approfondies certifiantes devront être créées pour répondre à ces besoins.

PROPOSITIONS MANAGÉRIALES

- Le développement de services personnalisés à l'hôpital pour les patients les plus vulnérables est justifié par équité, pour leur garantir la même qualité des soins.
- À condition de bien identifier les points d'amélioration qui ont le plus grand potentiel d'impact, et d'obtenir l'adhésion des professionnels de terrain, des mesures simples permettent l'amélioration des résultats cliniques, de la satisfaction des usagers et des soignants.
- Une formation de base aux compétences de communication et à la gestion des troubles du comportement est essentielle pour tous les soignants, et devrait être dispensée dès le niveau prégradué.
- Les ressources nécessaires en personnel spécialisé sont largement compensées par le gain d'efficience, notamment en durée de séjour.

Lecture complémentaire

– « Adultes en situation de handicap : rien sur nous sans nous », *Revue médicale suisse*, numéro thématique du 30 septembre 2020.

3 L'ENGAGEMENT DU PATIENT : LE RÔLE CLÉ DE L'ORGANISATION

Maëlle Achard et Fatima Yatim

Résumé

L'engagement du patient fait l'objet d'une attention croissante de la part des chercheurs. Les études sont issues de nombreuses disciplines et poursuivent des objectifs différents (recherche clinique, sociologie, sciences politiques, etc.). Elles soulignent toujours, au moins en creux ou à la marge, le rôle structurant du management pour favoriser l'engagement des patients et faciliter l'émergence d'organisations de santé collaboratives et inclusives. Ce chapitre s'intéresse spécifiquement à cette question et traite de l'engagement du patient du point de vue de l'organisation. Qu'est-ce qui rend l'engagement du patient possible et quels en sont les freins ? Une illustration au travers de deux exemples de dispositifs d'engagement des patients en France et en Suisse permettra de mieux en saisir les enjeux organisationnels et les implications managériales.

MESSAGES-CLÉS

- Il est important de clarifier et définir les rôles et attentes des patients engagés, afin d'assurer une participation effective.
- Mettre en place des formations d'engagement pour les soignants, ainsi que les patients, permet d'améliorer les compétences de l'organisation, pour mieux intégrer l'engagement d'une manière systématique.
- Les patients devraient recevoir des retours transparents après leur engagement, notamment avec de la reconnaissance et/ou compensation pour leur temps.

INTRODUCTION

Objet d'intérêt croissant pour les bénéficiaires des soins de santé, pour les professionnels et pour les responsables des politiques publiques de santé, l'engagement du patient intéresse également la recherche et les chercheurs de différentes disciplines. La notion même d'engagement fait l'objet de différentes définitions – bien qu'il existe néanmoins un certain consensus sur quelques grands principes[1]. Nous reprendrons ici la définition de Sagen *et al.*, pour qui l'engagement des patients, des représentants des patients ou des associations, est entendu comme un « co-management des services de santé »[2], c'est-à-dire une intégration des patients dans les processus et les activités d'organisation et de production des soins et des services de santé. Traditionnellement, trois niveaux d'engagement sont à distinguer : un niveau d'engagement *micro* où le patient est engagé dans ses propres soins et pour son propre intérêt individuel ; un niveau *méso* où le patient est considéré d'une certaine manière comme faisant partie de l'organisation et où son implication dépasse ses propres soins et vise l'intérêt collectif ; et un niveau *macro* où le patient est d'abord considéré comme un citoyen dont l'expérience doit nourrit les politiques publiques et servir l'intérêt général.

Bien que les trois niveaux puissent se chevaucher, situant la participation dans un continuum dynamique, le présent chapitre traite plus spécifiquement de l'engagement du patient au niveau *méso*, c'est-à-dire celui de l'organisation

1. Carman K.L., *et al.*, "Patient and Family Engagement: a Framework for Understanding the Elements and Developing Interventions and Policies", *Health Affaires* (Millwood), vol. 32(2), 2013, p. 223-31. Halabi I.O., *et al.*, "Patient Participation and Related Concepts: A Scoping Review on their Dimensional Composition", *Patient Education and Counseling*, vol. 103(1), 2020, p. 5-14.
2. Sagen J.S., *et al.*, "Patient Engagement in the Development and Delivery of Healthcare Services: a Systematic Scoping Review", *BMJ Open Quality*, vol. 12(2), 2023.

où les patients se trouvent intégrés de différentes manières dans le fonctionnement interne des structures (comme la participation à des comités qualité). Nous analyserons dans un premier temps les formes que peut prendre l'engagement du patient à ce niveau, en en explicitant les barrières et les facilitateurs. Nous illustrerons nos analyses dans un deuxième temps au travers de deux exemples de dispositifs en France et en Suisse, afin d'en saisir les enjeux essentiels. Nous discuterons enfin les implications managériales pour en tirer des conclusions à destination des praticiens.

DE L'ENGAGEMENT DANS LES SOINS À L'ENGAGEMENT DANS LES ORGANISATIONS DE SANTÉ

LES PATIENTS ET PROCHES AIDANTS DANS L'ORGANISATION

Pour Millenson[1], l'enjeu de l'engagement des patients dans l'organisation réside dans la nécessité de dépasser le concept de soins centrés sur les patients, pour inscrire la participation active de ces derniers dans un mouvement plus global de « santé collaborative ». Ce dernier aspect fait l'objet d'une attention croissante dans la mesure où il pourrait contribuer à transformer les systèmes de santé. Il participerait aussi à répondre à certains défis à relever comme ceux de la qualité et de l'efficience des soins ou encore les défis démocratiques.

Comme nous le résumons dans le tableau ci-dessous, cet engagement peut se traduire par une participation directe et active des patients et des proches aidants aux projets de l'organisation, en lien par exemple avec l'amélioration de la qualité des soins. Les patients et les proches aidants sont considérés ici comme étant les plus à même d'évaluer la qualité des services de santé, selon leur propre perception et selon leur expérience. Ils sont également appelés, en collaboration avec les professionnels, à contribuer à l'amélioration des pratiques cliniques en mobilisant leur savoir expérientiel de la maladie et leur vécu des traitements. Leur rôle auprès des autres patients est également plébiscité, en encourageant les dispositifs d'accompagnement individuels ou collectifs, ou pour améliorer les outils de communication et d'éducation à la santé. Mais ils sont aussi attendus à un niveau plus stratégique, en contribuant par exemple à des comités de gouvernance décisionnaire en matière de projets institutionnels (projets immobiliers, financement de la recherche, réorganisation des services…).

1. Millenson M.L., "When "Patient Centred" is no Longer Enough: the Challenge of Collaborative Health", *BMJ Open Quality*, vol. 358, 2017.

Exemples de formes d'engagement du patient au niveau *méso*

Niveaux de co-management des systèmes de santé	Exemples
Gouvernance et stratégie	Comités de gouvernance stratégiques
Développement et évaluation des pratiques cliniques	• Rédaction de guidelines de pratiques cliniques • Évaluation de nouvelles thérapies
Qualité des soins et amélioration continue	Groupes de réflexion pour l'amélioration de la qualité des soins
Participation des patients	• Comités de patients • Groupes de soutien par les pairs
Communication et éducation	• Création de matériel éducatif ou d'outils de soutien • Information sur des services ou des produits non-connus des soignants, transmissions de problèmes ou de plaintes

Toutefois, pour que cet engagement soit effectif, plusieurs conditions favorables et plusieurs limites sont à prendre en compte. L'engagement des patients à ce niveau *méso* peut ainsi être considéré sous quatre angles : les caractéristiques de l'organisation de santé, la culture organisationnelle, la formation et l'accès aux ressources.

LES BARRIÈRES ET FACILITATEURS ORGANISATIONNELS

En matière de conditions favorables ou de facilitateurs, quatre facteurs d'engagements sont particulièrement importants : la clarification des objectifs, des rôles et des attentes vis-à-vis des patients engagés ; la diversité et la représentativité dans le recrutement de ces patients ; la création d'un contexte réceptif ; l'encouragement des actions de leadership significatives pour favoriser une culture d'engagement[1].

Les techniques visant à renforcer l'engagement des patients comprennent, par exemple, la formation de ces derniers et des professionnels pour préparer et soutenir la participation – afin de contribuer à la clarification des objectifs, des rôles et des responsabilités. La mise en place d'approches flexibles est également avancée comme un moyen efficace pour s'assurer que l'engagement est adapté aux compétences et aux capacités spécifiques des patients (flexibilité selon les disponibilités, selon les sujets d'intérêt, selon le niveau d'engagement voulu). En outre, la mise en place d'un environnement matériel et psychologique favorable constitue un facteur facilitant important, et plus particulièrement en

1. Bombard Y., *et al.*, "Engaging Patients to Improve Quality of Care: a Systematic Review", *Implement Science*, vol. 13(1), 2018.

ce qui concerne le rôle de cet environnement pour équilibrer les rapports de force et encourager une participation égale entre patients et professionnels de santé (interdiction de la blouse blanche lors de réunions, interdiction de l'usage de termes trop techniques).

Ces facteurs facilitants représentent en miroir autant de barrières à l'engagement des patients. Parmi les barrières les plus citées, on peut évoquer la résistance des professionnels de santé quant à la délégation du pouvoir aux patients ou encore le scepticisme face à cet engagement, davantage symbolique qu'effectif... un scepticisme qui se trouve renforcé lorsque les contributions des patients ne sont pas pleinement et officiellement intégrées dans les processus décisionnels. Du côté des patients, l'une des barrières souvent citées renvoie au manque de reconnaissance formelle de leurs expériences et de l'impact direct de leur engagement sur la qualité des soins. L'absence de retour, par exemple sur les actions mises en place (ou leur absence) à la suite de la participation des patients, est identifiée comme un risque de désengagement.

Aussi, pour surmonter ces barrières et exploiter pleinement les facilitateurs, le rôle de l'organisation est déterminant. Il s'agit concrètement de créer au sein des organisations des dispositifs organisationnels dédiés pour permettre et soutenir la participation.

LE RÔLE CLÉ DE L'ORGANISATION

En 2023, Sagen *et al.* se saisissent de l'organisation en tant qu'élément déterminant de l'implantation de projets incluant des patients. Ils soulignent plus particulièrement le rôle essentiel des ressources financières, de la formation et de la représentativité des parties prenantes. La réussite des démarches d'engagement des patients repose également sur la structuration, dans les organisations, des initiatives d'engagement en lien avec les autres activités. Des initiatives combinées, tels que les conseils ou les panels de patients – lorsqu'intégrées dans les routines organisationnelles comme dans les comités qualité, par exemple – sont ainsi considérées comme des pratiques efficaces.

La réalité quotidienne d'une organisation gagne à ce que les patients soient engagés dans différents moments importants de la vie professionnelle (réunions hebdomadaires, événements institutionnels annuels, etc.). Par ailleurs, la phase d'engagement, c'est-à-dire le moment où l'engagement des patients est initié et la régularité avec laquelle il se poursuit, est considérée comme un facteur critique. Un engagement précoce et continu des patients dans un projet d'innovation, par exemple touchant à l'organisation des services ou à l'amélioration des pratiques cliniques, est privilégié par rapport à des activités ponctuelles ou passives qui relèveraient davantage de la consultation. Le but est de souligner l'importance d'une diffusion des contributions et d'une participation, actives et continues, des patients dans le temps organisationnel afin d'en faciliter l'ancrage.

En somme, l'enjeu est de traduire la logique et la philosophie de l'engagement dans les cadres, les pratiques et les temporalités de l'organisation afin de les inscrire dans la durée et en garantir la pérennité. Il s'agit aussi, au travers de l'existence de dispositifs organisationnels effectifs, visibles et permanents, de légitimer l'engagement et les actions des patients engagés et celles des professionnels qui les soutiennent. On voit ainsi émerger clairement le rôle déterminant du soutien institutionnel dans l'engagement des patients, en le traduisant dans la réalité matérielle des organisations.

Deux exemples de programmes d'engagement des patients à l'hôpital, situés respectivement en Suisse et en France, illustrent ce rôle clé de l'organisation, mais aussi le poids de l'engagement des directions des structures.

ORGANISATION ET ENGAGEMENT DU PATIENT : EXEMPLES EN SUISSE ET EN FRANCE

PATIENT PARTENAIRE AUX HUG, EN SUISSE

Aux Hôpitaux universitaires de Genève (HUG), l'engagement des patients est entendu au sens large : de la participation de patients à la Commission Qualité des Soins à la création d'une nouvelle fonction d'agent hôtelier en passant par l'amélioration de l'accueil des personnes sourdes ou transsexuelles. Les patients sont consultés et impliqués dans différents projets et à différents niveaux de l'organisation. Cet engagement reflète une évolution qui peut modifier en profondeur les pratiques. En conséquence, les responsables de programmes ou de projets impliquant des patients partenaires ont pu être amenés à modifier leurs stratégies de leadership en adoptant des approches plus inclusives et collaboratives. Cela a nécessité de développer des compétences en communication, en médiation, en gestion participative et en partenariat, sans toutefois modifier les structures existantes.

À ce titre, les HUG ont expérimenté, de 2016 à 2020, un projet nommé Patients Partenaires +3P (Proches, Professionnels et Public), pérennisé depuis janvier 2021 sous la forme d'un programme institutionnel[1].

Le programme Patients Partenaires +3P vise à intégrer les patients comme partenaires actifs dans les domaines des soins, de l'enseignement, de la recherche

1. Article web « Modèle de partenariat HUG », sur le site des Hôpitaux Universitaire de Genève, 2024.

et de l'organisation[1]. L'objectif est de développer une culture de partenariat durable, en intégrant le savoir expérientiel des patients. La démarche relationnelle adoptée est flexible. Elle s'adapte à diverses situations, favorisant une dynamique relationnelle ouverte et un vaste champ de possibilités d'application.

Dans le domaine des soins par exemple, les ambitions du programme restent inchangées depuis sa création : le partenariat est conçu pour être effectif à chaque moment du parcours, tant durant l'hospitalisation qu'en soins ambulatoires, pour des maladies chroniques ou aiguës.

L'ensemble des différents domaines dans lesquels des patients peuvent être impliqués, tels que les soins, l'enseignement, la recherche mais aussi l'hôtellerie ou la durabilité, conçoivent l'engagement du patient selon la même culture de partenariat. Le programme propose ainsi une structuration de l'engagement des patients et proches aidants autour de quatre niveaux principaux : la présence et l'information, l'expression, la décision, et l'action.

EXEMPLE

Modèle de partenariat HUG ; les niveaux d'implication du patient et du proche aidant.

L'implication peut varier selon la volonté du patient, ses souhaits et préférences, ses connaissances, son état de santé, etc. Le contexte, les partenaires présents, la considération et la confiance mutuelle instaurée entre ces parties font également partie des principales conditions.

La présence et/ou l'information :

Les patients et les proches aidants participent par leur présence et leur écoute à des conférences et/ou à des évènements de promotion de la santé publique sur divers sujets de santé.

Exemple : assister à des conférences.

L'expression :

Les patients et les proches aidants s'expriment de diverses manières (oral, écrit, art et médias sociaux) et à différentes occasions : échanges avec des professionnels de l'enseignement, témoignages, partage d'expérience, mise en avant du point de vue du patient.

Exemples : avis sur la création d'une plateforme numérique permettant au patient de visualiser ses traitements médicamenteux ; témoignage sur la bientraitance ; partage d'expériences lors d'une formation sur les problèmes d'adhérence thérapeutique ; participation à la Journée Mondiale des Soins Palliatifs ; tenue d'une arcade mobile pour promouvoir le programme au sein de l'institution…

La décision :

Les patients et les proches aidants expriment leur avis qui est reconnu au même titre que celui du personnel professionnel.

1. Touveneau S., Benichou A., Geissbuhler A., Merkli S., « Démarche relationnelle du partenariat entre patients et professionnels : conception et implémentation », *Revue médicale suisse*, vol. 14(617), 2018, p. 1533-7.

Exemples : simulation du parcours patient pour valider les étapes et le raisonnement clinique lors de la validation d'une ordonnance par le pharmacien d'officine ; plan stratégique de l'hôpital ; jury à la journée de l'innovation ; réflexion stratégique d'amélioration de l'accueil et de l'admission des patients aux HUG…

L'action :

Les patients et les proches aidants agissent de manière concrète et au même titre que le personnel professionnel dans le développement d'une formation, d'un projet, etc.

Exemples : ambassadeurs du dossier électronique patient ; co-enseignement sur les technologies d'assistance pour les personnes âgées ; développement d'un questionnaire pour mesurer la littératie en santé numérique ; formation à l'accueil des personnes transsexuelles…

Ces dimensions mettent en lumière la diversité des possibilités pour mobiliser les expériences des patients et des proches pour une amélioration continue de la qualité des parcours de soins et pour une meilleure efficacité et efficience organisationnelle.

PATIENT PARTENAIRE AUX HOSPICES CIVILS DE LYON EN FRANCE[1]

Tout comme aux HUG, aux Hospices civils de Lyon (HCL), l'engagement des patients est entendu et traduit de manière étendue dans l'ensemble des activités, à tous les niveaux. L'institution se dit pionnière en France dans ce domaine et est, de fait, la première à avoir créé le poste de patiente-coordinatrice en 2019[2]. L'objectif est d'intégrer l'expérience des patients de différentes manières pour construire des réponses adaptées aux besoins des patients afin d'améliorer les parcours de soins, la satisfaction et le vécu de ces parcours.

L'intégration des patients s'est ainsi faite de manière progressive depuis 2019, et notamment avec le recrutement de la patiente-coordinatrice. Mais c'est dans le cadre du projet d'établissement de 2023 qu'un programme spécifique plus institutionnel a été mis en place. Il s'agit du programme Peps (Partenariat et expérience patient en santé) dont l'ambition est de favoriser tout type de partenariats entre les équipes des HCL et les patients partenaires. Ces partenariats vont des pairs-aidants impliqués dans l'éducation thérapeutique, par exemple, aux grands projets de restructuration (modernisation des urgences ou des blocs opératoires).

1. L'analyse de l'exemple des HCL présentée ici est issue de données publiques de l'institution.
2. La mission de la patiente-coordinatrice est de construire et consolider un réseau de patients partenaires, accompagner ces derniers notamment pour monter en compétence, et accompagner les professionnels et la direction des HCL dans la conception et la mise en œuvre des projets impliquant des partenariats avec les patients.

Aussi, il existe aux HCL différentes missions confiées aux patients partenaires en lien avec les professionnels, la patiente-coordinatrice et les directions[1].

EXEMPLE

Les différentes missions des patients partenaires aux HCL.

Patient pair-aidant :

Le patient pair-aidant a pour mission principale d'accompagner les personnes en partant de ses propres expériences et savoirs, et selon sa propre perspective. Cela peut se traduire au travers d'un rôle de soutien émotionnel et d'écoute active, par le partage d'expérience et le témoignage, par l'accompagnement dans les divers questionnements qui émergent durant la maladie, ou encore par le conseil pour mieux comprendre le parcours et ses rouages.

Exemple : Patients pairs-aidants en addictologie, auprès de patients en attente ou après une greffe.

Patient ressource :

Le patient ressource intervient auprès des professionnels de santé pour améliorer les soins et les services délivrés. Ses interventions peuvent concerner un service ou un département en particulier, comme elles peuvent concerner le groupement hospitalier dans sa globalité. Sa fonction est donc complémentaire à celles des représentants des usagers et des membres d'associations, dans la mesure où il s'exprime en tant que patient ayant une expérience des soins et services.

Exemples : participation aux groupes de travail et comités pour l'amélioration de la qualité des soins ; participation à l'élaboration des outils de recueil de l'expérience patient ; participation à l'évaluation des actions d'amélioration identifiées.

Patient formateur :

Le patient formateur intervient auprès des professionnels de santé en formation initiale et continue. Son périmètre d'action inclut aussi bien le travail d'ingénierie pédagogique, les activités d'enseignement, que l'évaluation.

Exemples : cours co-construits avec des professionnels dans différents champs (addictologie, douleur, etc.) ; participation à l'éducation thérapeutique.

Patient chercheur :

Le patient chercheur peut également intervenir à différents moments des projets de recherche (design de la méthodologie ; recueil de données) ou prendre part aux activités de pilotage de la recherche (évaluation de projets de recherche, participation à la définition des orientations, attribution des financements, etc.).

Exemples : conception de projets de recherche avec les chercheurs sur l'accompagnement des patients par les professionnels des soins primaires ; participation au jury d'attribution des financements aux jeunes chercheurs.

1. Il convient de préciser ici que, à la différence des HUG, il existe aux HCL des représentants des usagers comme l'exige le cadre réglementaire en France, ainsi que des bénévoles associatifs. Aussi, le modèle du partenariat mis en place allie différents profils de patients collaborant avec les HCL (représentants, bénévoles et patients sans mandat de représentation et sans engagement associatif).

Patient coach :

Le patient coach a un rôle particulier puisque sa mission principale consiste à accompagner les autres patients partenaires (pair-aidant, patient ressource, patient formateur et patient chercheur) dans leurs missions et dans leur montée en compétences.

Exemples : aider les patients partenaires à préparer leurs premières interventions ; faciliter leur intégration dans les équipes.

L'ORGANISATION COMME SUPPORT DE L'ENGAGEMENT DES PATIENTS

Bien qu'ils prennent place dans deux systèmes de santé différents, les exemples cités de dispositifs présentent des similarités fortes en termes d'objectifs et en termes de diversité des formes d'engagement des patients. En outre, ils montrent clairement des conditions de réussite semblables à celles évoquées plus haut et plus particulièrement en ce qui concerne le rôle de l'organisation.

Aux HUG comme aux HCL, l'engagement des patients est rendu possible grâce à l'implication institutionnelle, matérialisée au travers de programmes spécifiques inclus dans les orientations stratégiques. Le soutien institutionnel se trouve ainsi traduit de différentes manières. Il est visible dans l'effort soutenu d'intégration des patients et des démarches partenariales au sein de l'organisation. Par exemple, la création d'un poste dédié à la coordination des démarches partenariales au sein des HCL montre comment ce type de démarche s'inscrit dans la structure et dans la durée. Ce soutien institutionnel est également visible dans les efforts et les moyens consentis – par exemple aux HUG, pour le volet technologique, à travers l'exemple de la plateforme numérique pour la visualisation des traitements. Il est aussi visible dans les deux institutions à travers l'accompagnement de la montée en compétences des personnels de santé et des patients, via la formation notamment.

D'autres éléments jouent un rôle symbolique essentiel dans la reconnaissance de l'existence et des savoirs des patients. En sont de bons exemples l'attribution de badges, de places de parking, mais aussi l'existence de lieux dédiés, voire de rituels temporels comme des événements (la semaine Peps aux HCL, une arcade mobile et des rencontres trimestrielles de patients partenaires aux HUG). Ce sont autant de leviers d'intégration visibles au sein de l'organisation pour légitimer le travail co-construit par les patients et les professionnels

LES IMPLICATIONS POUR L'ORGANISATION

L'importance de l'organisation dans l'intégration de l'engagement des patients réside dans sa capacité à fournir un cadre structuré et structurant, qui reconnaît et valorise la contribution des patients. Une organisation adaptée favorise une culture de collaboration, réduit les inégalités de pouvoir et permet une prise de décision partagée, qui reflète les besoins et les préférences des patients ainsi que ceux des professionnels.

Cela nécessite donc une vision stratégique de la part des dirigeants hospitaliers, afin de faire de l'engagement des patients une priorité institutionnelle, en reconnaissant son potentiel pour améliorer la qualité et la sécurité des soins, l'expérience patient, l'efficacité et l'efficience des services de santé.

CONCLUSION

En conclusion, nous souhaitons évoquer l'enjeu de l'évaluation, qui constitue une condition de pérennisation de ce type de dispositifs. En effet, bien qu'il existe de nombreux travaux mettant en évidence les effets et impacts positifs de l'engagement des patients, un réel consensus en la matière fait défaut. Par exemple, en examinant les effets de l'engagement du patient sur la planification et le développement des soins, Crawford *et al.*[1], notent que « l'implication des patients a contribué à des changements dans les prestations de services, dans différents contextes » (p. 1). Toutefois, ces résultats confirmés dans certaines études, ont aussi été nuancés et parfois contredits dans d'autres travaux. Si certains travaux soulignent des perceptions positives des différentes parties prenantes (patients et équipes médico-soignantes), d'autres relèvent des perceptions négatives. Des résultats divergents sont également constatés en ce qui concerne l'impact sur les services. Et de manière globale, s'il est admis que la participation des patients a permis de faire évoluer positivement la vision des équipes sur ce type de pratiques, cela n'exclut nullement le risque d'impliquer des patients sans réellement prendre en compte leur parole, concept connu sous le nom de « patient-alibi », ou de « tokenisation ».

La diversité des impacts identifiés implique donc des travaux plus approfondis, notamment sur les modalités d'évaluation elles-mêmes. S'il existe de nombreux travaux sur les mesures d'évaluation (de processus ou de résultats) permettant une meilleure compréhension des contextes dans lesquels

---

1. Crawford M.J., *et al.*, "Systematic Review of Involving Patients in the Planning and Development of Health Care", *BMJ Open Quality*, vol. 325(7375), 2002, p. 1263.

l'engagement peut se produire, il n'existe pas encore un cadre théorique consensuel et simplifié[1]. Or ce cadre est nécessaire pour favoriser le travail d'acculturation en cours et surtout pour légitimer les initiatives, les installer dans la vie des organisations et les intégrer dans les routines organisationnelles.

PROPOSITIONS MANAGÉRIALES

L'intégration de l'engagement des patients dans les organisations hospitalières nécessite une approche systématique et structurée. Trois facteurs de réussite sont déterminants.

- Des dispositifs dédiés : l'organisation doit inclure des dispositifs et des mécanismes clairs et accessibles pour l'engagement des patients. Cela peut comprendre la mise en place de conseils de patients, de groupes de travail sur des thématiques spécifiques ou d'autres formes de comités où les patients peuvent exprimer leurs besoins, partager leurs expériences et contribuer à la prise de décision. Ces dispositifs doivent être flexibles pour s'adapter à divers besoins et contextes de soins mais doivent surtout être visibles, structurés, reconnus et légitimés.
- Des ressources suffisantes : l'engagement des patients exige des investissements en termes de temps, de compétences et de moyens financiers. Il s'agit par exemple d'allouer des budgets spécifiques et un temps dédié notamment pour former le personnel aux meilleures pratiques d'engagement et pour assurer le bon fonctionnement des dispositifs d'engagement. Pour les patients, la question des moyens se pose aussi en termes d'indemnisation et d'accompagnement pour la montée en compétences (via des formations institutionnelles ou via le compagnonnage entre pairs).
- Des infrastructures adéquates : pour faciliter l'engagement des patients, l'existence d'un environnement propice est également une condition indispensable. Cet environnement doit inclure des espaces accessibles et accueillants pour faciliter les contacts entre patients, et avec les professionnels. L'infrastructure technologique doit aussi permettre la participation à distance et elle doit également faciliter et supporter la communication et le partage d'informations sécurisées entre les patients et les professionnels de santé. L'environnement joue en outre un rôle important par les marqueurs de reconnaissance dont il peut témoigner (espaces de travail et de réunion réservés, places de parking, badges).

1. Abbasgholizadeh Rahimi S., Zomahoun H.T.V., Légaré F., "Patient Engagement and its Evaluation Tools – Current Challenges and Future Directions", *International Journal of Health Policy and Management*, vol. 8(6), 2019, p. 378-80.

Lectures complémentaires

- Usher S., Denis J.L., "Exploring Expectations and Assumptions in the Public and Patient Engagement Literature: a Meta-Narrative Review", *Patient Education and Counseling*, vol. 105(8), 2022, p. 2683-92.
- Sharma A.E., Huang B., Knox M., Willard-Grace R., Potter M.B., "Patient Engagement in Community Health Center Leadership: How Does it Happen?", *Journal of Community Health*, vol. 43(6), 2018, p. 1069-74.
- Brouwers M.C., Vukmirovic M., Spithoff K., Makarski J., "Understanding Optimal Approaches to Patient and Caregiver Engagement in the Development of Cancer Practice Guidelines: a Mixed Methods Study", *BMC Health Services Research*, vol. 17(1), 2017, p. 186.
- Carlsson C., Segesten K., Nilbert M., Nilsson K., "Captured Voices in Cancer: Experiences from Networking between Individuals with Experiential and Professional Knowledge", *BMC Health Services Research*, vol. 7(1), 2007, p. 23.
- Guillot C., « Le rôle des patients et de leurs associations représentatives dans l'innovation en santé : représentations et transformations réelles », *Les Annales des Mines*, mai 2017(2), p. 16-20.
- Dukhanin V., Topazian R., DeCamp M., "Metrics and Evaluation Tools for Patient Engagement in Healthcare Organization and System-Level Decision-Making: a Systematic Review", *International Journal of Health Policy and Management*, vol. 7(10), 2019, p. 889.

4 ENTRETIEN AVEC UNE PATIENTE PARTENAIRE : S'ENGAGER POUR FAIRE ÉVOLUER L'HÔPITAL

Inès Serre et Maëlle Achard

Résumé

Ce chapitre consiste entièrement d'un entretien avec une patitente partenaire engagée dans un hôpital de la Suisse romande. L'accent est mis sur son expérience en tant que patiente et sur son parcours dans le partenariat avec les soignants. L'objectif de cet entretin est de mettre en lumière les motivations et attentes des patients partenaires, tout en interrogeant les mécanismes institutionnels qui favorisent ou limitent leur contribution. Plus qu'un simple récit, cette analyse offre une perspective sur les conditions de réussite du partenariat et sur les ajustements nécessaires pour en faire un levier durable d'amélioration des pratiques et de transformation organisationnelle.

MESSAGES-CLÉS

- Le partenariat entre patients et soignants permet une meilleure prise en compte du vécu des patients, essentielle pour améliorer la qualité des soins et renforcer la compréhension mutuelle.
- L'expérience du patient est une ressource précieuse, qui ne doit pas être formatée par une approche trop académique, pour éviter une professionnalisation excessive du rôle de patient partenaire.
- L'intégration des patients partenaires nécessite un cadre institutionnel clair et dédié.
- L'implication des patients dans des projets innovants enrichit la réflexion et permet de développer des solutions mieux adaptées aux besoins des usagers.
- L'importance d'évaluer les impacts des patients partenaires sur l'établissement ne devrait pas etre sous-estimé.

INTRODUCTION

Un témoignage permet d'explorer concrètement la manière dont une institution hospitalière peut structurer et soutenir l'engagement des patients dans ses projets stratégiques. Ce partage d'experience nous vient d'une participante du programme de partenariat patient dans un hôpital universitaire de la Suisse romande, qui a été invité à participer au programme suite à un opération bénigne. L'expérience de cette patiente incarne les enjeux d'un partenariat en évolution : comment les patients sont-ils intégrés aux processus décisionnels ? Quels sont leurs leviers d'action et les freins qu'ils rencontrent ? Cet entretien s'inscrit dans une démarche d'analyse des dynamiques organisationnelles qui rendent possible – ou entravent – l'engagement effectif des patients dans la gouvernance hospitalière.

DÉVELOPPER UNE CULTURE INSTITUTIONNELLE DU PARTENARIAT

J'ai rejoint le projet Patients Partenaires en 2019, alors qu'il était encore intégré au Centre de l'Innovation. En 2019, à la suite d'une opération bénigne, j'ai été sollicitée pour participer à une étude clinique sur une nouvelle thérapie.

À cette occasion j'ai rencontré la responsable du projet, qui m'a proposé d'intégrer le groupe Patients Partenaires. Depuis je n'ai cessé de vivre des expériences humaines et scientifiques particulièrement riches.

Lors de cette première rencontre, elle m'a expliqué rapidement en quoi le projet consistait, et nous avons convenu de nous revoir. Nous avons eu ensuite un entretien d'une heure et demie environ, durant lequel elle m'a expliqué les activités et le but recherché du projet : l'intégration de patients à l'organisation de l'hôpital, au travers du partenariat, pour améliorer la qualité des soins. En tant que patients nous avons notre expérience personnelle, comme les soignants, les médecins ont leurs connaissances, leurs acquis scientifiques. L'idée est de mettre en commun les expériences et expertises parce que, finalement, qui connaît mieux le vécu de sa maladie que le patient lui-même ? L'expérience et le partage avec les soignants et médecins sont essentiels dans le traitement. Le partage est un moyen, avec l'amélioration de la qualité des soins, comme but final.

Cette vision a eu du sens pour moi. L'univers de la santé m'a toujours intéressé. Et grâce à mon rôle de patiente partenaire, j'ai pu comprendre certaines attitudes ou situations rencontrées lors de mes hospitalisations. Certaines situations m'avaient un peu énervée ou contrariée lors de mon passage aux urgences. En participant en « interne », j'ai mieux compris le fonctionnement de l'hôpital. Cette vision croisée m'a apporté de la compréhension et peut-être de la bienveillance aussi, envers le personnel de l'institution. C'est une chose que l'on apprend avec l'expérience dans le partenariat.

Il arrive que de nouveaux patients partenaires n'en soient pas encore là quand ils rejoignent le programme. Ils n'ont pas le parcours personnel nécessaire, ils n'ont pas fait encore ce chemin de prise de recul sur leur hospitalisation. En tant que patient partenaire, nous avons un rôle à tenir. Le patient qui s'engage dans un partenariat doit partager son expérience mais aussi être dans la compréhension du fonctionnement de l'organisation, et non pas dans la revendication. Parfois, des patients nouvellement partenaires confondent le bureau des réclamations et le programme. En fait, ils n'ont pas encore fait leur cheminement personnel, n'ont pas évacué leur colère, essayé de comprendre. Ils ne sont pas encore *dans* le partenariat.

UN PROGRAMME CENTRÉ SUR L'EXPÉRIENCE PLUTÔT QUE SUR LA COMPÉTENCE

Aujourd'hui, il n'y a pas de formation académique pour les patients à Genève. Selon moi, la formation est essentielle sur certains points, mais il faut aussi le partage des expériences. Tout d'abord parce qu'il n'est pas possible d'envoyer tous les patients se former. Et puis parce que tout le monde ne sera pas intéressé par une formation. Si c'est la formation devient obligatoire, nous risquons de perdre beaucoup de monde. Et pourtant l'expérience du patient existe quand même. On ne peut pas la négliger.

Au sein des patients partenaires, disons qu'il y a deux tendances. Il y a ceux, et ils sont très peu, qui ont suivi une formation à la Sorbonne, et qui plaident pour leur professionnalisme. Et puis, il y a ceux qui ne sont pas en faveur d'une formation académique. Quelqu'un qui est formé a sûrement des plus-values, mais cela ne veut pas dire que quelqu'un qui ne l'est pas n'en a pas, et ne peut pas apporter sa contribution. Souvent, dans la plupart des projets dans lesquels j'ai été impliquée, il n'y avait pas besoin de formation spécifique. C'est juste du bon sens. Notre expérience de patient, mais aussi notre expérience professionnelle, peuvent être très utiles.

Le risque avec la formation, ce serait de faire passer le savoir expérientiel au second rang. Il faut bien veiller à former sans formater. Pour ne pas perdre notre spontanéité, il est primordial que nous gardions un regard extérieur. Nous ne devons pas devenir des professionnels du partenariat.

Lorsque nous nous croisons dans les différents projets, dans les ateliers, les focus groupes, les conférences, ce sont des occasions pour nous de partager et d'apprendre. Cela permet un système de formation par les pairs. Et un après-midi par mois, nous disposons de l'esplanade devant le Centre de l'Innovation pour nous réunir. Ces rencontres sont libres, sans modérateur ni représentant de l'institution, et constituent une occasion de partager nos diverses expériences et pour plusieurs anciens, dont je suis, de guider les nouveaux.

Aux HUG, la volonté a été de former en interne les cadres de l'institution au partenariat dans les soins, avec des patients. Depuis peu, il a été décidé que les nouveaux patients partenaires devront également suivre cette formation aux bases du partenariat pour intégrer le groupe. Cela devrait permettre d'éviter des catégories de patients partenaires, les « sachants » et les autres.

STRUCTURER LES PROGRAMMES POUR UNE INTÉGRATION EFFICACE DES PATIENTS PARTENAIRES

Nous avons deux types de réunions au sein du programme : entre patients partenaires uniquement, et avec les responsables. Pour les réunions entre nous, l'institution met un lieu à notre disposition. Il n'y a pas de modérateur, ni personne de l'institution. Nous sommes plusieurs anciens à transmettre nos expériences, à prodiguer des conseils.

Chaque trimestre, une réunion est animée par les responsables et à ce moment-là, nous faisons connaissance avec des nouveaux patients partenaires. Depuis 2016, plus de 800 patients ont participé au moins une fois à une activité de partenariat. Une centaine de patients sont actuellement inscrits, dont environ trente à cinquante réellement actifs.

C'est une liberté individuelle que d'être actif. Nous avons élaboré une charte que tous les patients partenaires signent en rejoignant le programme. Nous voulons de la bienveillance, et le respect des idées de tous. Il est arrivé qu'un patient partenaire ne soit pas dans cette vision, formulant des jugements négatifs par exemple. Dans ce cas, les responsables précisent le contexte.

Nous ne sommes pas là pour critiquer l'institution, nous ne voulons pas passer en force, nous voulons convaincre. Nous travaillons pour l'amélioration. Dans toute organisation, il y a des choses qui ne vont pas. Le monde parfait n'existe pas. Les HUG sont aussi une entreprise. Nous pouvons relever des manquements et proposer des solutions, ou participer aux réflexions communes. Mais nous ne sommes pas là dans une réunion syndicale. Nous pouvons avoir un regard critique, mais sans remarques personnelles ou blessantes.

Depuis avril 2024, un groupe de patients partenaires Ambassadeurs a été constitué. Il regroupe dix patients partenaires d'expérience dont la mission est de représenter le programme dans l'institution et à l'extérieur, d'œuvrer dans le mentorat auprès des autres patients partenaires et de guider les nouveaux arrivants. Pour ce faire, une réunion d'accueil a été mise en place, avec les Ambassadeurs et les responsables du programme. C'est l'occasion pour nous de les accueillir, répondre aux questions et les aider à trouver leur légitimité dans ce nouveau rôle.

ENGAGER LES PATIENTS DANS L'INNOVATION ET LA CO-CONSTRUCTION DES PROJETS

J'ai participé à plusieurs hackathons[1] organisés par l'hôpital, dont un qui a remporté le « Prix du Hackathon pour le partenariat avec nos patients » et obtenu le financement de la Fondation des HUG, nous permettant de développer une application qui accompagne les patients et le public dans leurs projets de soins et dans la rédaction des directives anticipées. Mon rôle a consisté, notamment, à veiller à ce que les textes soient accessibles et compréhensibles par les personnes n'ayant pas de connaissances médicales.

Une autre aventure exceptionnelle a été celle de contribuer à la formation des soignants, des médecins et des ambulanciers avant la mise en fonction des urgences. Pendant 15 jours, il s'agissait de participer à des simulations et de prendre part aux débriefings pour donner le ressenti du patient.

Il y a aussi l'arcade mobile, que j'affectionne beaucoup. Il s'agit d'un stand mobile que nous positionnons à des endroits de passage stratégiques de l'hôpital. Cette arcade mobile est issue de la volonté de créer un lieu ouvert au public, pour faire connaître notre programme, mais aussi un endroit pour nous retrouver entre patients, patients partenaires et proches aidants. La direction des soins soutient l'idée d'avoir ce lieu dédié. Aucune surface n'étant disponible, nous avons opté pour une version mobile. Cette démarche nous a permis de constater que le programme était mal connu au sein de l'institution. Les professionnels ne connaissent pas toujours la possibilité d'intégrer un patient partenaire ou un proche aidant partenaire dans leurs projets, leurs recherches, leurs réflexions. Il nous est arrivé de rencontrer des professionnels qui nous semblaient réticents. Nous pouvons comprendre que le patient partenaire puisse être perçu comme un élément perturbateur. Cette arcade est un moyen de les écouter et de leur faire entendre notre point de vue. Et parfois de les convaincre !

Un dernier exemple, celui de ma participation au groupe travaillant sur l'amélioration de l'intégration des proches aidants. Il existait un questionnaire mais pas d'outils pour identifier les proches aidants à l'hôpital. J'ai pu souligner le fait que souvent, le proche aidant lui-même ne sait pas qu'il est proche aidant. Il faut déjà l'aider à s'identifier comme tel. Ensuite, j'ai suggéré un badge, pour que les équipes reconnaissent et fassent la différence entre quelqu'un qui vient en visite et quelqu'un qui est reconnu par l'institution comme proche aidant partenaire. La reconnaissance est un aspect important à l'hôpital. Dans ce cas,

1. Un rassemblement de développeurs, qui portent un projet avec l'objectif de réaliser un prototype d'application digitale.

il fallait, d'une part, reconnaître la personne dans son rôle de proche aidant, lui donner un statut, et d'autre part, que ce statut soit reconnu par l'institution.

Et pour les patients partenaires c'est la même chose. Nous avons demandé un badge, parce que nous nous identifions à l'institution. Ce badge commence à être reconnu. Il y a beaucoup de monde qui circule dans un hôpital. Et un badge, cela donne une reconnaissance.

INFLUENCER LA GOUVERNANCE HOSPITALIÈRE

En 2020, les HUG ont sollicité des patients pour l'élaboration du plan stratégique 20 + 5. Nous étions deux patients partenaires à participer, durant une année aux réunions qui ont permis de déterminer les futurs projets et programmes institutionnels, dans un groupe d'une vingtaine de personnes, avec les cadres de l'hôpital. Ce plan stratégique allait être proposé au conseil d'administration et à la direction des soins. Notre participation consistait à donner notre avis sur les différents axes du plan, et être force de proposition. C'était un nouveau pas vers une reconnaissance de notre rôle.

Ici, la culture collaborative est vraiment importante, et je l'ai remarquée en participant à l'élaboration de ce plan. Par exemple, pour identifier les axes de travail, l'un des moyens mis en œuvre fut la tenue d'un stand, durant un événement grand public organisé à l'extérieur de l'hôpital avec des professionnels et des patients. L'idée était d'aller au-devant de la population pour savoir comment le public imaginait « l'Hôpital du Futur ». Après ce recueil d'idées, nous avons compris qu'il nous manquait le point de vue des collaborateurs ! De là est née l'idée des « goûters » : des chariots de goûters avec lesquels nous sommes allés dans différents services, dans les sous-sols, aux urgences, dans différents endroits de l'hôpital, à la rencontre des professionnels.

L'ensemble des avis récoltés dans le public et auprès des collaborateurs a contribué à l'élaboration des différents axes du plan stratégique 20 + 5. Et justement, l'un des axes était la pérennisation du projet Patients Partenaires, avec les moyens humains et financiers qui vont avec. L'axe a été validé, et ce qui était un projet est devenu un programme.

Lorsque je participais au comité de pilotage pour l'élaboration du plan stratégique, j'étais entourée de « grandes figures », des professeurs, des directeurs, etc. J'aurais pu ne pas me sentir à ma place. Et pourtant, je n'ai jamais eu le sentiment de ne pas être considérée. Il est vrai que je ne suis pas un élément subversif, mais tout de même parfois, je bouscule ! Je rappelle régulièrement que le rôle du patient, c'est de garder une vision externe. Il ne s'agit pas de devenir des professionnels parmi les professionnels. Le risque serait de devenir trop pointu, de finir par parler le même langage, quand l'un des buts recherchés justement, c'est que le langage médical soit compréhensible par les patients. Il m'arrive de dire : « attendez, là, je ne comprends pas ce que vous voulez dire ». Et je n'ai jamais eu de problème pour que l'on m'écoute.

Parfois, au début d'une séance, j'identifie des personnes réfractaires. Juste à l'attitude, la manière d'écouter, de regarder… Et généralement, au cours de la réunion, les perceptions changent. Ces individus réalisent que nous ne sommes pas là pour juger, ni pour parler comme des professionnels, mais pour apporter un point de vue complémentaire. Ils sont souvent surpris positivement ! Nous abordons parfois des thèmes scientifiques très pointus, sur lesquels il est difficile d'avoir un avis. Mais il est toujours possible, sur un point précis, de dire qu'« en tant que patient partenaire, je pense que cela serait bien de… ».

Cette évolution n'aurait jamais été possible sans la volonté de l'institution, qui est à l'initiative de la démarche d'engagement du patient. En tant que patient, nous avons envie de participer à la vie de l'hôpital, et aux soins. Mais si l'institution ne nous donne pas la possibilité de le faire, je ne vois pas comment on peut y arriver.

AMÉLIORER LE PROGRAMME : ÉVALUATION, VISIBILITÉ ET ANCRAGE INSTITUTIONNEL

Ce que je trouve parfois difficile et décourageant, c'est le manque de visibilité sur nos activités. Le nombre de patients, par exemple. Ce sont de grands nombres qui sont annoncés, il y a des patients qui s'inscrivent au programme, qui participent peut-être une fois et que l'on ne revoit plus jamais. En fait, nous ne sommes pas nombreux réellement actifs et investis. Il faut être bien conscients que c'est dans la répétition des expériences de partenariat que l'on forge notre savoir de patient partenaire.

Il faudrait aussi favoriser un suivi. C'est une chose qui manque. Il serait intéressant de connaître les retours des services qui ont fait appel au partenariat. De savoir ce qui a fonctionné, ce qu'il faudrait améliorer, indépendamment des personnes qui ont été impliquées. Savoir ce que les mandants attendaient, et si notre participation a répondu à leurs attentes. Et s'il y a une discordance, se demander comment améliorer le prochain partenariat.

Je pense que cela est dû à la jeunesse du programme. Les chiffres présentés, la croissance du nombre de patients partenaires et des implications sont bien sûr importants, mais le degré de satisfaction des deux côtés est important aussi, et ceci rapidement après nos participations. Dans ce sens, et pour créer de l'émulation, j'ai proposé aussi des témoignages de services qui ont fait appel au partenariat, l'édition de lettres d'informations, etc.

Je pense qu'il faut promouvoir le programme dans l'institution. Nous devons intensifier la communication par des campagnes internes, au moyen de tous les supports à notre disposition. Le programme mérite d'être connu.

CONCLUSION

Ce témoignage met en lumière les leviers organisationnels nécessaires pour favoriser l'intégration des patients partenaires dans les structures de santé. La mise en place d'un cadre institutionnel structuré, combinant des espaces de reconnaissance (badge, charte, arcade mobile), une formation adaptée et une organisation interne claire, est essentielle pour que le partenariat dépasse le simple engagement symbolique et devienne un moteur d'amélioration des pratiques.

Toutefois, l'efficacité d'un tel dispositif repose sur plusieurs conditions managériales : une gouvernance hospitalière qui soutient activement l'engagement des patients, une communication interne renforcée pour mieux faire connaître le programme, et un suivi rigoureux permettant d'évaluer son impact sur l'organisation et la qualité des soins.

À terme, la pérennisation du programme Patients Partenaires passe par une intégration progressive de leur rôle dans les processus décisionnels et les projets stratégiques de l'hôpital. En structurant mieux leur engagement et l'évaluation de l'impact de cet engagement, et en renforçant la collaboration avec les professionnels, les organisations de santé peuvent transformer cette dynamique en un moteur d'innovation et d'amélioration continue de la qualité des soins et des services offerts aux patients.

PROPOSITIONS MANAGÉRIALES

- Les programmes de patients partenaires devraient être formellement structurés, compris dans la formation et communication de l'organisation, et intégrés dans les processus décisionnels applicables.
- Une charte d'engagement et formation (idéalement court et flexible) pour tout patient partenaire permettent de préciser leur rôle, leurs droits et leurs responsabilités, également ceux de l'établissement.
- Fournir un badge officiel aux patients partenaires renforce leur légitimité et leur permet de se sentir reconnus et bienvenus dans l'établissement.

- Un suivi rigoureux de l'impact du programme, une meilleure communication interne et une reconnaissance institutionnelle sont essentiels pour structurer et ancrer durablement le partenariat dans la gouvernance hospitalière. *A minima*, un système de retour d'expérience après chaque participation d'un patient devrait être mis en place.

Lectures complémentaires

- Touveneau S., Benichou A., Geissbuhler A., Merkli S., « Démarche relationnelle du partenariat entre patients et professionnels : conception et implémentation », *Revue médicale suisse*, vol. 14(617), 2018, p. 1533-7.
- Documentation officielle du programme « Patients partenaires + 3P » des Hôpitaux universitaires de Genève.

5 AMÉLIORER LES SOINS GRÂCE AUX DOLÉANCES DES PATIENTS ET DES PROFESSIONNELS

Béatrice Schaad

Résumé

En raison de la position qu'ils occupent dans le système, les patients et leurs proches observent des dysfonctionnements qui échappent à d'autres outils de veille de la qualité[1]. *S'il est adossé à un système informatique d'enregistrement rigoureux des insatisfactions, un espace de médiation peut permettre de collecter des informations importantes dans le domaine de la qualité et la sécurité. Analyser ces doléances de façon systématique permet aux institutions d'apprendre et d'améliorer leurs processus, de faire en sorte que des erreurs ne se reproduisent pas et que d'autres usagers n'aient pas à les subir.*

1. Reader T.W., Gillespie A., Roberts J., "Patient Complaints in Healthcare Systems: a Systematic Review and Coding Taxonomy", *BMJ Quality and Safety*, vol. 23(8), 2014, p. 678-89.

MESSAGES-CLÉS

- En raison de la position qu'ils occupent dans le système, les patients et leurs proches observent des dysfonctionnements qui échappent aux autres outils de veille de la qualité.
- L'écoute pratiquée dans le cadre d'entretiens menés dans un centre de médiation peut conduire à la collecte d'expériences emblématiques des besoins et attentes des patients contemporains comme de ceux de leurs proches et des professionnels qui les suivent.
- Analysés de façon systématique, ces témoignages peuvent être source d'apprentissage et d'amélioration des processus hospitaliers dans le domaine de la qualité et de la sécurité
- Considérer la doléance comme une source d'amélioration de l'organisation des soins suppose un changement de paradigme : celui qui questionne ou critique le système (qu'il s'agisse du patient, de proches ou de professionnels) ne doit pas être suspecté d'un problème lié à sa personnalité mais vu comme une source d'apprentissage.
- Le développement de projets d'amélioration entre patients et professionnels sur la base des témoignages d'insatisfaction représente une occasion de collaboration à des fins d'amélioration des prises en charge, mais aussi de compréhension mutuelle sur les causes qui expliquent les problèmes rencontrés dans le cadre de prises en charge.

INTRODUCTION

Claire a environ quarante ans, quand elle reçoit la convocation de l'hôpital qui suit son enfant. « Convocation » : le nom écrit en toutes lettres en haut du document, relique d'un langage martial qui a longtemps marqué le vocabulaire hospitalier, est le premier indice qui heurte Claire. Comment peut-on être « convoquée » par un médecin dont elle sait qu'il va lui annoncer un « retrait thérapeutique ». Autrement dit, que tout a été tenté pour sauver son fils aujourd'hui âgé de sept ans et que le dernier colloque de spécialistes a conduit à la conclusion qu'aucun nouveau traitement ne pourrait améliorer la santé de son enfant.

Elle le sait de longue date : si les traitements s'arrêtent, son fils décédera dans les jours qui viennent. Lorsqu'elle arrive à la salle de consultation où l'attend le médecin qui la reçoit, elle réalise que celui-ci n'a pas réservé l'endroit aussi plusieurs personnes passent la tête par l'embrasure, entrent et sortent durant cette conversation difficile. Le médecin n'a pas mis son téléphone sur « mode avion » et il reçoit trois appels en sa présence durant lesquels Claire entend évoquer la situation d'enfants qui eux, contrairement à son fils, sont en voie de guérison. Le médecin qui lui parle utilise des termes très techniques, elle en connaît certains, mais elle a le sentiment qu'il se cache derrière un jargon. À aucun moment il ne parle de « morts prochaines », comme s'il s'agissait d'un tabou. Elle aimerait partager ce qu'elle sait de la prise en charge, elle qui suit son enfant depuis sa naissance comme proche-aidante, mais elle a l'impression que le médecin ne tient pas compte de ce qu'elle pourrait amener dans la conversation. Au fil de l'échange, elle perçoit que des informations se sont perdues entre les différents services qui ont suivi son enfant. Ce récit illustre parfaitement la situation dans laquelle se retrouvent parfois les patients.

Comme le relèvent Gillespie et Reader, en raison de la position qu'ils occupent dans le système de soins, les usagers relèvent des manquements qui échappent à d'autres outils de veille de la qualité[1]. Même si les insatisfactions liées à l'attitude des professionnels sont quatre fois plus souvent à l'origine d'une plainte qu'une erreur médicale, et servent de déclencheur au dépôt de celle-ci, il est rare qu'ils s'en tiennent à l'observation d'un seul problème de comportement. Dans le cadre d'un entretien d'une heure en moyenne, un doléant peut évoquer des sujets d'insatisfaction très divers qui touchent tout à la fois les relations qu'il entretient avec les équipes de prise en charge, l'organisation des soins ou des éléments propres à la qualité ou la sécurité des soins[2].

La doléance est reconnue comme un indicateur de la qualité et un outil de prévention des erreurs au sein du système de soins[3]. La littérature montre que l'identification de certains problèmes vécus par les patients ou leurs proches – à l'instar de l'expérience de Claire – permet de garantir la résilience et la sécurité des organisations dans leur ensemble[4]. Il a même été suggéré que les plaintes des patients pourraient précéder (plutôt que suivre) les incidents de sécurité, agissant potentiellement comme un système d'alerte précoce[5]. Analyser les doléances de façon systématique permet donc aux institutions d'apprendre et d'améliorer leurs processus en termes de qualité et de sécurité de faire en sorte que des erreurs ne se reproduisent pas et que d'autres usagers aient à les subir.

1. *Ibid.*
2. Centre hospitalier universitaire vaudois (CHUV), rapports annuels de l'Espace de Médiation entre patients, proches et professionnels (EMP).
3. Gallagher T.H., Mazor K.M., "Taking complaints seriously: using the patient safety lens", *BMJ Quality and Safety*, vol. 24(6), 2015, p. 352-5.
4. Francis R., "Independent Inquiry into Care provided by Mid Staffordshire NHS Foundation Trust January 2005-March 2009", rapport demandé par le gouvernement britannique, *The Mid Staffordshire NHS Foundation Trust Inquiry*, Norwich, UK, 2010.
5. Kroening H., Kerr B., Bruce J., *et al.*, "Patient Complaints as Predictors of Patient Safety Incidents", *Patient Experience Journal*, vol. 2, 2015, p. 94–101.

LA MÉDIATION COMME OUTIL DE COLLECTE DE L'EXPÉRIENCE

Il existe différentes méthodes de recueil des données sur l'expérience des patients : les focus groups, les classements en ligne, le *shadowing* qui consiste à suivre un patient et à analyser son parcours ou le contenu des compliments[12]. L'analyse systématique des griefs des usagers dans un centre de médiation complète ces différentes approches. Par doléances, nous entendons ici un récit complexe déposé suite à une insatisfaction par les patients et les familles auprès de médiateurs (professionnels formés à la gestion des conflits) pour rendre compte des défaillances perçues dans le cadre d'une prise en charge.

La médiation peut être organisée de différentes manières selon les hôpitaux. Elle peut se voir confier la seule mission de gérer les conflits ou, comme dans le modèle lausannois décrit ci-dessous, être structurée autour d'une double mission : résoudre les conflits *et* recueillir les expériences. Ceci en vue de relayer ces données aux différents niveaux de l'institution sanitaire – direction générale, départements et services spécialisés – et de développer des projets d'enseignement, de recherche et d'amélioration à partir de ces témoignages, idéalement en associant les patients-partenaires à la conceptualisation et à la mise en œuvre de ces projets.

ÉTUDIER L'INSATISFACTION POUR AMÉLIORER LA PRATIQUE

En avril 2012, le Centre hospitalier universitaire vaudois (CHUV) situé à Lausanne, en Suisse, a ouvert un Centre de médiation pour les patients, les proches et les professionnels (EMP) composé de quatre médiateurs formés à la gestion de conflit. Celui-ci assume la double mission de gestion du conflit et de collecte de l'expérience des usagers, pour en permettre la restitution aux équipes de prises en charge. Sur cette base, le développement de projets d'amélioration[3] est mis en œuvre.

Afin d'exploiter tout le potentiel informatif de ces griefs, ce centre de médiation a été adossé dès son ouverture à un système de suivi informatisé

1. Beattie M., Murphy D.J., Atherton I., Lauder W., "Instruments to Measure Patient Experience of Healthcare Quality in Hospitals: a Systematic Review", *Systematic Reviews*, vol. 4(1), 2015, p. 97.
2. Da Silva D., "Measuring patient experience", *The Health Foundation*, vol. 18, 2013.
3. Schaad B., *Réinventons les soins grâce à celles et ceux qui s'en plaignent*, Georg éditeur, 2024.

rigoureusement organisé, basé sur une taxonomie d'une centaine d'indicateurs, dans lequel chaque situation d'insatisfaction est enregistrée[1,2]. Cette taxonomie repose sur une méta-analyse de 59 études internationales, portant sur quelque 88 000 plaintes en milieu hospitalier et sur une recherche menée au CHUV sur les 253 premiers doléants qui sont venus détailler leurs expériences à l'EMP. Elle permet le classement des doléances en trois méta-catégories : Clinique, Organisation et Relation ; sept sous-catégories ; 28 sous-sous catégories. Par exemple, la catégorie Clinique comprend deux sous-catégories, la qualité et la sécurité, qui elles-mêmes comprennent quatre sous-catégories chacune. Pour la sécurité : les erreurs de diagnostics, les erreurs de médication, les incidents, la compétence et conduite. Pour la qualité : les examens, le parcours du patient, la qualité des soins et les traitements.

Lors de chaque rencontre avec un doléant, ses différents sujets d'insatisfactions sont classés dans cette vaste bibliothèque de sujets d'insatisfaction. En retour, le système informatique permet d'extraire les tendances lourdes de problèmes rencontrés en fonction de thématiques spécifiques : le service où s'est produit l'événement, le moment de la prise en charge où il a eu lieu, le nombre de fois où il s'est produit.

La synthèse de ces témoignages est ensuite partagée de manière anonyme et agrégée à différents niveaux de l'institution : avec la direction générale, avec les équipes de prise en charge, en illustrant les statistiques (nombre de griefs par thème) par des verbatims. Le code de déontologie de l'EMP prévoit notamment que ces données soient restituées uniquement au groupe qu'elles concernent, et jamais d'abord à leur hiérarchie. Un professionnel concerné par une doléance sera contacté en direct, les doléances concernant un service seront restituées à la direction de celui-ci et non à celle de l'hôpital. Les présentations ne permettent pas d'identifier le patient ou le professionnel concerné par la situation. Les résultats peuvent être extraits et présentés à des catégories professionnelles, à des spécialités cliniques ou à l'ensemble d'un site de soins. Ces restitutions ont pour but d'identifier les éléments problématiques afin de réfléchir avec les équipes et les patients à la meilleure façon de réorganiser les prises en charge pour que d'autres patients n'aient pas à vivre la même expérience difficile.

---

1. Reader T.W., Gillespie A., Roberts J., "Patient Complaints in Healthcare Systems: a Systematic Review and Coding Taxonomy", *BMJ Quality and Safety*, vol. 23(8), 2014, p. 678-89.
2. Schaad B., Bourquin C., Bornet F., *et al.*, "Dissatisfaction of Hospital Patients, their Relatives, and Friends: Analysis of Accounts Collected in a Complaints Center", *Patient Education and Counseling*, vol. 98(6), 2015, p. 771-776.

« JE TÉMOIGNE POUR QUE CELA N'ARRIVE PAS À QUELQU'UN D'AUTRE »

Un tiers des patients et de leurs proches qui s'adressent à cet espace de médiation le font dans un esprit de démocratie sanitaire (un concept défini dans le Code de la santé publique français qui reconnaît aux personnes le droit à l'information sur leur santé et leur confère un pouvoir de décision et d'action sur leur propre santé et celle des autres), de façon à participer via leur témoignage à l'amélioration des processus. Après douze ans d'existence, l'EMP a recueilli quelque 6 000 récits d'expériences qui constituent une mine d'informations extrêmement riche sur le vécu des utilisateurs et guide chaque année l'élaboration de plusieurs projets d'amélioration des pratiques.

Douze ans après l'ouverture de l'EMP, les services s'approprient les témoignages et développent leurs propres projets d'amélioration. Nous pouvons citer un exemple illustratif, un patient qui contacte l'EMP et raconte : « J'ai été opéré la semaine dernière d'une tumeur et on m'appelle aujourd'hui pour me dire que je vais me faire opérer la semaine prochaine ». On imagine aisément le type de questions anxiogènes qu'un tel appel est susceptible de faire naître. Dans ce type de situation, le témoignage a été restitué rapidement à la direction du service qui est remonté aux causes racines de cet appel. Sur la base de ce témoignage, que le service nous a autorisé à partager, une analyse du processus d'annulation et de re-convocation des rendez-vous a été conduite et l'organisation modifiée.

Après plus d'une décennie, notre surprise a été de constater que s'il avait été ouvert et destiné initialement aux patients qui souffrent de l'hôpital, nombre de professionnels qui souffrent des patients se sont mis à y faire appel. Les motivations sont multiples, mais à leur tête on citera le besoin de témoigner de violences de haute intensité perpétrées par des patients ou leurs proches à leur égard.

En synthèse, l'étude des doléances dans un dispositif d'écoute et de médiation telle que menée cette dernière décennie au CHUV permet de constater les effets d'une forme de « déshumanisation » subie symétriquement par les patients et les professionnels sous l'aspect de la désubjectivisation. Est entendue ici la notion de « désubjectivisation » dans le sens d'un processus par lequel le patient expérimente, dans certaines situations, une désappropriation de son statut de sujet. Celle-ci s'exprime par le sentiment de ne pas être reconnu dans sa singularité et son agentivité, soit sa capacité à agir sur lui-même et par lui-même pour transformer sa situation. Cette expérience peut être vécue symétriquement par le patient et ses proches, ou par le professionnel[1].

1. Schaad B. (dir.), *(In)hospitalités hospitalières. Conflit, médiation, réconciliation*, RMS éditions, 2023.

CONCLUSION

Ce système de recueil d'expériences présuppose un incontournable qui appelle encore un changement de culture à développer : les doléances, et celles et ceux qui les expriment, doivent être considérées comme une source d'information et subsidiairement, comme des partenaires potentiellement impliqués dans la réorganisation institutionnelle. Or, les patients et les professionnels souffrent encore aujourd'hui du même *a priori* négatif : la tentation est forte en effet de les voir tous deux comme « difficiles ». Selon Gallagher et ses collègues, il est facile de rejeter les griefs comme étant imputables aux compétences interpersonnelles du prestataire ou à la personnalité du patient[1]. Cependant, notent-ils, comme tout événement indésirable, les griefs des patients ont une épidémiologie dont l'étude apporte des enseignements importants pour la prévention. Cela est vrai tant pour le récit du patient que celui du professionnel. Au vu de leur richesse, la constitution d'une taxonomie spécifique aux difficultés vécues et rapportées dans un centre de médiation par les professionnels prend tout son sens et est actuellement en réflexion au CHUV.

PROPOSITIONS MANAGÉRIALES

- Créer les conditions pour que le professionnel puisse décrire ses difficultés : afin d'obtenir une image complète de la réalité institutionnelle, les centres de médiation peuvent recueillir les doléances des professionnels qui, selon les structures de médiation mises en place comme à Lausanne, peuvent venir témoigner d'expériences difficiles dans leurs relations avec les patients et travailler à leur rétablissement. Comme pour les patients, à partir des doléances des professionnels, des améliorations peuvent ensuite être apportées à l'environnement de travail, par exemple en renforçant les mesures de protection des employés qui ont été vilipendés sur les réseaux sociaux, ou qui ont été victimes de violences physiques de la part de patients dans le cadre d'un traitement[2].
- Mettre en place des équipes mixtes de patients et de professionnels pour améliorer le système sur la base des doléances : sur la base de l'analyse des doléances, des boucles rapides d'amélioration des soins peuvent être conceptualisées. Elles s'inspirent directement des lacunes institutionnelles décrites et vécues par les patients, leurs proches ou les professionnels, et qui leur importent. Le travail consiste à déconstruire le vécu et à cibler les divers besoins

1. Gallagher T.H., Mazor K.M., "Taking Complaints Seriously: Using the Patient Safety Lens", *BMJ Quality and Safety*, vol. 24(6), 2015, p. 352-5.
2. Centre hospitalier universitaire vaudois (CHUV), *Rapport annuel Espace de Médiation entre patients, proches & professionnels (EMP)*, 2021.

qu'ils rencontrent tout au long de leurs parcours[1]. Ces projets d'amélioration de l'organisation et des pratiques peuvent être conduits par des équipes mixtes composées tout à la fois de patients et de professionnels. Elles permettent en reconnaissant les besoins des uns et des autres, d'élaborer des solutions qui répondent conjointement aux attentes de toutes les parties. Les changements de pratique codesigné par des professionnels et des patients a l'avantage d'être potentiellement généralisable à d'autres hôpitaux que celui dans lequel ils ont été originellement pensés.

Lectures complémentaires

- Gerteis M. *et al., Through the Patient Eyes. Understanding and Promoting Patient-Centered Care,* Jossey Bass, 2002.
- Fleury C., *Clinique de la dignité*, Seuil, 2023.

1. Lê Van K., *et al.*, "The Lausanne Hospitality Model: a Model Integrating Hospitality into Supportive Care", *Support Care Cancer*, vol. 31(5), 2023, p. 270.

PRENDRE SOIN DU TRAVAIL ET DES PERSONNELS DE SANTÉ

2

PARTIE

6 SOIGNER LA PRATIQUE DU TRAVAIL EN ÉQUIPE

Erwan Bellard

Résumé

Le travail en équipe pluridisciplinaire ou interprofessionnelle est aujourd'hui au cœur de l'accompagnement des patients et du fonctionnement des structures de soin. Mais « faire fonctionner une équipe » ne va pas de soi. Cela demande du soin, au sens d'un véritable effort de préparation, de suivi, d'attention à la manière dont l'activité collective est réalisée. Nous suggérons cinq directions dans lesquelles les professionnels de santé peuvent agir pour mieux travailler ensemble : conditions, méthodes, interactions, attitudes et performance de l'équipe. Négliger ces aspects interconnectés du travail en équipe, c'est finalement prendre un risque pour la santé des collaborateurs et des bénéficiaires.

MESSAGES-CLÉS

- Travailler en équipe interprofessionnelle demande une préparation minutieuse et une évaluation régulière et systématique des performances collectives.
- Une équipe efficace ne se limite pas à la mise en commun de compétences, mais repose sur une structuration réfléchie, des interactions dynamiques, une culture commune, des attitudes partagées favorisant la coopération et l'innovation.
- Le bon fonctionnement des équipes de soins est à la fois essentiel pour le bien-être et le développement des professionnels et pour la qualité des prestations de santé.

INTRODUCTION

L'interprofessionnalité et son corollaire, le travail en équipe, constituent aujourd'hui un des leviers très largement exploité pour optimiser la qualité des soins et l'efficience du système de santé[1]. On attend en effet, sans doute à juste titre, du travail en équipe interprofessionnelle, des gains autant pour le patient (amélioration de la qualité des soins, de vie et de la sécurité des patients, avec accompagnement global, plus humain et plus adapté aux cas complexes et chroniques…), que pour les professionnels (une plus grande satisfaction du personnel, un enrichissement du travail, plus d'entraide et de soutien, le développement des compétences…), et pour les organisations de santé (des économies, un système de soins coordonné, de pointe, le développement d'initiatives communes au niveau de la santé publique, une réponse à la pénurie de personnel, etc.)[2]. Ainsi, l'équipe apparaît, au moins dans les discours et les intentions, comme un véritable couteau suisse de la gestion des hommes et des ressources.

Mais « faire équipe », qui plus est dans un contexte d'interprofessionnalité, n'est pas toujours aussi simple qu'il n'y paraît[3]. À titre d'exemple, entre 2023 et 2024, plus de la moitié (51,6 %) des 258 cadres soignants que nous avons questionnés sur le fonctionnement de leurs colloques a affirmé que ceux-ci n'étaient pas gérés de manière efficiente. Cette gestion problématique d'un moment symboliquement et fonctionnellement important du collectif, est généralement

1. Santschi V., « L'interprofessionnalité au cœur des soins », *Revue d'information sociale*, 11 juin 2018.
2. Pour de nombreuses illustrations, voir notamment la documentation réalisée dans le cadre du programme de promotion « Interprofessionnalité dans le domaine de la santé 2017 – 2020 » de l'Office fédéral de la santé publique suisse.
3. Dumas M., Douguet F., Fahmi Y., « Le bon fonctionnement des services de soins : ce qui fait équipe ? », *Revue interdisciplinaire management, homme & entreprise*, vol. 205(1), 2016, p. 45-67.

symptomatique de dysfonctionnements plus importants dans les équipes[1]. Alors que le temps passé en réunion ne fait qu'augmenter, on arrive parfois à une situation paradoxale, où le travail en équipe vient consommer des ressources temporelles et humaines déjà rares, plutôt que les optimiser.

Faire des réunions, et plus largement du travail collectif, un réel levier de performance globale pour les institutions de santé n'est possible qu'à certaines conditions, qu'avec la maîtrise de certaines techniques et méthodes, l'existence d'un tissu de relations dense et d'interactions spécifiques, la prévalence de certains comportements et d'attitudes partagées (entraide, confiance…), et qu'avec une véritable reconnaissance du travail et des productions collectives. Soigner ces aspects est d'abord de la responsabilité des cadres de santé, mais plus globalement de tous les professionnels qui œuvrent au sein des équipes. Pour les aider, nous proposons un cadre conceptuel à plusieurs couches, comme un oignon, illustrant l'interconnexion de ces différentes composantes pour expliquer la performance globale des équipes (résultats, qualité, bien-être et compétences).

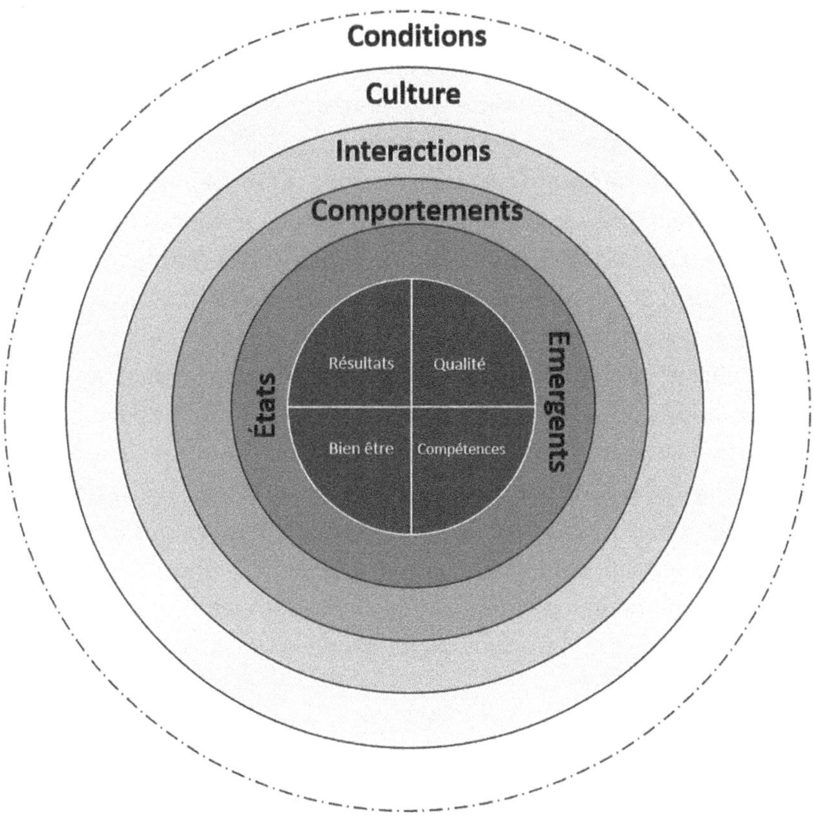

Un cadre d'analyse pour les équipes : la métaphore de l'oignon[2]

1. Katzenbach J. R., Smith D.K., *The Wisdom of Teams: Creating the High-Performance Organization*, Harvard Business Review Press, 2015.
2. Bellard E., création originale, 2025.

POSER LES FONDATIONS : LES CONDITIONS DU SUCCÈS DES ÉQUIPES

La gestion d'une équipe demande tout d'abord une attention toute particulière sur les éléments constituant la base du fonctionnement en équipe. Certains parlent de fondations[1], d'autres de conditions[2], mais tous sont d'accord sur le soin à apporter dans la préparation et la construction de l'équipe. Une équipe est un système social complexe dont les principes architecturaux vont profondément imprimer leur dynamique.

Buurtzorg, et plus proche de nous, les Soins Volants, sont des organisations de soins à domicile exemplaires sur ce point. Elles ont construit une grande partie de leur succès en privilégiant le travail d'équipe, tout en posant des conditions claires et essentielles à son fonctionnement, qui résonnent parfaitement avec la recherche. Quelques illustrations :

- autogestion des équipes, rôles, planification, besoins d'investissement, de formation, budget, recrutement, statistiques de productivité réalisées et décidées au sein de l'équipe. Plus on donne d'autonomie à une équipe, plus celle-ci va faire un usage efficient de ses ressources ;
- réunions *ad hoc* uniquement : travailler ensemble seulement lorsque la nature de la tâche (interdépendance) le demande. Demander à des individus de travailler en équipe, alors qu'ils n'en ressentent pas le besoin, voire quand ce n'est pas nécessaire, est une action contre-productive. On parle alors de pseudo-équipes, dont les effets négatifs sur la santé mentale et physique des soignants ont été démontrés[3] ;
- des équipes stables de 10 à 12 membres maximum : plus la taille d'un groupe augmente plus les coûts de coordination sont importants et plus les pertes de processus comme la paresse sociale peuvent s'amplifier. Pour être performante, une équipe a besoin de temps et de stabilité des effectifs. De nombreuses recherches relèvent ainsi que les équipes avec une plus grande ancienneté sont généralement plus performantes[4].
- des Infirmières hautement qualifiées, avec des compétences en résolution de problèmes et communication interpersonnelle : en plus de la maîtrise et de

1. Zajac S., Woods A., Tannenbaum S., Salas E., Holladay C. L., "Overcoming Challenges to Teamwork in Healthcare: a Team Effectiveness Framework and Evidence-Based Guidance", *Frontiers in Communication*, vol. 6, 2021.
2. Hackman J. R., "From Causes to Conditions in Group Research", *Journal of organizational Behavior*, vol. 33(3), 2012, p. 428-444.
3. Dawson J. F., West M. A., Yan X., "Positive and Negative Effects of Team Working in Healthcare: "Real" and "Pseudo" Teams and their Impact on Healthcare Safety", *in* Stanton E., Lemer C., Mountford J., *Clinical Leadership: Bridging the Divide*, London, Quay Books, 2010.
4. Gonzalez-Mulé E., Cockburn S.B., McCormick W.B., Zhao P., "Team Tenure and Team Performance: A Meta-Analysis and Process Model", *Personnel Psychology*, vol. 73(1), 2020, p. 151-198.

la complémentarité des compétences techniques, il faut des compétences sociales. Travailler en équipe autogérée n'est pas inné, cela s'apprend ;

- un Intranet sur mesure, accessible à tous et au service des équipes : les ressources matérielles et numériques de l'organisation, la gestion des ressources humaines de l'organisation, par exemple à travers la gestion du temps de travail, les pratiques d'évaluation et de formation, la dotation du personnel et le recours ou non à l'intérim, conditionnent la performance des équipes ;
- présence de coach d'équipes : les équipes ont parfois besoin d'aide, notamment pour avoir une pratique réflexive, un gage important de son succès à long terme. En effet, le groupe peut tout à la fois être une formidable force de changement, tout comme être le vecteur d'un puissant conformisme et d'ancrage de routines immuables. Un équilibre est à trouver, qui passe par une réflexion régulière sur le niveau d'engagement des membres, les pratiques et les compétences collectives.

S'APPROPRIER UNE CULTURE COMMUNE

Pour se construire, se coordonner et coopérer, s'améliorer et apprendre, les collectifs de travail ont besoin de s'approprier ou créer des éléments plus ou moins tangibles, que nous qualifierons d'artefacts culturels, soutenant leur collaboration (dimension fonctionnelle) et déterminant leur identité de groupe (dimension symbolique). Cela peut se traduire par des simples représentations iconographiques du collectif (photographies), des aménagements de locaux, des objets symboliques, des noms, des histoires partagées (mythes), des rites, mais aussi de manière plus pragmatique, tout un appareillage méthodologique et technique plus sophistiqué.

Dans le monde des soins, la promotion à très grande échelle des méthodologies de travail labellisées TeamSTEPPS[1] en est une illustration frappante. TeamSTEPPS est constitué d'une panoplie d'outils et techniques dont le but est de vaincre les obstacles du travail en équipe et tendre vers une compétence partagée, une culture du travail en équipe[2]. Si une littérature abondante soutient les effets positifs de ces interventions, dans le contexte suisse, les retours des professionnels et des équipes semblent plus nuancés. Souvent, ces

1. Staines A., Baralon C., Farin A., « TeamSTEPPS : des outils de travail en équipe pour la sécurité des patients », *Risques & Qualité*, vol. 13(3), 2016.
2. Brooks A., Fitzpatrick S., Dunlap E., "Creating a Culture of Teamwork Through the use of the TeamS-TEPPS Framework: A Review of the Literature and Considerations for Nurse Practitioners", *Journal of Leadership Education*, vol. 21(1), 2022, p. 155-162.

méthodes demandent à être légèrement adaptées pour devenir signifiantes et avoir un impact.

DYNAMISER LES ÉCHANGES : MODES D'INTERACTION ET RÉSEAUX DE RELATIONS

En principe interdépendants dans leur travail et liés par un objectif commun, les membres d'une équipe doivent échanger très régulièrement entre eux. La nature, la forme, la fréquence, le rythme et plus généralement la structure et l'orchestration de ces interactions seraient alors un aspect essentiel du fonctionnement des équipes.

Ainsi, plus les relations sont denses dans une équipe (nombre de relations observées/nombre de relations possibles), plus il y a perception d'interdépendance, plus cela reflète les efforts de coordination et de coopération, accroît la confiance, le partage d'informations et la connaissance de l'autre. Deuxièmement, il semblerait que les équipes caractérisées par des réseaux de relations centralisées soient moins performantes, car elles dépendent essentiellement de certains individus, sont moins flexibles et caractérisées par une faible interdépendance, par moins de coordination et de coopération.

D'autres études, notamment dans les équipes d'urgences ou de bloc, révèlent l'importance des patterns d'interaction (des schémas réguliers d'actions verbales ou non verbales), pour la coordination et l'action collective. Davantage que la fréquence des comportements observés dans une équipe, c'est leur configuration dans le temps qui distingue les équipes hautement performantes des autres. Dans le cas, par exemple, d'équipes d'anesthésistes, les meilleures équipes suivent souvent le schéma interactionnel : contrôle des membres-prise de parole-assistance-instructions et également des schémas autochtones, spontanés, où le fait de parler à l'assistance est suivi par le même type d'actions[1].

Les « huddles » figurent en bonne place parmi le catalogue de bonnes pratiques de l'OFSP en matière d'interprofessionnalité : il s'agit de concertations de courte durée (une dizaine de minutes), où le personnel se regroupe autour d'un tableau de bord (souvent debout et sur la place de travail) pour discuter brièvement des prestations et des processus, puis les organiser. Cette manière d'interagir, bien éloignée des traditionnels colloques de service a semblé particulièrement utile aux équipes médico-soignantes pour affronter la crise du

1. Kolbe M., *et al.*, "Monitoring and Talking to the Room: Autochthonous Coordination Patterns in Team Interaction and Performance", *Journal of Applied Psychology*, vol. 99(6), 2014, p. 1254.

COVID-19[1]. Elle semble aujourd'hui adoptée par une grande partie des services de soins hospitaliers, par exemple aux urgences, pour faciliter la distribution des tâches et pour familiariser les membres de l'équipe avec leurs collègues, qui changent souvent de rôles et d'horaires.

Ce qui « fait équipe » du point de vue interactionnel, c'est aussi la qualité de certaines micro-coordinations, des interactions intenses entre quelques membres de l'équipe, *ad hoc*, légèrement en marge des routines organisationnelles, ce que Metiu et Rothbard[2] appellent métaphoriquement des bulles de travail. Elles permettent à chaque membre de s'engager dans un collectif plus large. Finalement, c'est la nature et la diversité des échanges, allant de la place de l'activité individuelle dans l'équipe au faire-ensemble (co-action), leur spontanéité et leur informalité, ou plus généralement leur qualité (liée notamment au support et au cadre de l'interaction) qui vont être déterminantes pour soutenir la coopération.

DÉVELOPPER DES ATTITUDES PARTAGÉES, UN IMAGINAIRE COMMUN

Gérer une équipe, c'est comprendre qu'une partie de sa dynamique se construit dans l'esprit des membres, à travers la représentation commune qu'ils se font de l'équipe. Se représentent-ils l'équipe comme un lieu sûr, où on peut commettre des erreurs, exprimer ce qu'on pense vraiment, que les opinions, observations et questions sont bienvenues ? L'importance d'avoir un climat d'aménité ou de sécurité psychologique pour l'efficacité et la capacité d'apprentissage des équipes médico-soignantes est aujourd'hui très bien documentée[3].

Ont-ils développé une connaissance et une conscience collective des savoirs et compétences spécifiques détenus par chaque coéquipier (on sait qui fait quoi dans l'équipe, concept de mémoire transactive) ? Le collectif fonctionnerait alors comme une sorte de mémoire externe, une réserve de connaissance partagée et complémentaire sur laquelle les coéquipiers peuvent se reposer. Possèdent-ils des modèles mentaux partagés ? C'est-à-dire un ensemble de savoirs détenus en commun, ou une compréhension commune des objectifs, des stratégies, des rôles et responsabilités, des normes, des moyens ou

1. Garnier A., Sartori C., « Comment un « huddle » a amélioré la communication interne d'un service hospitalier durant la pandémie », *Forum Médical Suisse*, EMH Media, vol. 20, n.° 2730, 2020, p. 400-403.
2. Metiu A., Rothbard N. P., "Task Bubbles, Artifacts, Shared Emotion, and Mutual Focus of Attention: A Comparative Study of the Microprocesses of Group Engagement", *Organisation Science*, vol. 24(2), 2023, p. 455-475.
3. Edmondson A., "Speaking up in the Operating Room: How Team Leaders Promote Learning in Interdisciplinary Action Teams", *Journal of Management Studies*, vol. 40, 2002, p. 1419-1452

méthodes, des temporalités ou encore plus généralement du contexte de l'activité groupale (une conscience commune de la situation). Ces représentations partagées de l'activité permettent une forme de coordination implicite au sein de l'équipe, chaque membre étant capable d'anticiper et d'ajuster son comportement en fonction des besoins et de la tâche à accomplir, sans avoir à communiquer ou planifier l'activité. La co-action, les expériences de formation collective (par exemple la simulation) ou la pratique des briefings et débriefing semblent particulièrement bénéfiques au développement de ces représentations partagées.

Croire en la force de l'équipe, en son potentiel à faire face à l'imprévu ou à l'adversité, faire confiance à sa capacité à atteindre ses objectifs, semblent être d'autres aspects importants à considérer pour expliquer la performance des équipes. On parle généralement de confiance envers l'équipe, de confiance groupale (croyance collective autour du potentiel de l'équipe), ou encore d'un sentiment d'efficacité collective (capacité perçue de réaliser des tâches spécifiques, atteindre un objectif particulier, qu'a l'équipe). Œuvrer dans un collectif dans lequel on a et on se fait confiance, amènerait les membres de ce collectif à chercher constamment à surmonter les obstacles et à se dépasser. Célébrer les réussites collectives est sans doute la manière la plus efficace pour renforcer ces croyances. Rappelons toutefois qu'une confiance aveugle dans le collectif peut amener ce même collectif à perdre tout sens critique et s'engager dans des phénomènes de pensée de groupe.

ÉVALUER LE COLLECTIF AU TRAVAIL

Si on dispose aujourd'hui de nombreuses méthodes et approches pour évaluer les collaborateurs et les organisations, évaluer les collectifs de travail demeure une pratique bien moins codifiée et qui reste assez confidentielle – ce qui est paradoxal à l'heure de la collaboration interprofessionnelle tous azimuts. Il y a là sans doute une marge de progression colossale en termes de management des équipes, l'évaluation étant un élément central pour soutenir, entretenir et reconnaître la mobilisation collective.

Évaluer une équipe nous renvoie à notre précédente métaphore du couteau suisse. Les fonctions d'un groupe et les attentes sont nombreuses ; elles demandent forcément d'avoir une approche multidimensionnelle de la performance, combinant efficacité et efficience, économique et sociale, qualité et compétence, subjectif et objectif, cohérence et pertinence.

La performance renvoie d'abord à une évaluation *ex post* des résultats tangibles obtenus en regard d'objectifs spécifiques (qualité ou quantité de soins, délais, coûts, erreurs, gestion des ressources…), idéalement définis et traduits en indicateurs de pilotage par l'équipe, en cohérence avec la stratégie institutionnelle. À ces conditions, ce premier travail d'évaluation peut permettre des gains d'efficacité et d'efficience importants, comme le montrent les expérimentations de la méthode PROMES en milieu de soins[1].

Cette évaluation n'est pas toujours possible ou objectivable (complexité des tâches, temporalité longue, imputabilité de la performance à l'équipe). Pour faire face à ces difficultés, on peut évaluer subjectivement l'équipe et sa performance par les équipiers eux-mêmes et/ou par des acteurs externes à l'équipe (clients, responsables, autres équipes…). La légitimité de l'équipe constitue une dimension à part entière de la performance groupale.

L'équipe a également une fonction sociale et identitaire, qu'il convient de considérer. Si cette dimension supporte souvent la première, ce n'est pas toujours le cas[2], et nombreux sont les auteurs relevant l'importance de les dissocier. Il est donc important de compléter l'analyse par des mesures du bien-être psychologique et physiologique des membres, ou leur degré d'épanouissement personnel et professionnel. Cela peut se réaliser à travers notamment des mesures attitudinales (questionnaire sur l'engagement au travail par exemple, l'*Utrecht work engagement scale*[3], météo du jour…) ou comportementales (observation de comportement de soutien au sein de l'équipe…).

Un autre rôle essentiel de l'équipe est lié à l'apprentissage, le groupe pouvant aux conditions précédemment évoquées, être un formidable lieu de transformation des savoirs, de la pratique et des personnes. Montrer l'évolution du collectif sur ces aspects est fondamental, par exemple en documentant l'évolution des pratiques collectives, en la comparant régulièrement (benchmarking, communauté de pratiques, codéveloppement…), en attestant d'une certaine maîtrise de compétences collectives (certification, prix…), en produisant des nouvelles connaissances (recherche, formation…).

Évaluer l'équipe avec soin c'est reconnaître l'équipe en tant que telle, soutenir l'effort de collaboration interprofessionnelle, valoriser ce qu'elle produit et s'engager collectivement dans une logique de qualité.

1. Hysong S. J., *et al.*, "An evidence-based, structured, expert approach to selecting essential indicators of primary care quality", *PLOS One*, vol. 17(1), 2022.
2. Bellard E., Delobbe N., "The Interplay between Individuals and Teams in Producing Original Work", *The Journal of Creative Behavior*, vol. 57(3), 2023, p. 342-356.
3. Schaufeli W. B., Bakker A. B., Salanova M., "Utrecht Work Engagement Scale-9", *Educational and Psychological Measurement*, vol. 66(4), 2003.

CONCLUSION

Faire du bon et beau travail ensemble, demande régulièrement de discuter, de se concerter et de s'accorder autour de ces différents constituants d'une équipe. Ces discussions peuvent s'avérer être longues et difficiles, mais elles sont au cœur des performances collectives, qu'elles soient d'ordre économique et social. La dynamique du groupe en dépend.

PROPOSITIONS MANAGÉRIALES

- Préparez en amont le travail en équipe pour tendre vers des équipes véritables et l'autogestion (pour plus d'efficacité et d'efficience).
- Dynamisez le collectif en variant les modalités de discussion et de réflexion collectives (exemple des « huddles », réunions plus courtes et ciblées).
- Expérimentez collectivement des méthodes de travail qui, si elles sont maîtrisées et acceptées, viendront consolider la culture du travail en équipe (exemple de TeamSTEPPS)
- Développez une représentation commune de l'équipe pour pleinement bénéficier du potentiel de l'équipe (exemple de la sécurité psychologique ou des modèles mentaux partagés)
- Traduisez les objectifs institutionnels en objectifs d'équipe. Suivez ces objectifs à l'aide d'indicateurs qui mesurent la performance globale de l'équipe (exemple de la méthodologie PROMES)

Lectures complémentaires

Sur les conditions de performance des équipes : voir le site https://6teamconditions.com/

Sur les Huddles :

- Schmutz T., Ribordy V., Guechi Y., « Huddle d'équipe aux urgences de Fribourg : un pour tous, tous pour un », *Revue médicale suisse*, vol. 18, 2022, p. 1432–1432.
- Darbellay P. *et al.*, « Réorganisation interprofessionnelle du travail dans les unités de soins », *Revue médicale suisse*, vol. 14, 2018, p. 1550-1555.

Sur la sécurité psychologique :

- Edmondson A. C., *L'entreprise sereine : la sécurité psychologique, pilier de l'entreprise hautement performante, humaine et résiliente*, Pearson, 2022.

Sur TeamSTEPPS : voir les sites internet https://www.ahrq.gov/teamstepps-program/index.html et https://www.curaviva.ch/files/KA7GQ28/pocketguide__outil_de_travail__fhv__2021.pdf

7 VERS UNE COORDINATION DES SOINS MULTI ÉQUIPES

Souhayl Dahmani

Résumé

L'organisation des soins est le plus souvent appréhendée sous l'angle de l'architecture organisationnelle ou de l'optimisation de processus. Elle doit également prendre en compte la dimension humaine des interactions entre les différentes parties-prenantes. Le bloc opératoire constitue un exemple significatif de coordination d'un système multi-équipe, dans un contexte d'incertitude. L'analyse des interactions entre les parties prenantes s'applique alors à de nombreuses organisations de santé – des systèmes où chaque corporation possède ses objectifs, sa culture, ses normes et ses processus de travail. Ces éléments induisent une différenciation des équipes caractérisée par un repli corporatiste par manque de confiance dans le système.

L'incertitude des résultats et la différentiation sont gérées au mieux par la communication des équipes, le partage d'informations, et l'élaboration d'accords et de consensus entre les différentes corporations. Ces éléments de communication entre les différentes équipes permettent l'émergence et la définition d'objectifs généraux du système multi-équipe et une coordination horizontale (par interaction interhumaine directe). Le leadership des divers responsables d'équipes, avec l'appui des ressources frontières (membres ayant des interactions privilégiées avec les équipes d'une autre structure), favorise la diffusion de ces principes de communication. Ces éléments participent à l'amélioration de la coordination entre les différentes équipes.

MESSAGES-CLÉS

- Le bloc opératoire et plus généralement les organisations de santé sont des lieux d'interactions humaines entre professionnels hautement spécialisés, chacune ayant ses objectifs, ses normes, sa culture et ses processus de travail.
- Ces éléments vont entraîner une différenciation des équipes, caractérisée par un repli corporatiste par manque de confiance dans le système.
- La différentiation sera particulièrement marquée en situation d'absence de communication, de consensus entre les équipes et de compréhension des processus de production.
- L'enjeu de la coordination entre les équipes est donc de lutter contre cette différenciation par l'instauration d'un climat de communication entre les différentes équipes, permettant l'émergence de consensus sur des objectifs communs et les moyens de les réaliser.

INTRODUCTION

La prise en charge des patients est caractérisée par deux éléments majeurs ; la multitude d'intervenants de plus en plus spécialisés et l'incertitude sur les résultats (et son corollaire sur les moyens). Dans la santé, l'organisation est le plus souvent appréhendée sous l'angle de l'architecture organisationnelle ou de l'optimisation de processus. Nous verrons que, pourtant, son analyse doit également prendre en compte la dimension humaine des interactions entre les différentes parties-prenantes. Un exemple particulièrement éclairant est l'organisation du bloc opératoire.

L'ORGANISATION DU BLOC OPÉRATOIRE

De manière générale, un bloc opératoire est un emboîtement de quatre éléments organisationnels. Le premier niveau est celui de la salle d'intervention. C'est là que s'effectue l'action de soins au patient. Le second niveau est le bloc opératoire. Il s'agit d'un agrégat géographique, ou plus rarement fonctionnel, de plusieurs salles d'intervention. Ce bloc opératoire est habituellement managé par un cadre de bloc opératoire. Le troisième niveau est celui de la cellule de régulation. Considérant que, dans chaque salle d'intervention, un programme opératoire est établi en vertu de règles de programmations (type de chirurgie, durées d'ouvertures des salles d'intervention, ressources nécessaires, etc.), la cellule de régulation permet d'adapter les ressources humaines et matérielles au programme opératoire de chaque salle. La cellule de régulation est une structure comprenant un représentant de chaque intervenant au bloc opératoire. Elle se réunit en général de manière hebdomadaire, afin de discuter des programmes des semaines à venir. Enfin le quatrième niveau est le conseil de bloc opératoire, qui a un rôle stratégique de résolution des problèmes rencontrés dans l'organisation ou dans l'implémentation de nouvelles activités. Il est, comme la cellule de régulation, constitué de représentants des intervenants dans l'activité de soin ou d'organisation des blocs opératoires.

LES FACTEURS CLÉS DE COORDINATION D'UNE ORGANISATION MULTI-ÉQUIPES

Trois éléments apparaissent importants pour la bonne coordination des blocs opératoires : la gouvernance des blocs opératoires vue par le prisme de la lutte des pouvoirs ; le système multi-équipes ; et surtout le leadership. Ces éléments vont concerner essentiellement la cellule de régulation et le conseil de bloc opératoire. Le niveau de la salle d'intervention est souvent coordonné par la nature de l'activité de soins, qui amènent les différents intervenants à un ajustement mutuel entre eux. Le niveau du bloc opératoire, lui, va dépendre essentiellement du leadership du cadre de bloc.

LA DIFFÉRENCIATION DES ÉQUIPES

La présence de conflits répétitifs et non résolus (par opposition à des conflits isolés, même nombreux, mais qui sont résolus dans le flux du travail par les équipes) indique un défaut structurel d'organisation. Trois typologies de conflits répétitifs et non résolus peuvent être décrites au bloc opératoire :

- l'offre de soins : disponibilité et optimisation des vacations opératoires (transferts des vacations vers d'autres opérateurs, absence de possibilité d'ouvrir de nouvelles vacations…) ;
- la qualité des soins : durées d'interventions et délais de programmations variables (variabilité des temps opératoires avec dépassement des temps de vacations) ;
- la qualité de vie au travail du personnel, essentiellement liée aux dépassements de programme (sorties retardées) ou au volume d'heures supplémentaires (ressources humaines insuffisantes).

Ces conflits peuvent être ramenés à trois contingences majeures : institutionnelles (charges et recettes liées à l'activité), éthiques (qualité et offre de soins) et personnelles (qualité de vie au travail). Les conflits dérivent de ces associations de contingences, qui revêtent parfois des nécessités paradoxales. À titre d'exemple, une programmation chirurgicale peut être trop optimiste pour être réalisée dans le temps défini par les règles de fonctionnement du bloc opératoire. Cette situation peut aboutir à une annulation de patient, afin de libérer le personnel (qualité de vie du personnel) et donc aller contre les contingences institutionnelles (recettes financières) ou éthiques (offre de soin à la population).

La spécialisation des équipes intervenant au bloc opératoire se caractérise par leur forte différenciation. Cette différenciation s'exprime au travers les éléments suivants :

- les objectifs de chaque équipe ;
- le degré de séparation et de dispersion des compétences ;
- la diversité des normes et cultures ;
- les dissonances dans les processus de travail ;
- l'absence de transparence de l'information concernant les processus de production.

Le tableau suivant illustre ces cinq éléments, au travers des grandes différences entre deux acteurs majeurs, les chirurgiens et les anesthésistes réanimateurs.

Différenciation dans deux corporations du bloc opératoire

Items de la différentiation	Chirurgiens	Anesthésistes-Réanimateurs
Objectifs	Objectif de traitement d'une pathologie (soin direct au patient)	Objectif permissif permettant à un chirurgien d'opérer le patient
Degré de séparation et de dispersion des compétences	Grande spécialisation dans l'activité (orthopédie, chirurgie viscérale, etc.)	Socle commun d'activité avec une grande polyvalence et un recours à des référents Spécialisation possible dans des domaines particuliers, mais limitée dans le temps, avec possibilité de changement de secteurs d'activité
Normes et cultures	Culture de la relation directe entre chirurgien et patient (le chirurgien gère l'ensemble du parcours) Culture de soin au patient avec mise en avant de l'aspect thérapeutique	Culture de la relation groupe-patient. Les praticiens se partagent le soin du patient au cours de son parcours Culture de la qualité et de la gestion du risque du fait du bénéfice indirect (permissif au patient)

Items de la différentiation	Chirurgiens	Anesthésistes-Réanimateurs
Processus de travail	Centré sur l'activité individuelle (relation directe chirurgien-patient)	Centré sur l'organisation de l'activité de l'ensemble du groupe afin d'assurer la présence des compétences et des ressources Processus très normalisé afin d'assurer une égale qualité pour tous les patients et l'interchangeabilité des praticiens tout au long du parcours pour chaque patient
Transparence de l'information concernant les processus de production	Variable en fonction de l'intégration des autres intervenants dans l'activité	En général développée, car son organisation dépend de l'information recueillie auprès des autres intervenants

La différenciation – et particulièrement la diversité des objectifs et la faible transparence de l'information concernant les processus de production – concourt à un repli corporatiste pour défendre ses propres ressources et objectifs au détriment de ceux du système dans sa globalité. La lutte contre la différenciation des équipes ne peut s'envisager qu'au travers des éléments dits « extrinsèques » : redéfinition d'un ou de plusieurs objectifs pour l'ensemble des équipes et transparences de l'information. Or, une telle redéfinition doit passer par la communication, le partage d'information, le consensus et l'élaboration d'accords. Ces éléments constitutifs des relations interhumaines ont, à juste titre, été englobés par Okhuysen et Bechky dans le même concept de « compréhension commune ». En d'autres termes, c'est l'absence de compréhension de l'autre qui entraîne le repli corporatiste.

LE SYSTÈME MULTI-ÉQUIPES

Un système multi-équipes se définit par deux équipes au moins qui vont interagir directement ou de manière interdépendante en réponse à des contingences environnementales pour l'accomplissement d'une tâche commune. Chaque équipe peut avoir des objectifs spécifiques, même lors de situations où l'objectif final est le même pour toutes les équipes : le soin au patient. Le système multi-équipes se caractérise par son objectif global, la modalité organisationnelle et son leadership.

L'OBJECTIF EST CE QUI DONNE DU SENS AU TRAVAIL

La modalité organisationnelle se décline en coordination horizontale (par ajustement mutuel et relations interhumaines) et coordination verticale (coordination hiérarchique). On conçoit, au travers ce qui a été dit concernant la différenciation et l'importance de la dimension interhumaine des relations entre professionnels, l'importance de la composante horizontale. Il en dérive que les règles formalisées de fonctionnement des blocs opératoires doivent être élaborées avec le constant souci de permettre un espace de liberté entre les différents intervenants. La coordination verticale intervient essentiellement comme vecteur d'information entre les différents niveaux de l'organisation.

Le leadership concerne en premier lieu les responsables des cellules de régulation et du conseil du bloc opératoire. Il implique aussi les responsables des structures de soins ou de support intervenant au bloc opératoire. En effet, les soignants accordent une grande importance au leadership médico-chirurgical. Ils confondent même souvent les compétences médicale et managériale (même quand cette dernière est faible !). Étant reconnus pour leurs compétences et écoutés par leur autorité médicale et/ou organisationnelle, ces responsables se trouvent, avec ceux des structures de régulation du bloc opératoire, en bonne position pour mettre en pratique la dédifférenciation, le décloisonnement et la communication inter-équipes.

Toutefois, cela ne pourra se faire qu'avec l'aide de relais : les membres frontières. Ces individus appartenant simultanément à la cellule de régulation et/ou au conseil du bloc opératoire, et aux structures intervenant dans le bloc opératoire (chirurgie, anesthésie réanimation, pharmacie, secteur technique…) permettent de diffuser la culture de la dédifférenciation et du décloisonnement. L'analyse des blocs opératoires vaut pour l'ensemble des soins, dans la mesure où tous les éléments que nous avons décrits – concernant les contingences des différents intervenants, la différentiation et le système multi-équipes – se retrouvent dans la quasi-totalité des systèmes de soins.

Le leadership touche également le cadre du bloc opératoire. L'autorité du cadre vient avec le temps. L'apprentissage de la coordination et de l'organisation du bloc opératoire lui permet de gagner la confiance des parties-prenantes, d'être accepté (et de faire accepter ses décisions) comme manager du bloc opératoire face à des personnes qui ont tendance à résister l'autorité.

CONCLUSION

Le bon fonctionnement du bloc opératoire repose donc sur la compréhension commune interdisciplinaire : élaboration d'accords, partage d'informations, création de perspectives communes. La haute spécialisation des intervenants dans la prise en charge des patients enferme les divers intervenants dans des logiques de métier qui peuvent, par moments, entrer en antagonisme avec celles des autres intervenants.

PROPOSITIONS MANAGÉRIALES

Les préconisations managériales suivantes reposent donc sur les trois principes : améliorer la communication, permettant le consensus et le partage d'information, définir un objectif général clair du système et décloisonner les équipes.

- Expliciter de manière claire le ou les objectifs du système : la qualité des soins tout en préservant au mieux la qualité de vie au travail. Cet élément permet de donner sens au travail et participe à la communication entre les équipes en transcendant les objectifs propres de chaque corporation.
- Faire évoluer la formation des leaders des services, de la cellule de régulation et du conseil du bloc opératoire, et du management hospitalier au management (l'axer sur la communication et la reconnaissance des impératifs des autres corporations ainsi qu'une orientation des comportements sur un consensus plutôt que sur un conflit). L'extension de cette logique à l'ensemble des parties prenantes, directement ou par l'intermédiaire des membres frontières, permet de diffuser ces items à l'ensemble du personnel.
- Les éléments précédent peuvent avantageusement être complétés par des formations spécifiques au travail d'équipe (TeamSTEPPS, par exemple) ou les réunions non-spécifiques (staffs, conseil de bloc opératoires…). Ces derniers sont autant de moments d'interactions permettant l'émergence d'échanges d'informations, la création d'objectifs en commun et de consensus sur ces derniers. L'importance attribuée à ces échanges, en les sanctuarisant et en donnant les moyens de les réaliser, légitime la valeur de prendre ce temps de construction d'une identité et d'objectifs partagés.

Lectures complémentaires

- Dahmani S., Waelli M., Dariel O., "Contribution of Coordination Theories to the Determination of Human Factors Associated With Operating Room Perceived Performance", *Anesthesia & Analgesia*, vol. 135(9), 2024, p. 1047-1055.
- Okhuysen G., Bechky B., "Coordination in Organizations: An Integrative Perspective", *Academy of Management Annals*, vol. 3(1), 2009, p. 463-502.
- Luciano M., DeChurch L., Mathieu J. "Multiteam Systems: A Structural Framework and Meso-Theory of System Functioning", *Journal of Management*, vol. 44(3), 2015, p. 1065-96.

8 MIEUX GÉRER LA COORDINATION DES PARCOURS COMPLEXES DES PATIENTS

Maria Ximena Acero, Mathias Waelli

Résumé

La coordination des parcours – ou plutôt l'absence de coordination – est un enjeu essentiel d'efficience, de qualité et de sécurité des soins, notamment pour les patients atteints de pathologies complexes. Y répondre exige aux décideurs politiques et aux manageurs de développer des réponses à plusieurs niveaux du système de santé (micro, méso, macro). L'une des réponses consiste, depuis plus de vingt ans, à développer des métiers (souvent infirmiers) dédiés à la coordination. Plusieurs travaux de recherches en santé proposent de définir leur mission ou d'évaluer leurs résultats sur des indicateurs de performance des organisations de santé (finance, qualité sécurité des soins...). Toutefois, ces travaux donnent peu d'éléments concrets pour accompagner les manageurs, qui sont chargés de les mettre en œuvre dans l'organisation du travail. Le cadre APANCO, récemment développé pour saisir l'organisation du travail en oncologie, offre la possibilité d'une analyse détaillée des activités réalisées par les acteurs de la coordination en situation réelle. Il éclaire la manière dont l'organisation détermine le développement des activités de coordination et offre des leviers concrets aux manageurs pour faciliter leur implantation.

MESSAGES-CLÉS

- La coordination des parcours des patients atteints de maladies chroniques est une activité collective qui mobilise des acteurs interdépendants.
- L'absence de coordination a des conséquences sur l'ensemble des acteurs (patients, financeurs, professionnels...) et à tous les niveaux du système de santé.
- Pour pallier les défauts de coordination, il ne suffit pas de définir les mécanismes de coordination (l'activité qui doit être réalisée). Il est également nécessaire de définir les conditions à leur implémentation.
- La plupart des cadres théoriques utilisés jusqu'à maintenant se sont concentrés sur la définition des résultats attendus mais ne permettent pas de mesurer l'activité en situation.
- Le cadre APANCO permet de saisir l'activité réelle des professionnels dédiés à la coordination de parcours et de comparer son développement selon les modalités d'organisation du travail. Il offre aux managers des leviers concrets pour améliorer l'implémentation de nouveaux métiers dédiés à la coordination dans les organisations de santé ou d'améliorer la répartition du travail de coordination entre les professionnels existants.

INTRODUCTION

Assurer des soins de qualité aux patients atteints des pathologies complexes exige non seulement d'améliorer l'expertise clinique des professionnels mais également d'améliorer les processus organisationnels de prise en charge. La coordination des parcours de soins est un enjeu crucial de performance des organisations de santé. Pourtant, dans la réalité, les défauts de coordination ne sont pas rares : des informations peuvent manquer dans le dossier du patient, ou être incorrectes ou insuffisantes pour leur prise en charge. De plus, les différents intervenants – qu'ils soient issus de diverses institutions ou de différentes disciplines – peinent à communiquer entre eux. Ces lacunes de coordination ont des conséquences directes sur les patients, les professionnels et le système de santé. Elles conduisent, par exemple, à des prolongations des séjours dans les établissements de santé, à des redondances dans les interventions médicales (ou des manques), à des ré-hospitalisations ou à des retours aux urgences[1]. En

1. Shrank W., Rogstad T., Parekh N., "Waste in the US Health Care System: Estimated Costs and Potential for Savings", *JAMA*, vol. 322(15), 2019, p. 1501-9.

fin de compte, ces lacunes pèsent lourdement sur la qualité et la sécurité des soins, sur la performance financière et sur les conditions de travail des professionnels de santé[1]. À titre d'exemple, on estime qu'aux États-Unis, le manque de coordination coûte entre 27,2 et 78,2 milliards de dollars par an[2]. Agir sur la coordination constitue donc une urgence à tous les niveaux du système de santé.

Il est essentiel d'abord de clarifier ce que l'on entend par « coordination ». En sciences de gestion, ce terme désigne un processus d'organisation du travail entre les acteurs interdépendants, le but étant de garantir la cohérence et l'efficacité d'un processus de production. Dans le domaine de la santé, McDonald[3] définit la coordination des soins comme : « l'organisation délibérée des activités de soins entre deux ou plusieurs participants (y compris le patient) impliqués dans le parcours d'un patient ». Cette organisation vise avant tout à éviter les ruptures dans le parcours du patient et à assurer la continuité des soins.

La coordination se décline sur trois niveaux d'analyse : micro – méso – macro. Le niveau micro est celui de l'activité effectuée en première ligne en contact avec les patients. Au niveau méso se situe l'analyse de la conception et de l'implémentation institutionnelle des stratégies de coordination (conception de diagrammes de flux de processus, protocoles ou fiches de postes, réunions de soins multidisciplinaires, etc.). Enfin, une analyse du niveau macro examine les politiques publiques, et les modes de financement et de régulation qui influencent les stratégies de coordination et impactent la réalisation des activités de coordination.

En santé, la coordination a été principalement étudiée d'un point de vue clinique. Ce point de vue se focalise sur les résultats pour le patient. Ces approches sont essentielles mais elles ne mettent pas l'accent sur les ressources nécessaires pour les atteindre. Afin de mieux comprendre les conditions organisationnelles qui favorisent le développement de la coordination, nous avons opté pour un ancrage en sciences de gestion.

DES STRATÉGIES DIFFÉRENTES SELON LE CONTEXTE ORGANISATIONNEL

La mise en place de protocoles de soins demeure l'une des stratégies de coordination les plus répandues dans les établissements de santé, afin d'éviter les erreurs et améliorer la continuité et la qualité des soins. Ces protocoles visent

1. Bodenheimer T., "Coordinating Care. A Perilous Journey through the Health Care System", *New England Journal of Medicine*, vol. 358(10), 2008, p. 1064-71.
2. Les dépenses de santé aux États-Unis correspondent à 15 % du PIB (22 996,10 milliards par an). Shrank W., Rogstad T., Parekh N., "Waste in the US Health Care System: Estimated Costs and Potential for Savings", *JAMA*, vol. 322(15), 2019, p. 1501-9.
3. McDonald K., Schultz E., Albin L., Pineda N., Lonhart J., Sundaram V., *Care Coordination Measures Atlas*, rapport commandé par l'Agency for Healthcare Research and Quality, États-Unis, 2014.

à standardiser les pratiques, en déterminant chaque étape du processus de prise en charge et en précisant les responsabilités et les ressources attribuées à chaque acteur. Ce modèle d'organisation du travail s'inscrit dans la tradition taylorienne et fordiste, qui repose sur la recherche du *best way* et la « bonne personne au bon poste ». La formalisation d'une ligne hiérarchique, sur le modèle de Fayol constitue aussi un gage de coordination dans la santé où les cadres jouent un rôle crucial de lien entre les membres d'une équipe soignante.

Ces approches structurées montrent leurs limites dans les environnements de plus en plus complexes et incertains. Lorsque les soins s'étendent sur plusieurs sites ou lorsqu'ils impliquent des interventions multiples et interdépendantes, la rigidité des protocoles et des lignes hiérarchiques ne suffit plus.

À ce titre, les travaux de March, Simon, Van de Ven *et al.*, ainsi que Mintzberg[123], ont mis en lumière la nécessité de diversifier les mécanismes de coordination en fonction du contexte et la nature du travail. Par exemple, dans un service de médecine générale d'un hôpital de taille moyenne, la coordination se fait principalement par ajustement mutuel. Ici, les professionnels de santé coordonnent leurs actions principalement par des échanges informels, ajustant leurs pratiques en temps réel pour répondre aux besoins des patients. En revanche, dans un établissement spécialisé en oncologie, où la précision des traitements est cruciale, la standardisation des tâches prédomine. Des protocoles spécifiques encadrent chaque étape critique – telle que l'administration de chimiothérapies – tandis que la standardisation des compétences est soutenue par la formation continue et l'expérience accumulée des équipes.

Stoelwinder et Charns[4], notamment, ont classifié ces mécanismes selon leur capacité à traiter l'information et leur besoin de contact direct entre les acteurs (voir le tableau suivant). Les mécanismes qui requièrent peu de contact direct sont souvent efficaces pour des échanges d'information limités, mais deviennent inadaptés lorsque des informations complexes et volumineuses doivent être partagées (partie haute du tableau). Inversement, des mécanismes qui nécessitent davantage de temps et d'engagement – tels que les réunions régulières ou les ajustements mutuels – permettent de traiter des données complexes, mais requièrent des ressources humaines et organisationnelles importantes (partie base du tableau).

1. Glouberman S., Mintzberg H., "Managing the Care of Health and the Cure of Disease. Part II: Integration", *Health Care Management Review*, vol. 26(1), 2001, p. 70-84.
2. Livian Y.-F., Clemencey E., *Organisation, Théories et pratiques*, Dunod, 2008.
3. Van de Ven A., Delbecq A., Koenig R., "Determinants of Coordination Modes within Organizations", *American Sociological Review*, vol. 41(2), 1976, p. 322.
4. Stoelwinder J., Charns M., "The Task Field Model Of Organization Analysis and Design", *Human Relations*, vol. 34(9), 1981, p. 743-62.

Mécanismes de coordination selon Stoelwinder et Charns, p. 753[1]

March & Simon, 1958	Van de Ven *et al.*, 1976	Mintzberg, 1976	Stoelwinder et Charns, 1981	
Programmé	*Coordination impersonnelle,* comme les règles, procédures, plans et calendriers	• *Standardisation du travail* qui détermine à l'avance comment il doit être exécuté • *Standardisation des compétences* qui permet la connaissance de son propre travail, du travail de l'autre, et qui permet de répondre aux attendus de l'organisation • Standardisation des résultats qui définit les objectifs à atteindre	• *Standardisation du travail* • *Standardisation des compétences* • *Standardisation des résultats*	Incertitude de la tâche : **Basse**
Feedback	• *Coordination personnelle,* comme la mise en place de canaux de communication verticaux et horizontaux • *Coordination de groupe*, telle que les réunions programmées et les réunions non programmées	• *Supervision directe* réalisée par un responsable qui donne des instructions et contrôle le travail • *Ajustement mutuel*, tel que les échanges informels des informations entre acteurs	• *Supervision* • *Ajustement mutuel* • *Coordination de groupe*	Incertitude de la tâche : **Haute**

Avec l'augmentation de maladies chroniques et des prises en charge complexes, les mécanismes traditionnels de coordination, conçus pour des environnements plus simples, ne suffisent plus. Les mécanismes de coordination doivent donc s'adapter aux prises en charge en interne mais aussi en externe des établissements.

En gestion, les théoriciens ont tenté de distinguer la coordination intra-institutionnelle (au sein d'une même organisation) de la coordination inter-institutionnelle (entre différentes organisations). Toutefois, dans le secteur de la santé, la coordination inter-institutionnelle est un réel enjeu car les patients naviguent fréquemment entre divers établissements et professionnels. Cette

1. *Ibid.* Définitions complétées à l'aide de Plane, 2017, p. 123–133 ; Tolksdorf, 2000.

multiplicité d'intervenants génère une fragmentation des soins et devient une source potentielle de confusion pour les patients.

Pour répondre à ces défis, de nouveaux rôles se sont développés. Leur rôle consiste à orienter et suivre les patients à travers un parcours de soins de plus en plus complexe. Ces professionnels, souvent désignés comme « coordinateurs » ou « navigateurs », jouent un rôle clé dans la création de liens entre les différents établissements et les multiples intervenants : un rôle dit de « boundary spanning ». Ils facilitent des interactions entre les membres de l'équipe de soins et le patient. Ils aident aussi à filtrer et acheminer l'information vers les interlocuteurs appropriés[1]. Les coordinateurs ou navigateurs des parcours sont amenés à développer d'abord des compétences relationnelles pour faciliter la communication et le travail en équipe. Ils sont aussi invités à développer des compétences techniques, notamment sur le financement du système de santé et l'offre de soins sur un territoire. En oncologie, par exemple, ces rôles requièrent d'une large expérience dans les soins. Malgré l'intérêt démontré dans la littérature, en pratique leur intégration sur le terrain se heurte à des réticences des acteurs et à des détournements de leur mission première « la coordination des parcours »[2].

UNE ACTIVITÉ COLLECTIVE

Depuis le début des années 2000, les recherches sur la coordination se sont élargies au-delà des mécanismes concrets. Elles examinent le rôle des interactions humaines et des dynamiques collectives dans le succès de la coordination[3]. Cette approche met en lumière l'importance de percevoir la coordination comme un processus relationnel, où la communication, la confiance et la compréhension mutuelle sont essentielles pour aligner les efforts de chacun.

Selon Gittel[4], la coordination n'est pas simplement une série d'étapes ou d'outils techniques, mais « un réseau complexe de liens relationnels et de communication entre les acteurs, dans le cadre d'un processus de travail où chaque tâche dépend des autres ». Okhuysen & Bechky[5] proposent une approche inté-

1. Aldrich H., Herker D., "Boundary Spanning Roles and Organization Structure", *The Academy of Management Review*, vol. 2(2), 1977, p. 217-30.
2. Acero M. X., Minvielle E., Waelli M., "Understanding the Activity of Oncology Nurse Coordinators : An Elaboration of a Framework Based on an Abductive Approach", *Health Policy*, vol.130, 2003.
3. Reid R., Haggerty J., Mckendry R., *Defusing the Confusion: Concepts and Measures of Continuity of Health Care*, rapport de recherches pour University of British Columbia, Vancouver, 2002.
4. Gittell J., "Coordinating Mechanisms in Care Provider Groups", *Management Science*, vol. 48(11), 2002.
5. Okhuysen G., Bechky B., "10 Coordination in Organizations: An Integrative Perspective", *The Academy of Management Annals*, vol. 3(1), 2009, p. 463-502.

grative qui tient compte également de facteurs autres que les mécanismes de coordination. Ces recherches identifient, en plus des mécanismes mentionnés dans la section précédente, des conditions ou des éléments clés qui déterminent la performance des activités de coordination.

1. La connaissance des rôles (son propre rôle et la place des autres dans le travail collectif) : la clarté des rôles est essentielle pour éviter les chevauchements mais également pour assurer que chaque membre de l'équipe sait qui fait quoi et quand. Cette connaissance favorise également les liens de confiance et le partage ou délégation des tâches entre les différents intervenants du parcours patient.
2. La prédictibilité du travail : dans le cadre des parcours complexes, la capacité à anticiper les résultats et à comprendre comment chaque action s'intègre dans les processus globaux de soin est essentielle pour assurer la qualité et la sécurité des soins.
3. La logique de rendre compte (« *accountability* ») : dans le secteur de la santé, où les responsabilités sont souvent partagées, la capacité à clairement attribuer les tâches et à assurer la traçabilité des actions est un facteur clé pour assurer la coordination des parcours.
4. Le climat d'entente mutuelle : un environnement où le respect mutuel est encouragé facilite la communication et la collaboration entre les acteurs. Gittel préconise dans le but d'améliorer la coordination, une communication fréquente, mais aussi précise, opportune. Une partie de ses travaux sont également dédiés à l'importance de créer un climat de confiance mutuel afin de renforcer la collaboration au sein des équipes.
5. Le partage d'objectifs communs. Il est nécessaire de construire une vision commune, où chaque acteur comprend comment ses actions contribuent aux résultats globaux.

Ces recherches soulignent l'importance d'intégrer une perspective micro, en étudiant la coordination comme une activité concrète réalisée par les professionnels au quotidien. Cette approche complète les analyses traditionnelles principalement concentrées sur le niveau méso, où les stratégies de coordination sont conçues et planifiées. En santé, où les situations sont souvent imprévisibles et les contextes très diversifiés, l'agilité et l'adaptabilité des équipes jouent un rôle central dans la réussite de la coordination. Néanmoins, l'analyse de l'activité réelle des acteurs impliqués dans la coordination reste un défi majeur.

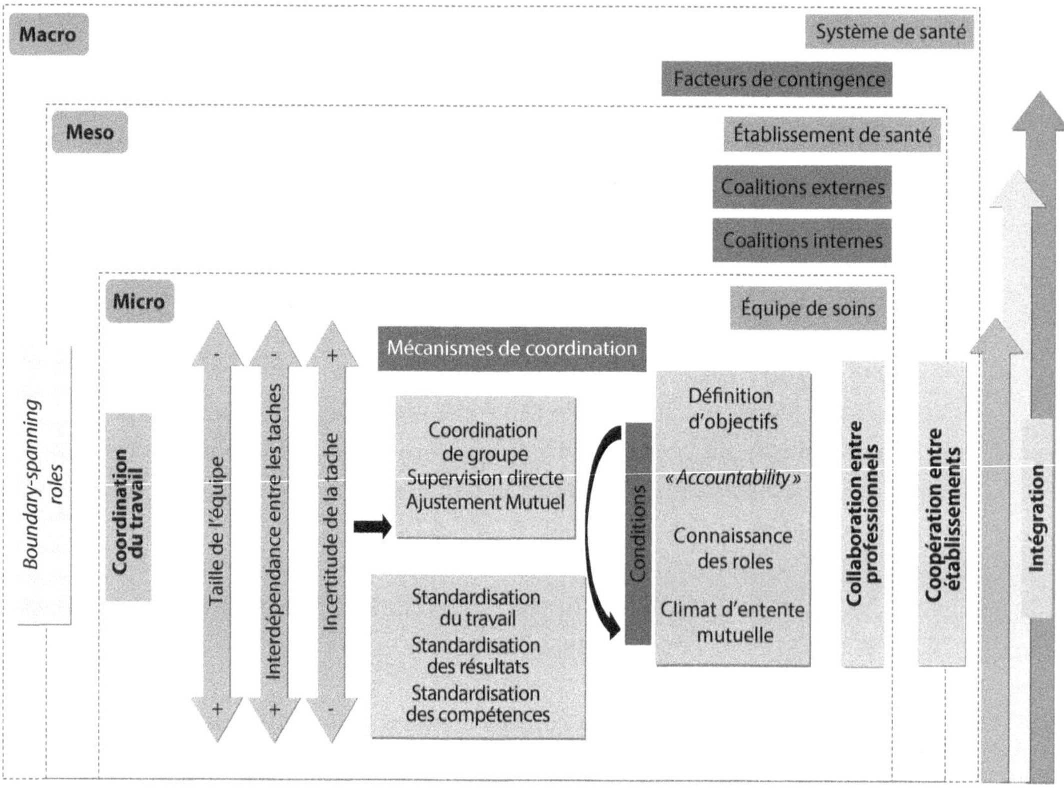

Résumé des éléments théoriques exposés précédemment

UN CADRE D'ANALYSE QUI REFLÈTE LA RICHESSE DE L'ACTIVITÉ RÉELLE

Étudier l'activité réelle des acteurs impliqués dans la coordination des soins constitue un défi. En effet, la coordination est une activité « invisible » : lorsqu'elle est efficace, elle passe inaperçue. Seules les défaillances sont remarquables et facilement identifiables dans les organisations de santé.

Les modèles théoriques qui supportent la mise en œuvre des nouveaux métiers de la coordination n'ont donc historiquement pas beaucoup analysé l'activité réelle. Ils ont principalement adopté une perspective normative, centrée sur la description des rôles (des attendus). Il en résulte un décalage entre théorie et pratique qui nous invite à investiguer l'activité de coordination en situation. C'est dans cette optique que nous avons récemment mené une recherche doctorale sur les infirmiers de coordination en oncologie (IDEC). Cette recherche empirique a abouti au développement du cadre APANCO (*Activity of PAtient PAthway Nurse Coordinators in Oncology*), centré sur l'activité de coordination aux niveaux méso et micro de l'organisation. Bien qu'étayé par des données recueillies en oncologie, ce cadre peut s'appliquer à d'autres domaines de la santé.

Pour cette recherche, nous avons défini la coordination de la façon suivante : une activité collective réalisée par l'IDEC en collaboration avec d'autres professionnels (médicaux, paramédicaux, médico-sociaux), ainsi qu'avec le patient et sa famille, visant à assurer la fluidité et la continuité du parcours du patient. Cette activité implique le partage des informations claires et suffisantes au professionnel pertinent.

Dans une optique managériale, la spécificité du cadre repose sur la distinction de quatre aspects de la coordination : conception/mise-en-œuvre, interne/externe, professionnels/patients, formel/informel. Le tableau suivant présente les définitions des différentes catégories du cadre APANCO, offrant ainsi une vue d'ensemble structurée de l'activité des professionnels dédiés à la coordination. Nous les détaillerons ensuite.

Définitions des catégories du cadre APANCO, d'après Acero *et al.*, 2023[1]

CATEGORIES		DEFINITIONS	PROBLÉMATIQUES
		Niveau Micro	
Cat. 1	Activité de coordination du parcours patient (PPC : *Patient Pathway Coordination*)	Le PPC est une activité collective réalisée par l'IDEC en collaboration avec d'autres professionnels (médicaux, paramédicaux, médico-sociaux), ainsi qu'avec le patient et sa famille, visant à assurer la fluidité et la continuité du parcours du patient. Cette activité implique le partage des informations claires et suffisantes au professionnel pertinent.	Le parcours du patient est-il structuré et fluide à chaque étape ? Les informations nécessaires sont-elles partagées entre les acteurs pertinents ?
Sous-catégories 1.1	*Coordination de conception*	Activité de coordination réalisée durant le développement et l'adaptation des stratégies diagnostiques et thérapeutiques. Elle comprend également la conception des actes liés à la prestation de services au patient.	L'IDEC effectue-t-il une évaluation des besoins globaux du patient ? Quelles sont les activités réalisées par l'IDEC pour adapter la stratégie thérapeutique aux besoins du patient ?

1. Acero M.X., « Les infirmiers de coordination font-ils vraiment de la coordination ? », thèse soutenue en 2019, Sciences économiques et sciences de gestion, université de Rennes.

<table>
<tr><th colspan="3">CATEGORIES</th><th>DEFINITIONS</th><th>PROBLÉMATIQUES</th></tr>
<tr><td colspan="5">Niveau Micro</td></tr>
<tr><td rowspan="3">Sous-catégories</td><td>1.1</td><td>Coordination de mise en œuvre</td><td>Activité d'implémentation des stratégies de conception du parcours du patient. Ceci dépend de la compréhension de l'acteur et de sa capacité à mettre en œuvre des actions correctives.</td><td>Quelles sont les activités de suivi et de mise en œuvre des stratégies thérapeutiques effectuées par l'IDEC ? Les professionnels comprennent-ils clairement leur rôle lors de la mise en œuvre ?</td></tr>
<tr><td rowspan="2">1.2</td><td>Coordination interne</td><td>Activités de coordination qui facilitent et assurent le parcours du patient à l'intérieur de l'ES.</td><td>Quelles sont les activités effectuées par l'IDEC pour assurer la prise en charge du patient entre les services ?</td></tr>
<tr><td>Coordination externe</td><td>Activités de coordination qui assurent la continuité et la fluidité des transitions entre les soins hospitaliers, la médecine de ville et le domicile du patient. Ceci comprend également les activités réalisées pour le maintien à domicile.</td><td>Quelles sont les activités effectuées par l'IDEC pour assurer et fluidifier la prise en charge du patient entre les ES ?</td></tr>
<tr><td rowspan="4">Sous-catégories</td><td rowspan="2">1.3</td><td>Coordination entre l'IDEC et le patient (famille)</td><td>Activité de coordination réalisée avec les patients face-à-face, par téléphone ou via des applications de téléconsultation.</td><td rowspan="2">L'activité de coordination est-elle réalisée avec le patient, la famille ou les professionnels ?</td></tr>
<tr><td>Coordination entre les autres professionnels et l'IDEC</td><td>Activité de coordination réalisée avec les autres professionnels qui interviennent dans le parcours du patient, face-à-face, par téléphone ou par des aides de logiciels de télémédecine.</td></tr>
<tr><td rowspan="2">1.4</td><td>Coordination formelle</td><td>Activité de coordination entre professionnels à travers des mécanismes formels (e.g., procédures, protocoles).</td><td rowspan="2">La coordination du parcours patient entre professionnels suit-elle un protocole, une procédure, ou se réalise-t-elle par de réunions ou des échanges informels ?</td></tr>
<tr><td>Coordination informelle</td><td>Activité de coordination entre professionnels à travers des mécanismes informels. (e.g., échanges ou réunions non-programmées).</td></tr>
<tr><td colspan="2">Cat. 2</td><td>Activités de support à la coordination</td><td>Ce type d'activités n'influencent pas directement la continuité ou la fluidité du parcours, néanmoins elles sont nécessaires pour son bon déroulement.</td><td></td></tr>
</table>

CATEGORIES			DEFINITIONS	PROBLÉMATIQUES
Niveau Micro				
Sous-catégories	2.1	*Support à la propre activité de coordination des IDECs*	Activités préparatoires ou complémentaires à la coordination (planification des visites, traçabilité des échanges).	Quelles sont les activités réalisées en amont ou en aval d'un acte de coordination du parcours ?
	2.2	*Support à l'activité de coordination d'autres professionnels*	Actions visant à faciliter la coordination pour d'autres acteurs (gestion des dossiers administratifs, organisation des rendez-vous).	L'IDEC aide-t-elle à d'autres professionnels à effectuer leur activité ?
	2.3	*Coordination relationnelle*	Activités visant à entretenir de bonnes relations entre les différents intervenants du parcours patient (gestion des conflits, maintien d'un climat de collaboration).	
Cat. 3		***Activités de non-coordination***	Tâches sans lien direct avec la coordination du parcours patient, mais faisant partie de l'activité des NC (soins cliniques, déplacements, participation à des groupes de recherche ou d'enseignement, gestion de service).	Quelles sont les autres tâches réalisées par l'IDEC qui ne sont pas en lien direct ou indirect avec la PPC ?

*IDEC : Infirmier De Coordination

Le cadre distingue d'abord l'activité de conception ou d'adaptation du parcours de celle de sa mise-en-œuvre (1.1 : *Coordination de conception versus Coordination de mise en œuvre*). Cette distinction permet de questionner la division traditionnelle du travail entre professionnels médicaux et soignants. Par exemple, le terrain a révélé que certains IDECs effectuent des consultations spécifiques, appelées « temps d'accompagnement patient », durant lesquelles l'infirmier examine les besoins et demandes des patients pour ajuster leur prise en charge. Cela peut inclure la recommandation d'une consultation diététique ou l'ajustement de la fréquence des antalgiques. Cette distinction met ainsi en évidence comment l'IDEC contribue non seulement à l'application des plans de soins, mais aussi à leur adaptation continue, interrogeant la répartition du travail entre médecins et infirmiers.

Un autre enjeu d'organisation du travail est la portée de la coordination selon qu'elle se limite à une seule institution ou à plusieurs organisations en interaction. Le cadre distingue alors (1.2) *Coordination interne vs. Externe*. Cette distinction pointe les enjeux de la coordination intra- et inter-institutionnelle, décrits dans les sections précédentes. Dans les parcours de soins des patients atteints de cancer, par exemple, l'IDEC collabore fréquemment avec des professionnels indépendants et des institutions variées. Par exemple, il peut être amené à échanger par téléphone avec le pharmacien de ville, le médecin traitant ou encore avec des établissements de soins de suite et de réadaptation. Cette sous-catégorie permet d'examiner si les efforts de coordination des IDECs renforcent et assurent la continuité des soins entre les différents intervenants ou s'ils pallient avant tout des lacunes organisationnelles internes.

Au-delà des collaborations interprofessionnelles, l'IDEC occupe une position centrale dans la relation avec les patients et leur famille, ainsi que dans ses échanges avec d'autres professionnels de santé. Le cadre distingue (1.3) *Coordination entre l'IDEC et le patient (famille) versus Coordination entre les autres professionnels et l'IDEC.* Cette distinction met en lumière la dimension collective de la coordination. Elle permet d'analyser la nature des activités réalisées directement auprès des patients (ou de leur famille) ainsi que celles effectuées en collaboration avec d'autres professionnels.

Enfin, le cadre distingue (1.4), *Coordination formelle versus informelle.* Cette distinction éclaire les moyens employés pour accomplir les activités de coordination. Comme évoqué précédemment, l'ajustement mutuel et les pratiques informelles jouent un rôle central dans la réussite de la coordination, notamment dans des environnements caractérisés par des dynamiques imprévisibles.

Toujours dans une perspective managériale, l'autre apport du cadre APANCO est son attention particulière aux activités de « back-office » (2 : *Activités de support à la coordination*) et les tâches périphériques non liées directement au cœur de métier (3 : *Activités de non-coordination*). APANCO offre une vision plus complète de l'activité des professionnels dédiés à la coordination de parcours.

La Catégorie 2 distingue trois sous-catégories : *2.1 Support à la propre activité de coordination des IDECs, 2.2 Support à l'activité de coordination d'autres professionnels*, et *2.3 Coordination relationnelles.* Ces sous-catégories mettent en lumière des tâches de préparation et de traçabilité effectuées avant ou après les activités de coordination (2.1), révélant l'ampleur du travail de préparation et de traçabilité de ces rôles. Une des dimensions souvent invisibles de la coordination concerne le soutien administratif que les IDECs apportent à d'autres professionnels. L'IDEC peut ainsi préparer les dossiers patients pour le médecin, pré-remplir des ordonnances, ou anticiper la rédaction d'ordres d'hospitalisation. Ces activités, bien qu'essentielles pour assurer une prise en charge fluide, nécessitent un investissement en temps souvent sous-estimé. Enfin, la coordination est une activité collective qui repose sur des conditions essentielles, telles que l'entente mutuelle et la création d'un climat de sécurité pour garantir un travail d'équipe efficace. La sous-catégorie *2.3 Coordination relationnelle* permet ainsi de distinguer les interactions visant à renforcer l'entente entre les acteurs du parcours, influençant indirectement la fluidité et la continuité du parcours du patient.

Après avoir exploré les dimensions de soutien administratif et relationnel, APANCO permet également d'aborder des activités périphériques qui ne sont pas directement liées à la coordination des parcours patients, comme les soins cliniques, la participation à des groupes de recherche ou d'enseignement, et la gestion de service. De ce fait, la catégorie 3 permet d'analyser la nature de ces activités et mieux comprendre l'organisation du travail au sein des organisations de santé.

CONCLUSION

La coordination des parcours complexes apparaît comme un enjeu majeur de qualité, de fluidité et de continuité des soins. Nous avons mis en évidence la nécessité d'adapter les mécanismes traditionnels – qu'ils soient formels, basés sur des protocoles et des hiérarchies rigides, ou informels, reposant sur l'ajustement mutuel – aux spécificités et au contexte du travail quotidien. La prise en compte de dimensions multiples – coordination de conception et de mise en œuvre, intra et inter-institutionnelle, ainsi que la distinction entre activités de cœur de métier et tâches de soutien – permet de mieux saisir la réalité du terrain. Dans ce contexte, le cadre APANCO constitue un outil d'analyse et de pilotage particulièrement pertinent. Pour les managers, cette approche représente une opportunité de repenser l'organisation du travail, de valoriser les compétences relationnelles et techniques des acteurs de la coordination, et de mettre en place des dispositifs favorisant l'agilité et l'efficience dans la gestion des parcours.

PROPOSITIONS MANAGÉRIALES

- Valoriser et clarifier les rôles de coordination (ou navigateurs) dans l'organisation des parcours et veiller à définir clairement leurs missions afin d'éviter les chevauchements et les détournements de fonction.
- Adapter les mécanismes de coordination au contexte et utiliser des outils de suivi et d'évaluation permettant d'ajuster en temps réel les pratiques de coordination selon les spécificités des contextes cliniques et organisationnels.
- Intégrer le cadre APANCO comme outil de pilotage pour analyser l'ensemble des activités de coordination, y compris les tâches de support et les actions périphériques, afin d'avoir une vision complète et fine de l'organisation du travail.

Lectures supplémentaires

- Berwick D., Hackbarth A., "Eliminating Waste in US Health Care", *JAMA,* vol. 307(14), 2012, P. 1513-16
- Gittell J., "Coordinating Mechanisms in Care Provider Groups: Relational Coordination as a Mediator and Input Uncertainty as a Moderator of Performance Effects", *Management Science,* vol. 48(11), 2002, p. 1408-26.
- Gittell J., "New Directions for Relational Coordination Theory", *in* Gittel J., *The Oxford Handbook of Positive Organizational Scholarship,* Oxford University Press, 2011.
- Kyriakidou O., Özbilgin M., "Relational Coordination: Coordinating Work through Relationships of Shared Goals, Shared Knowledge and Mutual Respect", *in* Kyriakidou O., *Relational Perspectives in Organizational Studies,* Edward Elgar Publishing, 2006.
- Hannan-Jones C., Mitchell G., Mutch A., "The Nurse Navigator: Broker, Boundary Spanner and Problem Solver", *Collegian, Leadership in Healthcare,* vol. 28(6), 2021, p. 622-27.
- Jarzabkowski P., Lê J., Feldman M., "Toward a Theory of Coordinating: Creating Coordinating Mechanisms in Practice", *Organization Science,* vol. 23(4), 2012, p. 907-27.
- Makhloufi I., Saadi J., El Hiki L., El Hassani A., « Analyse organisationnelle de l'hôpital à travers le modèle de Mintzberg : cas de l'Hôpital Universitaire Cheikh Zaid », *Santé Publique,* vol. 24(6), 2012, p. 573-85.

9 ANTICIPER L'ÉVOLUTION DES MÉTIERS DE LA SANTÉ

Thomas C. Ricketts

Résumé

Ce chapitre décrit l'évolution des professions de santé et leur gestion en mettant l'accent sur les soins primaires. Il adopte une perspective écologique qui a pour but d'aider les professionnels, les gestionnaires et les décideurs à comprendre comment les professions de la santé fonctionnent et font système.

Les catégories de professionnels de la santé se sont multipliées à mesure que les soins médicaux et les services de santé sont devenus plus complexes et que les soins primaires, en sont venus à inclure un plus grand choix de ces professionnels. Les professionnels de la santé ont des pouvoirs exceptionnels pour contrôler, gérer la portée et l'évaluation de leur travail. Ils sont également soumis à un haut niveau de visibilité et fonctionnent selon des obligations éthiques en tant que professionnels, ce qui soumet leur travail à l'examen du gouvernement et du public ainsi qu'à une surveillance substantielle par les pairs. Les managers de professionnels de la santé doivent tenir compte des contraintes déontologiques et éthiques, cliniques et scientifiques qui pèsent sur les professionnels de la santé, ainsi que des liens et des dépendances interprofessionnels qui sous-tendent leur travail. En même temps, les professionnels de la santé assument des rôles et des responsabilités institutionnels et organisationnels. La somme de ces opportunités et de ces contraintes constitue ce que nous nommons « l'écologie des professionnels de la santé ». Enfin, les professionnels ont des « carrières dynamiques » (Nancarrow et Borthwick, 2005) qui visent une augmentation des compétences et des capacités, mais aussi des récompenses et reconnaissances. Ces aspects du « parcours de vie » présentent souvent des défis mal pris en compte par les gestionnaires.

MESSAGES-CLÉS

- La gestion des professionnels de la santé exige une compréhension de « l'écologie », c'est-à-dire des systèmes multiples, dans lesquels ils fonctionnent en tant qu'individus autonomes dans les systèmes.
- Les managers (et les décideurs politiques) peuvent contrôler des éléments de l'écologie des professionnels de la santé, mais ils ont moins d'influence sur leurs aspects temporels (« parcours de vie »).
- L'écologie du travail des professionnels de la santé dépend de l'endroit, du moment, du pourquoi et de la façon dont ils fonctionnent. La direction façonne ces conditions qui sont, à leur tour, limitées par des lois, des règles, des régimes de paiement et le « besoin » de leurs services.
- Différentes structures organisationnelles (facultés, pratiques, équipes[1]), ainsi que différentes constructions financières (l'emploi salarié, la pratique libérale, l'affiliation institutionnelle, et même les réalités financières à l'échelle du système telles que la « *financiarisation* »[2]) façonnent cette écologie.
- Une approche écologique pour comprendre l'évolution des professionnels de la santé offre l'occasion d'aider à orienter et à personnaliser les fonctions, les affectations, les postes et les carrières dans les soins de santé qui peuvent surmonter les problèmes créés par les organisations et leurs structures.

INTRODUCTION

Au fur et à mesure que les soins deviennent plus complexes, les compétences et les connaissances des professionnels de santé s'affinent et les spécialités se divisent. Le phénomène crée un besoin de coordination accrue de manière à augmenter les bénéfices pour les patients et la population, ainsi que la qualité de vie au travail et l'engagement communautaire[3] de ces professionnels. Le processus de développement de ces caractéristiques relève du terme général

1. L'application de termes « congénitaux » à des types d'organisation, tels que « équipes » et « maisons médicales », reflète le désir des universitaires et des gestionnaires de réifier les intentions socio-économiques du travail conjoint et coordonné, ce qui est nécessaire dans les soins de santé.
2. Bourgueil Y., Benamouzig D., *La Financiarisation dans le secteur de la Santé : tendances, enjeux, et perspectives*, éditions SciencesPo, 2023.
3. Talib Z., P. B., Briggs M., Clithero A., Cobb N. M., Marjati B., Preston R., Willems S., "Defining Community-Engaged Health Professional Education: a Step Toward Building the Evidence", *NAM Perspectives*, 2017.

de « management » mais, pour les professions de santé, il existe des différences, à la fois subtiles et évidentes, dans la manière dont cette « évolution » de l'activité est « gérée » – par les décideurs et les experts techniques qualifiés. Cela contraste avec l'agriculture, l'industrie, les services et l'artisanat où la préoccupation première est la valeur marchande est mesurée par les prix.

L'un des objectifs souvent énoncés des soins de santé contemporains est que tous leurs éléments fonctionnent ensemble de manière coopérative et collaborative. Les « soins d'équipe », en particulier dans le domaine des soins primaires, sont une expression émergente de la structure coopérative et collaborative des soins de santé au niveau du patient ou de la maladie ou de l'affection[12].

Une interprétation classique de la relation entre professionnels et managers est proposée par Fanelli *et al.*[3] : « Historiquement, la gouvernance hospitalière se caractérisait par une double structure organisationnelle, où coexistaient les structures managériales et professionnelles[4]. Cependant, les cliniciens et les gestionnaires suivent des voies de raisonnement différentes. Les cliniciens, en tant que professionnels, organisent leurs activités et leurs pratiques en fonction de la raison d'être de leur profession. Les directeurs d'hôpitaux [suivent] la logique de la science de gestion ou de la bureaucratie (Freidson, 1970) »[5].

Un concept central de cette analyse est l'idée d'une « écologie » des professions de la santé. Un point de vue écologique inclut les notions de Populations. Dans ce cas-ci, les professionnels de la santé, comment ils s'adaptent au fil du temps, comment ils exploitent leur environnement, et rivalisent avec les autres professionnels. L'aspect temporel des écologies professionnelles a été exploré dans les analyses de « parcours de vie » et l'effet du temps est un aspect important des études écologiques et de l'analyse de la vie professionnelle[678].

Chaque élément écologique nécessite des formes de gestion différentes qui peuvent, au fil du temps, devenir des « cultures ». Des conflits et des menaces à

1. Chevillard G., Mousquès J., Lucas-Gabrielli V. et Rican S., « La diffusion des équipes de soins primaires en France a-t-elle amélioré l'attraction et la rétention des médecins généralistes en milieu rural ? », *Politique de santé*, vol. 123(5), 2019, p. 508-15.

2. Chevillard G., Mousquès J., « Zones médicalement mal desservies : les équipes de soins primaires sont-elles efficaces pour attirer et retenir les médecins généralistes ? », *Sciences sociales et médecine*, vol. 287, 2021.

3. Fanelli S., Pratici L., Zangrandi A., « Gestion des services de santé : les professionnels sont-ils prêts à jouer le rôle de gestionnaire ? », *Recherche sur la gestion des services de santé*, vol. 35(1), 2022, p. 16-26.

4. Mintzberg H., *Structure et dynamique des organisations*, Éditions d'Organisation, 1998.

5. Freidson E, *La domination professionnelle : la structure sociale des soins médicaux,* New York, Atherton, 1970.

6. Daaleman T. P., Elder G. H., « La médecine familiale et le paradigme du parcours de vie », *Journal of the American Board of Family Medicine*, vol. 20(1), 2007, p. 85-92.

7. Fraher E. P., Knapton A.,"Workforce Planning in a Rapidly Changing Healthcare System", *in* Sampson C.J., Fried B., *Human Resources for Health: Managing for Success*, Health Administration Press, 2021.

8. Tawfik D. S., *et al.*,"Personal and Professional Factors Associated With Work-Life Integration Among US Physicians", *JAMA*, vol. 4(5), 2021.

la pratique et à la productivité peuvent survenir lorsqu'un professionnel passe d'un département ou d'une institution à une autre, où la « culture de gestion » est différente, où des professionnels ayant des « cultures » différentes sont contraints de coopérer, comme lors de l'épidémie de COVID-19, lorsque les travailleurs de première ligne ont été contraints d'assumer des rôles décisionnels inconnus par exemple, lorsque des professionnels habituellement engagés uniquement dans la recherche étaient appelés pour fournir des soins cliniques[1].

EXPÉRIENCES LOCALES : ACCENT SUR LES SOINS PRIMAIRES

Les termes « médecins de soins primaires » sont largement acceptés. L'émergence des « soins primaires » en tant que concept organisationnel conceptuel et pratique est un exemple de l'évolution des soins de santé et des professions de la santé. Les notions de soins « généralistes » et de médecin généraliste ont cédé la place à une conceptualisation des « soins primaires » qui considère les patients dans leur contexte et permet la gestion de la maladie et les soins préventifs en « équipe »[2]. Depuis, les soins primaires sont devenus une structure organisationnelle et managériale conceptuelle acceptée, sinon spécifique, pour l'organisation des soins de santé, d'abord dans le contexte anglo-saxon, puis généralement en Europe et dans d'autres contextes[3]. Le processus d'adoption des soins primaires en tant que concept organisationnel et managérial a progressé, mais la pression de la pandémie de COVID-19 a révélé des lacunes organisationnelles et managériales chez les francophones[4] et anglophones[5].

La notion d'« écologie » a été récemment appliquée aux professionnels de santé dans le contexte français[6] en mettant l'accent sur les soins primaires, la question suivante : « Quelle spécialité médicale devrait traiter les soins primaires ? ». L'analyse identifie un « comportement compétitif » entre les « médecins généralistes » et les autres médecins (internistes, pédiatres, obstétriciens-gynécologues). Il s'agit d'une « espèce » dans une niche particulière

1. Rys M., Krzyworzeka P., Żukowicka-Surma A., "Dermatologist, Orthopaedist, and Psychiatrist Walk into a COVID ward: on the Permeability of Professional Boundaries in a Competition-Free Context", *Innovation: The European Journal of Social Science Research,* vol. 37(4), 2023, p. 965–983.
2. Starfield B., *Soins primaires,* Presses de l'Université d'Oxford, 1992.
3. Ricketts T., Naiditch M., Bourgueil Y., "Advancing Primary Care in France and the United States: Parallel Opportunities and Barriers", *Journal of Primary Care & Community* Health, vol. 3(3), 2012, p. 221-225.
4. Bourgueil Y., Breton M., Cohidon C., Hudon C., Senn N., Van Durme T., « Les soins primaires face à la COVID-19 : une comparaison Belgique, France, Québec et Suisse. », *Santé Publique,* vol. 33(6), 2021, p. 991-95.
5. Khalil-Khan A., Khan M. A., "The Impact of COVID-19 on Primary Care: A Scoping Review", *Cureus,* vol. 15(1), 2023.
6. Laporte C., *et al.*, "The French Ecology of Medical care. A Nationwide Population-Based Cross Sectional Study", Family practice, vol. 41(2), 2023.

– un terme utilisé en écologie pour décrire les contraintes multidimensionnelles sur l'espace vital d'une espèce. Il est intéressant de noter qu'une forme d'organisation de la pratique médicale appelée médecine de « niche » est en train d'émerger, qui se concentre sur l'application de la « pharmacogénétique »[1]. En écologie, les caractéristiques des espèces déterminent l'aptitude à la survie et à la croissance, dans les professions de la santé, le terme souvent utilisé est celui de « compétences »[2]. Le « marché » des professionnels de la santé est concurrentiel, car les systèmes, les établissements et les praticiens de la santé doivent faire face à l'accélération des changements politiques, éducatifs et environnementaux qui sont ressentis par les praticiens et les gestionnaires[3]. Il y a des exceptions, surtout dans les endroits où il y a une pénurie de professionnels de la santé (déserts médicaux) et la gestion des professionnels diffère d'un endroit à l'autre ou d'une population mal desservie[4].

LA GESTION À LA PERFORMANCE

L'une des réponses au défi de la concurrence et de la pénurie est de « mieux gérer », une stratégie adoptée par le NHS au Royaume-Uni[5]. De nombreuses suggestions à cet effet incluent des actions visant à améliorer les « conditions de travail » (Holden, 2024). Les systèmes européens ont exploré la valeur potentielle de la concurrence dans le domaine des soins de santé et un groupe d'experts a suggéré qu'elle peut apporter de la valeur aux systèmes de santé si gérée proprement[6]. Un outil managérial commun, le tableau de bord permet de suivre la performance des systèmes de soins de santé dans les Agences régionales de santé en France. Ils représentent une description de l'écologie pour les professionnels de santé et suggèrent les « leviers » de pilotage de leur performance[7]. Mais ces indicateurs multifactoriels sont plus souvent utilisés pour

---

1. Gibson S., Raziee H. R., Lemmens T., "Why the Shift? Taking a Closer Look at the Growing Interest in Niche Markets and Personalized Medicine", *World Medical Health Policy*, vol. 7(1), 2015, p. 3-27.
2. Michielsen L., Bischoff E., Schermer T., Laurant M., "Primary Healthcare Competencies Needed in the Management of Person-Centred Integrated Care for Chronic Illness and Multimorbidity: Results of a Scoping Review", BMC Primary Care, vol. 24(1), 2023, p. 98.
3. Ndayishimiye C., Dubas-Jakóbczyk K., Holubenko A., Domagała A., "Competencies of Hospital Managers:A Systematic Scoping Review", *Frontiers in Public Health*, vol. 11, 2023.
4. Brînzac M. G., Kuhlmann E., Dussault G., Ungureanu M. I., Cherecheș R. M., Baba C. O., "Defining Medical Deserts-an International Consensus-Building Exercise", *European Journal of Public Health*, vol. 33(5), 2023, p. 785-788.
5. Jones B., Horton T., Home J., "Strengthening NHS Management and Leadership", *The Health Foundation*, 2022.
6. Barros P. P., Brouwer W. B., Thomson S., Varkevisser M., "Competition among Health Care Providers: Helpful or Harmful?", *The European Journal of Health Economics*, vol. 17(3), 2016, p. 229-33.
7. Bhar Layeb S., Omrane Aissaoui N., Hamouda C., Zeghal F., Moujahed H., Zaidi A., "Performance Indicators and Dashboard for an Emergency Department of a Teaching Hospital", *Tunis Medicine*, vol. 99(4), 2021, p. 435-40.

décrire la performance des unités et des organisations que celle des individus. Un recueil de tableaux de bord potentiels pour le rendement du système de santé, y compris les professionnels, est disponible en ligne[1]. Des évaluations complètes de chaque praticien ont également été élaborées, par exemple pour les adjoints au médecin et les infirmières praticiennes[2]. Ces évaluations de performance fondées sur les données, à leur tour, deviendront une composante généralisée de l'écologie pour les professionnels de la santé à mesure qu'elles seront appliquées plus largement.

Les systèmes de santé sont souvent évalués en fonction de leur « efficacité » ou, comme le décrivent Or *et al.* (2023) dans leur revue du système de santé français, de leur « efficacité allocative ». Cela est particulièrement important dans le cas des structures de soins primaires coordonnés, car ces systèmes, réseaux et organisations ont tendance à fonctionner de manière « allégée », c'est-à-dire à n'inclure que le nombre de membres du personnel qui peuvent fonctionner à pleine capacité ou presque. La gestion à l'échelle du système, c'est-à-dire la planification des besoins en personnel de santé, est une activité distincte, mais elle a des conséquences importantes pour le système, l'organisation ou la communauté[3].

Les possibilités de gestion, ou, au sens écologique, le processus de manipulation des ressources habilitantes, peuvent être décrites selon de multiples dimensions vis-à-vis des professionnels de la santé, l'une d'entre elles étant proximité. Les facteurs proximaux, tels que l'espace physique dans lequel un professionnel fonctionne ou le soutien administratif fourni au professionnel sont, de même, des éléments que les gestionnaires doivent prendre en compte et manipuler. Des facteurs éloignés, tels que les lois nationales et les politiques professionnelles, doivent être interprétés par les gestionnaires lorsqu'ils organisent et soutiennent le travail des professionnels cliniques. Cette représentation de l'environnement managérial des professionnels de la santé s'apparente un peu à l'idée de « gestion tridimensionnelle »[4] qui a été élargie à l'analyse dans le domaine de la « gestion publique » avec les trois dimensions suivantes : « structure, culture et artisanat »[5]. Une telle approche peut être appliquée à des politiques de santé telles que l'Affordable Care Act (dite ObamaCare), mais il existe peu d'exemples de directives au niveau de l'équipe ou de l'individu pour

---

1. Le top 10 des modèles de tableau de bord de soins de santé avec des échantillons et des exemples (2023), disponible sur le site internet de Slide Team.
2. Kidd V. D., Liu J. H., Reamer-Yu A., Wang J. H., Deng M., "The Development of a Visual Dashboard Report to Assess Physician Assistant and Nurse Practitioner Financial and Clinical Productivity", *BMC Health Services Research*, vol. 22(1), 2022, p. 882.
3. Kuhlmann E. *et al.*, « Un appel à l'action pour établir un programme de recherche pour la formation d'un futur personnel de santé en Europe », *Politiques et systèmes de recherche en santé*, vol. 16(1), 2018, p. 52.
4. Hatfield M. A., "Managing to the Corner Cube: Three-Dimensional Management in a Three-Dimensional World", *Project Management Journal*, vol. 26(1), 1995, p. 13–20.
5. Hill C. J., Laurence J., Lynn E., *Public Management: A Three-Dimensional Approach*, California, Sage Publications, 2015.s

cette approche. Ces trois dimensions s'appliquent toutefois à la gestion des professionnels de la santé lorsqu'ils opèrent dans un ensemble limité et bien défini de structures (hôpitaux, cliniques, maisons de santé), ils partagent une culture de « bienveillance » et fonctionnent dans le cadre d'un ensemble d'obligations éthiques, perfectionnant continuellement leur métier, qu'il s'agisse de chirurgie ou de soins infirmiers. Cette approche réflexive de la gestion et de la pratique dans le domaine des soins de santé est parfois appelée pratique « fondée sur des données probantes », où l'entité de pratique (ou le praticien) ajuste le contenu et la prestation des soins afin d'en maximiser l'efficacité et de réduire les erreurs ou les interventions inutiles[1].

L'« écologie de la prise en charge » des professionnels de santé n'est pas un concept couramment utilisé[2], du moins sur le plan pratique, mais, dans le contexte du business, des soins de santé, les « écosystèmes de soins de santé » sont décrits en mettant l'accent principalement sur les flux d'informations et les systèmes numériques utilisés pour organiser les soins et les professionnels[34]. Alternativement, les écosystèmes sont utilisés pour développer une certaine forme de modèle d'affaires[5] dans un contexte de soins de santé. Il existe également des « écosystèmes d'apprentissage »[6] vulgarisé dans la littérature sur la gestion et l'éducation et parmi les consultants dans ces domaines, en particulier parmi les fournisseurs de « systèmes d'apprentissage »[7]. Il s'agit généralement de ce que l'on appelle des solutions, qui appliquent des algorithmes et des analyses à la prise de décision et à la planification.

Un état des lieux des leviers de gestion pour les professionnels de la santé

Offre	*Numerus clausus* (rôle des décideurs politiques dans la régulation de l'offre)
Contenu de la pratique	Associations professionnelles, éthique déontologique
Structures de paiement	MOH, LFSS, ONDAM, T2A, Budgets dans les hôpitaux, P4Q IFAQ

1. Sackett D. L., Rosenberg W. M., "The Need for Evidence-Based Medicine", *Journal of the Royal Society of Medicine*, vol. 11, 1995, p. 620-624.
2. Denrell J., Kovács B., "The Ecology of Management Concepts", *Strategy Science*, vol. 5(4), 2020, p. 293-310.
3. Gisby S., Micca P., Wagh M., Chang C., Kheyn-Kheyfets B., "New Business Models in Healthcare: Building Platform-Based Ecosystems", *Deloitte Perspectives*, 2022.
4. Viswanadham N., "Ecosystem Model for Healthcare Platform", *Sâdhanâ*, vol. 46(4), 2021, p. 188.
5. Garthwaite C., Love J., "Taking the Pulse of the Changing U.S. Healthcare Ecosystem", *Kellogg Insight*. Northwestern University, Kellogg School of Management, 2021.
6. Fernández-Martínez M. E., García-Holgado A., Rodríguez-Conde M. J., « Écosystèmes d'apprentissage pour les professionnels de santé en milieu hospitalier », *Huitième Conférence internationale sur les écosystèmes technologiques pour le renforcement de la multiculturalité*, Salamanque, Espagne, 2021, p. 1067 à 1072.
7. Foreman S., *The learning and performance ecosystem*, eLearning Industry, 2022.

Facteurs organisationnels	Culture, règles, mission
Carrière et trajectoires	Au sein de l'organisation, au sein de la profession
Interactions	Avec les collègues, le personnel et la direction
Transitions	En fonction de l'âge, de la famille et de l'état de santé, indications et accompagnement pour la retraite

Dans les systèmes et les institutions complexes, il peut y avoir une orientation « corporative », c'est-à-dire le déplacement de la responsabilité lorsque les mesures globales entrent en conflit avec les objectifs et les résultats individuels. Si un système de soins de santé est perçu comme une infrastructure, cela change la perception des objectifs de gestion. Il peut en être de même pour l'industrialisation des soins de santé qui, au XXIe siècle, se réfère davantage aux modèles financiers qu'aux processus de production proprement dits – ils privilégient le profit à la performance. Ces tendances ne sont pas aussi fortement apparentes en France et en Europe, mais l'influence mondiale des grandes entreprises et leur engagement dans le renforcement des systèmes et leurs opérations via la gestion des données, le développement de médicaments et l'innovation technique influencent les systèmes, car ces éléments sont gérés parallèlement aux systèmes publics et aux éléments de ces systèmes. Ces influences font partie de l'écologie des systèmes de santé et des professionnels qui les composent et représentent un défi pour leur gestion.

Concrètement, il s'agit de gérer l'environnement – ou les interactions avec l'environnement – des professionnels de la santé, en leur permettant d'accéder aux éléments bénéfiques de l'activité de l'entreprise tout en empêchant leur « capture » là où ils fonctionnent simplement comme des composants d'une organisation mécaniste et à but lucratif. Les composantes de « l'écologie de la santé des populations », externes à la pratique dite normale, offrent des possibilités concurrentes aux professionnels qui ne sont pas en conflit direct et permanent avec leur fonctionnement dans un système national ou public. Encore une fois, d'un point de vue temporel ou parcours de vie, la capacité d'un professionnel d'opérer dans le monde externe, corporatif, puis de retourner à la pratique est un mécanisme d'interaction système-environnement et offre une occasion d'autogestion à long terme des carrières.

CONCLUSION

La transition d'un professionnel de la santé – médecin, thérapeute ou infirmière – à un poste de direction n'est pas rare et est considérée comme une exception « normale » à une carrière dans une profession de la santé. L'un des avantages de ce changement de rôle et de secteur est la capacité du professionnel à réintégrer dans la pratique clinique les connaissances des environnements de gestion, de recherche ou de politique qui ont une incidence sur les soins de santé. Il s'agit d'un professionnel hybride avec un « double rôle : professionnel et managérial »[1]. La gestion, à son tour, a son propre écosystème, Cette complexité est accentuée par l'évolution des modèles économiques et technologiques qui redéfinissent les interactions entre les professionnels et les structures de soins. L'industrialisation croissante du secteur et la gestion des données renforcent ces défis, nécessitant une réflexion sur l'équilibre entre performance, éthique et bien-être des soignants. En définitive, adopter une vision écologique de la gestion des professionnels de santé permet non seulement d'optimiser leur contribution au sein des systèmes de soins, mais aussi de leur offrir des parcours de carrière plus flexibles et adaptés aux transformations du secteur.

PROPOSITIONS MANAGÉRIALES

- Une approche de gestion de l'évolution des professionnels de santé efficace repose sur trois dimensions : structure (organisation des soins), culture (valeurs et éthique professionnelles) et artisanat (compétences et perfectionnement continu).
- Les outils comme les tableaux de bord peuvent être utilisés pour suivre la performance des professionnels.
- Il est crucial de gérer l'environnement des professionnels de santé pour favoriser l'innovation, sans compromettre la qualité des soins.

Lecture complémentaire

– Fried B., Sampson C.J., *Human Resources in Healthcare: Managing for Success*, Health Administration Press, 2021.

1. Giacomelli G., Ferré F., Furlan M., Nuti S., "Involving Hybrid Professionals in Top Management Decision-Making: How Managerial Training Can Make the Difference", *Health Services Management Research*, vol. 32(4), 2019, p. 168-79.

10 PROTÉGER LES PERSONNELS DE SANTÉ : UN ENJEU INTERNATIONAL

Stéphanie Dagron

Résumé

La question de la protection de la santé et de la sécurité du personnel de santé est une question d'actualité, au regard de la multiplicité des risques et dangers pour ce personnel liés à l'exercice de leurs activités. Des réponses juridiques ont été développées au niveau international, qui imposent aux États de prendre les mesures politiques et réglementaires nécessaires. Les progrès notés dans les législations nationales sont cependant très limités. Un ensemble juridique existe dans de nombreux pays, qui contient des normes répondant aux risques les plus évidents. Pour autant, des progrès restent à faire, notamment pour mieux protéger le personnel contre les risques liés aux maladies infectieuses et à l'usage de la violence sur le lieu de travail.

MESSAGES-CLÉS

- La définition donnée au personnel de santé en tant que groupe professionnel est extrêmement large, ce qui implique des responsabilités importantes à la charge des autorités publiques et personnes en charge du management des centres de soins, pour assurer la santé et la sécurité au travail.
- Le personnel de santé est un groupe professionnel à la fois particulièrement menacé par différents risques et particulièrement protégé par le droit – que ce soit dans les situations de conflits ou en temps de paix.
- Les normes du droit international développées par l'Organisation internationale du travail (OIT) offrent un cadre à la protection de la santé et de la sécurité du personnel de santé. Les exemples de leur transposition en droit national sont particulièrement intéressants.
- Des lacunes importantes devront être comblées, les membres de l'OIT ayant accepté de reconnaître en juin 2022 la santé et la sécurité au travail comme un droit fondamental.

INTRODUCTION

La protection de la santé et de la sécurité des travailleurs – au même titre que la liberté d'association, le droit de négociation collective, l'élimination de la discrimination dans l'emploi, l'interdiction du travail forcé et du travail des enfants – fait partie des engagements centraux des États en faveur de la réalisation du principe fondamental du « travail décent ». Il en a été décidé ainsi en 2022 par les États membres de l'OIT, lors de la 110e Conférence internationale du travail.

Parmi ces travailleurs, le personnel de santé constitue une catégorie particulièrement protégée en raison à la fois de son importance pour l'intérêt public général et de l'ampleur des risques liés à l'exercice de ses multiples activités.

Concernant tout d'abord l'importance de ces travailleurs pour l'intérêt général, il faut noter leur rôle clé au sein des systèmes de santé. Le personnel de santé est considéré comme l'un des six éléments constitutifs de ces systèmes[1]. Cette catégorie professionnelle est très large. Elle a été définie par le Bureau

1. Organisation mondiale de la santé, *Everybody's Business: Strengthening Health Systems to Improve Health Outcomes: WHO's Framework for Action*, 2007.

international du travail (BIT) comme incluant « toutes les personnes engagées dans des activités de travail ayant comme but premier d'améliorer la santé »[1]. Pour le BIT, font partie de ce groupe « les médecins, le personnel infirmier, les sage-femmes, les professionnels de la santé publique, les techniciens de laboratoire, les techniciens sanitaires, médicaux et non médicaux, les auxiliaires de vie, les agents de santé communautaires, les guérisseurs et les tradipraticiens », mais aussi « le personnel de nettoyage, les chauffeurs, les administrateurs d'hôpitaux, les responsables de la santé au niveau des districts, les travailleurs sociaux, ainsi que d'autres groupes professionnels exerçant des activités liées à la santé »[2]. Ce groupe est d'autant plus large qu'il inclut les personnes impliquées dans le secteur du soin et des services à la personne qui interviennent en dehors des structures médicales proprement dites, qu'il s'agisse d'établissements de soins de longue durée, d'autres institutions ou des ménages privés. La faiblesse de protection de la santé et de la sécurité au travail de personnes intervenant dans le cadre très large du soin a été fortement critiquée pendant et depuis la pandémie de COVID-19, notamment de la part de l'OIT[3] et de de l'Organisation mondiale de la santé (OMS)[4].

L'importance du personnel de santé pour la santé publique – et par conséquent la nécessité pour les États de veiller à la protection de ces professionnels – est constamment rappelée dans l'actualité. Ainsi, le personnel de santé est reconnu comme un élément central de la stratégie de lutte contre les maladies infectieuses. Les États ont proposé, dans le projet d'accord sur les pandémies, discuté lors de l'Assemblée mondiale de la santé (AMS) en mai 2024, de s'engager à prendre « les mesures appropriées pour protéger leur personnel de santé et d'aide à la personne et en assurer de façon continue la sécurité, le bien-être et les capacités »[5]. Des mentions explicites de la protection de la santé et de la sécurité du personnel de santé peuvent aussi être trouvées dans le programme de développement durable 2030[6], dans les programmes de travail de l'OMS[7], dans les stratégies mondiales en faveur de la sécurité des patients[8], ou bien encore dans les engagements adoptés par les États membres de l'ONU au sein de l'Assemblée générale en faveur de la réalisation de la Couverture sanitaire universelle[9].

1. Classification internationale type des professions (CITP), ILOSTAT, 2008.
2. *Ibid.*
3. OIT, note sectorielle : le COVID-19 et les soignants qui dispensent des soins à domicile ou en institution, 2020.
4. Résolution WHA74.14, AMS, 2021.
5. Projet d'accord sur les pandémies, OMS, 2024.
6. Assemblée générale des Nations Unies, Programme de développement durable à l'horizon 2030, Objectif 3.c, 2015.
7. OMS, Projet de 14e programme général de travail, 2024.
8. OMS, Plan d'action mondial 2021-2030, 2023.
9. Assemblée générale des Nations Unies, Résolution 74/2, 2019 ; Résolution 78/3, 2023.

Pour autant, la question de la protection de la sécurité et de la santé des personnels reste une question complexe. Cette complexité est liée tout d'abord à la multiplicité des objectifs poursuivis, la protection de la santé au travail devant contribuer selon le BIT à « promouvoir et maintenir le plus haut degré de bien-être physique, mental et social des travailleurs dans toutes les professions ; prévenir tout dommage causé à la santé de ceux-ci par les conditions de leur travail ; les protéger dans leur emploi contre les risques résultant de la présence d'agents préjudiciables à leur santé ; placer et maintenir le travailleur dans un emploi convenant à ses aptitudes physiologiques et psychologiques »[1].

Au-delà de ces objectifs, la complexité de la protection résulte de la multiplicité et de la nature des risques. Ces risques sont évidents dans les situations de guerre et de conflits internes qui mettent gravement en danger la vie de la population civile dans son ensemble et celle des personnels de santé en particulier[2]. Qu'il s'agisse des attaques contre les services de santé en Ukraine, dans la bande de Gaza ou en Haïti, pour ne citer que quelques exemples, la violence à l'égard des personnels et infrastructures de santé dans les pays se trouvant dans une situation de conflit armé a des conséquences dévastatrices pour les travailleurs et la survie des systèmes de santé[3]. Les risques sont aussi devenus évidents en cas de crise sanitaire. Nous pouvons donner comme exemple les violences à l'égard des personnels de santé relevés pendant les crises Ebola, qui ont touché différents pays africains depuis 2014[4], mais aussi pendant la pandémie de COVID-19[5]. Au-delà de ces exemples, il faut noter que la violence ne s'exprime pas uniquement dans le cas particulier de crises sanitaires, environnementales ou autres. Dans l'actualité, on trouve d'autres exemples à l'instar des situations de violence contre les personnels des services de santé mentale[6] ou de santé sexuelle et reproductive[7].

Au-delà de la violence et du harcèlement, on trouve aussi d'autres risques identifiés par l'OMS et l'OIT[8] et liés à :

- l'exposition aux maladies infectieuses les plus courantes ;
- la manipulation non sécurisée des patients ;

1. BIT, Principes techniques et éthiques de la surveillance de la santé des travailleurs : principes directeurs, 1998.
2. Safeguarding Health in Conflict Coalition, rapport *Critical Condition: Violence Against Care in Conflict*, 2023.
3. Voir OMS, Communiqué de presse concernant l'Ukraine daté du 30 mai 2024.
4. Sweet R., Kasali N., "Public Health Intervention Amidst Conflict", *Social Science and Medicine*, vol. 350, 2024.
5. Devi S., "Covid-19 Exacerbates Violence Against Health Workers", *The Lancet*, vol. 396, 2020.
6. Ministère de la santé et de la prévention, rapport de l'Observatoire national des violences en milieu de santé, 2022.
7. Gilmore K. *et al.*, "Defending Frontline Defenders of Sexual and Reproductive Health Rights: A Call to Action-oriented, Human Rights-based Responses", *BMJ Global Health*, vol. 7(4), 2022.
8. OMS/OIT, Prendre soin des soignants, 2022.

- l'exposition à des produits chimiques dangereux ou à des rayonnements ionisants et non ionisants ;
- l'environnement de travail (bruit, chaleur), sa dangerosité, et sa salubrité.

La santé mentale du personnel de santé et de soin est aussi menacée par les contraintes de temps, l'impossibilité d'avoir la maîtrise de son travail, ou encore les longues journées de travail.

À ces risques correspondent des normes juridiques qui relèvent, pour un premier groupe, du droit international humanitaire et des situations de conflits armés. Ces normes ne seront pas présentées ici. Il s'agit, dans ce chapitre, d'aborder principalement les normes développées par l'OIT, dont le mandat inclut les conditions de travail en général et la protection de la santé et de la sécurité des travailleurs en particulier[1]. Ces normes, ainsi que les directives et recommandations qui les accompagnent, sont d'un grand intérêt pour les autorités publiques nationales et les personnes en charge des infrastructures et des personnels de santé. Elles apportent des réponses aux risques identifiés ; elles proposent des standards harmonisés dont le respect autorise notamment les États à participer aux échanges économiques internationaux et à l'industrie d'exportation en éliminant les entraves techniques au commerce ; enfin, elles encouragent les États à mettre en œuvre les stratégies de protection nécessaires à la réalisation de la santé et de la sécurité au travail de cette catégorie professionnelle.

Sources normatives relatives à la santé et à la sécurité des travailleurs

Objectifs de protection	Normes juridiques
Risques spécifiques	• Convention OIT (n° 170) sur les produits chimiques, 1990 • Convention OIT (n° 115) sur la protection contre les radiations, 1960 • Convention OIT (n° 148) sur le milieu de travail (pollution de l'air, bruit et vibrations), 1977 • Convention OIT (n° 190) sur la violence et le harcèlement, 2019
Branche professionnelle protégée : personnel infirmier	• Convention OIT (n° 149) sur le personnel infirmier, 1977 • Convention OIT (n° 189) sur les travailleuses et travailleurs domestiques, 2011
Principes généraux	• Prévention : Convention OIT (n° 155) sur la sécurité et la santé des travailleurs, 1981 • Système national de Santé et Sécurité au travail : Convention OIT (n° 187) sur le cadre promotionnel pour la sécurité et la santé au travail, 2006

1. Dagron S. *et al.*, *Santé et sécurité au travail à l'heure de l'industrie 4.0*, Éditions juridiques libres, 2021.

Objectifs de protection	Normes juridiques
Directives non contraignantes	• OMS, OIT, Prendre soin des soignants : guide d'élaboration et de mise en œuvre de programmes de santé et de sécurité au travail par les agents de santé, 2022 • Directives conjointes OMS-OIT-ONUSIDA sur l'amélioration de l'accès des professionnels de la santé aux services de prévention, de traitement, de soins et de soutien pour le VIH et la TB (2010) • Directives conjointes OIT/OMS sur les services de santé et le VIH/SIDA, 2005 • Directives conjointes OIT/CII/OMS/ISP sur la violence au travail dans le secteur de la santé, 2002

LE CADRE NORMATIF INTERNATIONAL DÉVELOPPÉ PAR L'OIT

Les normes de droit international adoptées par l'OIT et relatives aux conditions de travail en général sont extrêmement nombreuses et concernent toutes de manière plus ou moins directe la santé et la sécurité des travailleurs. Il en est ainsi des normes régulant la durée du travail, l'âge minimum des travailleurs, le salaire, etc. Il existe aussi des normes juridiques consacrées spécifiquement à la santé et à la sécurité des travailleurs, et qui peuvent être classées en trois groupes.

Un premier groupe de normes concerne des risques spécifiques en lien avec l'usage de certains produits ou l'application de méthodes de travail et de technologies particulières. Dans le domaine de la santé, les normes à respecter pour la protection du personnel contre les risques en lien avec l'usage de produits chimiques, la pollution de l'air, le bruit, l'usage d'appareils émettant des radiations etc., sont particulièrement importantes[1].

Un second groupe de normes concerne les risques en lien avec une branche d'activité en particulier. Parmi ces normes, on trouve celles concernant plus particulièrement le personnel infirmier qui détaillent les conditions minimales qui devraient exister dans les États pour l'exercice de ces professions dans le but de favoriser la satisfaction des travailleurs et contribuer à l'attractivité de la profession. Ainsi, la Convention n° 149 de l'OIT sur le personnel infirmier (C149) demande aux États d'améliorer les dispositions légales existant « en matière d'hygiène et de sécurité du travail en les adaptant aux caractéristiques particulières du travail » en question et du milieu dans lequel il est accompli[2]. Les

1. Voir tableau *infra*.
2. C149, art. 7 (voir tableau *infra*).

précisions données par la Recommandation n° 157 (R157) qui accompagne cette Convention concernent notamment la nécessité d'adapter les conditions de travail aux risques particuliers propres aux activités exercées et au milieu dans lequel il s'accomplit, de mettre à disposition des services de médecine du travail, de prendre toutes les mesures de prévention possibles ou bien encore de collaborer avec le personnel infirmier pour assurer une application effective des mesures[1].

Les normes du troisième groupe sont des normes très générales qui s'imposent désormais à tous les États et qui visent respectivement la prévention et la réduction des risques. La Convention n° 155 (C155) demande aux États de développer des politiques de protection avec les partenaires sociaux, de clarifier les responsabilités, d'organiser le recueil des données sur les accidents ou maladies, ainsi que l'information sur et la formation aux risques des travailleurs et plus largement de la population dans son ensemble. La Convention n° 187 (C187) insiste sur les mesures à adopter pour favoriser le développement d'une culture préventive de la sécurité et de la santé au travail et la mise en place d'un système national de protection incluant des normes, des autorités et des mécanismes de contrôle.

Il est à noter qu'à ces textes de nature contraignante pour les États viennent s'ajouter des directives et recommandations non contraignantes qui précisent plus concrètement les attentes à l'égard des États et des employeurs pour la protection des personnels de santé. Ainsi, des directives ont été formulées pour mieux orienter la lutte contre la violence dans le secteur de la santé[2]. D'autres directives et recommandations concernent la protection des professionnels de la santé contre l'exposition aux risques spécifiques de contamination engendrés par des agents biologiques[3].

LA MISE EN ŒUVRE AU NIVEAU NATIONAL : EXEMPLES ET FAIBLESSES

Les études réalisées par le BIT sur la mise en œuvre au niveau national des normes juridiques internationales relatives à la santé et à la sécurité au travail sont déconcertantes. Elles soulignent, d'une part, l'intérêt des États pour la protection des travailleurs dans leur ensemble et pour les standards proposés, mais aussi, d'autre part, la mise en œuvre très limitée des règles normatives au niveau national. Elles révèlent aussi l'importance des difficultés rencontrées,

1. R157, partie IX.
2. Voir tableau *infra*.
3. Voir tableau *infra*.

comme celles concernant les personnes actives dans le secteur de l'économie informelle[1].

De nombreux exemples intéressants de législations nationales relatives à la sécurité et à la santé des personnels de santé existent cependant. Ces législations peuvent permettre d'orienter les développements dans les pays qui n'en ont pas. Concernant le problème plus particulier de la protection du personnel de santé contre la violence, plusieurs pays ont choisi une réponse pénale. C'est le cas des États-Unis, qui ont été confrontés à partir des années 1970 à des situations de violence à l'égard des cliniques pratiquant l'avortement et de leur personnel. La loi intitulée Freedom of access to clinic entrances, adoptée en 1994, permet ainsi la condamnation pénale et civile des auteurs de violences et de blocage de l'accès aux cliniques, ainsi que la protection renforcée des informations relatives au personnel de santé[2].

En France, la question de la violence et du harcèlement est discutée actuellement par l'Assemblée nationale, en réponse à une étude publiée en 2022 relatant les cas de violence dans le milieu de la santé et touchant de manière principale les professionnels exerçant dans les services de psychiatrie, les unités de soins de longue durée ou les services d'urgence médicale[3]. La proposition de loi « visant à renforcer la sécurité des professionnels de santé »[4] déposée en janvier 2024 préconise un renforcement des peines encourues par les auteurs d'actes de violence et la création d'un délit d'outrage visant tous les professionnels de santé et non plus uniquement certains d'entre eux. Elle contient aussi un article concernant la simplification du dépôt de plainte avec notamment la possibilité pour l'employeur de se substituer à son employé[5]. Une obligation pour les établissements du public et du privé de présenter aux autorités publiques un bilan annuel des actes de violence et des moyens mis en œuvre pour assurer la sécurité du personnel est aussi en discussion[6]. Concernant ce dernier point, il faut noter que l'absence de données précises sur les actes de violence est souvent dénoncée comme constituant un obstacle à une meilleure protection du personnel de santé.

---

1. Dagron S, *op. cit.*
2. Hall E. J., "Protecting California's Abortion Clinic Workers from Harassment and Violence", *McGeorge Law Review*, vol. 36(4), 2005.
3. Ministère de la santé et de la prévention, *op. cit.*
4. Assemblée Nationale, Proposition de loi n° 2093, 2024.
5. *Ibid.*
6. « Violences : Sécurité des professionnels de santé – Proposition de loi », article de *vie-publique.fr* (publié le 15 mars 2024).

CONCLUSION

La nécessité de mieux protéger la santé et la sécurité des personnels de santé est une évidence pour tous les gouvernements et employeurs soucieux d'améliorer les conditions de travail des professionnels et de renforcer l'attractivité de professions qui sont très sérieusement concernées par des pénuries en termes de travailleurs. Le cadre juridique développé au niveau international propose des stratégies et standards très précis pour les États qui sont appelés à faire de nombreux efforts afin de faire face aux risques connus, mais aussi aux risques à venir. Ainsi, les nombreuses demandes formulées notamment par les personnels de santé en faveur de l'adaptation des conditions de travail aux changements climatiques nous rappellent constamment à la fois la difficulté de la tâche de protection des personnes mais aussi son importance. La protection de la santé des populations en dépend.

PROPOSITIONS MANAGÉRIALES

- Les employeurs et managers du secteur de la santé doivent adopter une approche proactive pour améliorer la protection des personnels. Cette approche devrait être encouragée par des normes juridiques internes protectrices des personnels de santé, en accord avec les normes internationales contraignantes.
- Des actions concrètes doivent être prises pour protéger en particulier les personnels exposés aux risques environnementaux tels qu'engendrés par l'usage de produits chimiques, la pollution et l'air, le bruit, les radiations etc.

Lecture complémentaire

- Organisation internationale du travail, rapport *Ensuring safety and health at work in a changing climate: The role of occupational safety and health for climate resilience*, 2024.

AMÉLIORER LA PERFORMANCE ET LA QUALITÉ DES SOINS

3 PARTIE

11 MANAGER PAR LA QUALITÉ

Pierre Chopard

Résumé

Le Management par la qualité (MPQ) a considérablement évolué ces vingt-cinq dernières années dans les systèmes de santé. Basé initialement sur une approche « artisanale » de la qualité mettant l'emphase sur les compétences individuelles, le MPQ s'est progressivement élargi à une approche « organisationnelle », voire systémique, fortement influencée par les concepts de management et les outils issus du monde de l'industrie.

MESSAGES-CLÉS

- Le MPQ est systémique. Il se décline à tous les niveaux du système de santé (national, régional, local).
- La qualité des soins est un construit multidimensionnel (efficacité, efficience, sécurité, partenariat patient, équité, réactivité, intégration).
- Le MPQ en santé intègre les concepts et les outils issus du MPQ développé dans l'industrie.
- Le MPQ s'appuie sur la culture, le travail en équipe, la responsabilité, le partenariat patient, les processus, les données, les indicateurs, la transparence, les coûts.
- L'objectif ultime du MPQ est de permettre l'apprentissage du système dans une logique d'amélioration continue.

INTRODUCTION

Nous adoptons la définition de la qualité proposée par l'Institute of Medicine (IOM) aux États-Unis en 1990[1], reprise par l'OMS[2] et adoptée par le Conseil fédéral dans sa stratégie « qualité » publiée en 2022[3] : fournir des prestations de qualité consiste pour les services de santé à augmenter la probabilité de résultats de santé escomptés pour les individus et les populations, en tenant compte des recommandations actuelles de bonnes pratiques.

Cette probabilité ne dépend pas uniquement du patient et du professionnel, elle dépend également des services, des institutions, du système dans lequel les patients et les professionnels évoluent.

Deux autres éléments sont également importants dans cette définition. Elle n'est pas focalisée sur une approche individuelle des prestations centrées sur le patient. Il s'agit de pouvoir répondre également aux besoins d'une population de patients, par exemple ceux présentant une insuffisance cardiaque, un diabète, etc.

Elle ne se réduit pas non plus à la prise en charge de patients. Augmenter la probabilité de résultats de santé nécessite de prendre en compte les besoins de la population au sens large, ce qui englobe la prévention et nécessite également

1. Institut of Medicine, Washington, D.C., rapport du comité sur la qualité du système de soin américain, *Crossing the Quality Chasm: A New Health System for the 21st Century*, National Academy Press, 2001
2. Organisation mondiale de la santé, 2019.
3. Office fédéral de la santé publique, rapport *Stratégie qualité*, Suisse, 2022.

d'agir sur les autres déterminants de la santé. Ceci explique l'intégration des politiques qualité dans les politiques de santé. Ces deux éléments ont été repris dans le concept du *Triple Aim* qui cherche en même temps à :

1. améliorer l'expérience du patient ;
2. améliorer la santé de la population ;
3. réduire les coûts par habitant[1].

Un quatrième objectif : le bien-être du personnel a été proposé en 2014[2].

BRÈVE SYNTHÈSE DE L'ÉVOLUTION DU MANAGEMENT PAR LA QUALITÉ

ÉVOLUTION DU MANAGEMENT PAR LA QUALITÉ DANS L'INDUSTRIE

Au cours du XXe siècle, le concept du management par la qualité a considérablement évolué. Initialement basé sur le contrôle des produits (approche corrective), il est passé à une approche préventive, voir même prédictive, visant à maîtriser la qualité dès la phase de conception. Les travaux notamment de W.E. Deming[3] et de J. Juran[4], dans les années 1950, ont placé la qualité non seulement à un niveau stratégique dans l'entreprise mais également systémique, impliquant les unités de production et l'ensemble des services et des collaborateurs de l'entreprise. Les 14 recommandations de Deming[5] (voir encadré ci-dessous) mettent l'accent sur l'amélioration continue, le leadership, la formation et l'implication de tous les employés dans la démarche qualité.

Les 14 recommandations de W.E Deming[6]

1	**Avoir des objectifs stables** : maintenir une vision à long terme pour l'amélioration continue des produits et services
2	**Adopter une nouvelle philosophie** : embrasser le changement et l'amélioration continue comme une nécessité pour rester compétitif

1. Berwick D., Nolan T., Whittington J., "The Triple Aim: Care, Health, and Cost", *Health Affairs*, 2008, p. 759-769.
2. Bodenheimer T., Sinsky C., "From Triple to Quadruple Aim: Care of the Patient Requires Care of the Provider", *Annals of Family Medicine*, 2014, p. 573-576.
3. Deming W. Edwards, *Out of the Crisis*, p. 23-24, © 2000 Massachusetts Institute of Technology, by permission of The MIT Press.
4. Juran J. M., Godfrey A. B., *Juran's Quality Handbook*, McGraw-Hill, 1999.
5. Deming W. Edwards, *Out of the Crisis*, p. 23-24, © 2000 Massachusetts Institute of Technology, by permission of The MIT Press.
6. Deming W. Edwards, *Out of the Crisis*, p. 23-24, © 2000 Massachusetts Institute of Technology, by permission of The MIT Press.

3	**Mettre fin à la dépendance aux contrôles de masse** : intégrer la qualité dès le début du processus de production pour éviter les erreurs coûteuses
4	**Mettre fin à la politique d'achat au plus bas prix** : privilégier des fournisseurs de qualité pour réduire les coûts totaux à long terme
5	**Améliorer constamment le système de production et les services** : encourager l'innovation et l'amélioration continue des processus
6	**Instituer la formation en cours d'emploi** : former continuellement les employés pour améliorer leurs compétences et leur productivité
7	**Instituer le leadership** : les managers doivent guider et soutenir leurs équipes plutôt que simplement superviser
8	**Éliminer la peur** : créer un environnement où les employés se sentent en sécurité pour exprimer leurs idées et préoccupations
9	**Briser les barrières entre les départements** : encourager la collaboration interfonctionnelle pour améliorer l'efficacité globale
10	**Éliminer les slogans et exhortations** : remplacer les slogans par des actions concrètes pour améliorer la qualité et la productivité
11	**Éliminer les quotas de travail** : se concentrer sur la qualité plutôt que sur la quantité pour améliorer la satisfaction client
12	**Éliminer les obstacles à la fierté du travail bien fait** : permettre aux employés de prendre des décisions qui améliorent leur travail
13	**Encourager l'éducation et l'amélioration personnelle** : investir dans le développement personnel des employés pour renforcer l'organisation
14	**Agir pour accomplir la transformation** : la direction dot s'engager à appliquer ces principes pour transformer l'organisation

W.E. Deming a également popularisé le concept d'amélioration continue par la qualité avec le cycle PDCA « *Plan* (planifier), *Do* (faire), *Check* (contrôler), *Act* (corriger) », largement adopté plus tard par les systèmes de santé[1]. Joseph Juran développe son concept de trilogie[2] (voir figure ci-dessous), mêlant phases de planification, de contrôle des opérations et d'apprentissage à partir des résultats. La phase de contrôle utilise les méthodes statistiques des processus, développées par Walter Shewhart[3]. Ces méthodes seront également popularisées par W.E. Deming[4].

1. *Ibid.*
2. Juran J. M., Godfrey A. B., *Juran's Quality Handbook*, McGraw-Hill, 1999.
3. Shewhart W. A., *Economic Control of Quality of Manufactured Product*, D. Van Nostrand Company, 1931.
4. Deming W. E., *op. cit.*

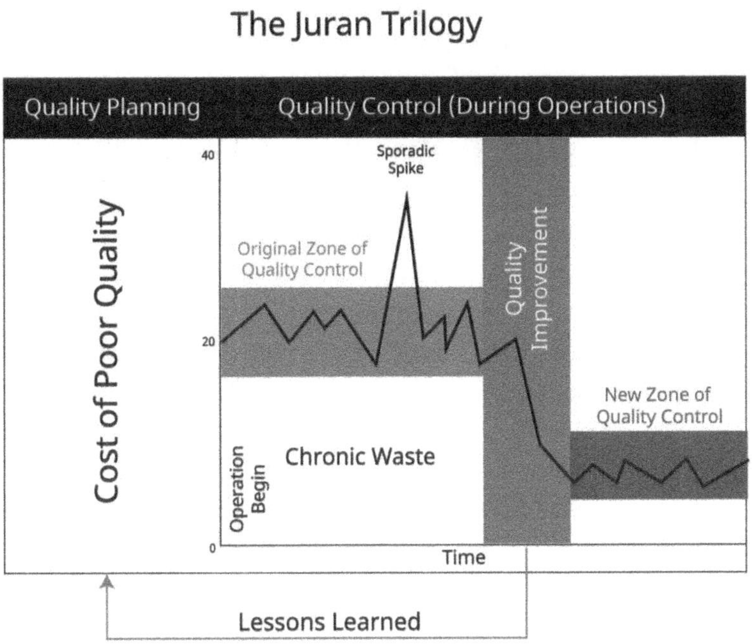

La trilogie de Juran[1]

Dans les années 1960, Toyota développe le *Toyota Production System*, considéré comme un précurseur du Lean Management. Le Lean Management s'appuie sur les fondamentaux posés notamment par Deming et Juran, mais il apporte une approche encore plus pratique et opérationnelle, avec de nouveaux outils concrets (Muda, Kanban, Value Stream Mapping). Il porte un focus particulier sur l'élimination des gaspillages et la création de valeur pour le client.

ÉVOLUTION DU MANAGEMENT PAR LA QUALITÉ DANS LES SYSTÈMES DE SANTÉ

Au début des années 2000, dans le domaine de la santé, la qualité est encore très largement associée au professionnalisme. Cela sous-entend qu'un professionnel compétent va « tout naturellement » fournir des prestations de qualité. Ce concept ne prend pas en compte l'environnement dans lequel le professionnel évolue, comme si ce dernier avait la capacité de le « maîtriser »[2]. On est loin des modèles de management par la qualité brièvement décrits dans la section précédente. Il a fallu attendre le début des années 2000 pour assister à une véri-

1. J. M. Juran et A. B. Godfrey, *op. cit.*
2. Hudelson P., Cléopas A., Kolly V., Chopard P., Perneger T., "What is Quality and How is it Achieved? Practioners' Views *versus* Quality", *Quality and safety in health care*, 2008, p. 31-6.

table remise en cause de la gestion de la qualité des soins. C'est l'IOM aux États-Unis qui jette un pavé dans la mare en publiant deux rapports « explosifs ».

Le premier est intitulé *To Err is Human*[1]. Il aborde la sécurité des soins et déclenche un véritable tsunami tant les chiffres sont accablants. Il est estimé qu'entre 44 000 à 100 000 patients américains décéderaient des suites d'une erreur médicale chaque année et qu'une grande partie de ces décès auraient pu être évités. En Suisse, le nombre de décès est extrapolé à 2 000. D'autres études internationales confirment ces résultats et révèlent que la problématique concerne tous les systèmes de santé[2][3][4].

Ce rapport propose d'adopter les modèles développés dans les industries dites à risque (aéronautique, industrie nucléaire) à partir, entre autres, des travaux de J. Reason et de son *Swiss cheese model*[5]. Ce modèle est progressivement adopté et les méthodes d'analyse d'incidents sont formalisées, comme le London Protocol[6]. À la suite de ce rapport, les pays mettent en place des agences nationales de sécurité. En Suisse, Sécurité des patients Suisse est créée en 2004, à peine cinq ans après la publication du rapport *To Err is Human*. L'objectif de ces agences est d'assurer la formation des professionnels en charge des analyses d'incidents, de mettre en place des systèmes nationaux de déclaration et de soutenir le développement de systèmes locaux. Des programmes internationaux ou nationaux « sécurité » comme la campagne « *100 000 lifes* » aux États-Unis[7], dans le domaine des médicaments[8], ou la chirurgie avec la check-list opératoire de l'OMS[9] sont mis en place.

Le deuxième rapport est publié en 2001 par l'IOM, *Crossing the Quality Chasm*[10]. Il élargit la réflexion à la qualité des soins. Il fixe le cadre avec la définition de la qualité présentée en introduction et propose d'aborder la qualité selon six dimensions, élargies à sept avec l'ajout par l'OMS de l'intégration[11].

---

1. *To Err Is Human: Building a Safer Health System*, Institute of Medicine (US) Committee on Quality of Health Care in America, Washington D.C., National Academy Press, 2000.
2. Michel P., *et al.*, "French National Survey of Inpatient Adverse Events Prospectively Assessed with Ward Staff", *BMJ Quality & Safety*, 2007, p. 322-322.
3. Kable A. K., Gibberd R., Spigelman A., "Adverse Events in Surgical Patients in Australia", *International Journal for Quality in Health Care*, 2002, p. 269–276.
4. De Vries E., Ramrattan M., Smorenburg S., Gouma D., Boermeester M., "The Incidence and Nature of in-Hospital Adverse Events: a Systematic Review", *Quality and safety in health care*, 2008, p. 216–223.
5. Reason J., *Human Error*, Cambridge University Press., 1990.
6. Vincent C., *et al.*, "Systems Analysis of Clinical Incidents: the London Protocol", *BMJ Open Quality*, vol. 320, 2000, p. 777-781.
7. Institute for Healthcare Improvement, rapport *100 000 Lives Campaign: Ten Years Later*, 2016.
8. Global Patient Safety Challenge on Medication Safety, rapport *Medication Without Harm*, 2017.
9. Organisation mondiale de la santé, rapport *Guidelines for Safe Surgery*, 2009.
10. Institut of Medicine, Washington, D.C., rapport du comité sur la qualité du système de soin américain, *Crossing the Quality Chasm: A New Health System for the 21st Century*, National Academy Press, 2001.
11. OMS et OECD, *La qualité des services de santé : un impératif mondial en vue de la couverture santé universelle et la Banque internationale pour la reconstruction et le développement*, Organisation mondiale de la santé, Organisation de coopération et de développement économiques et la Banque internationale pour la reconstruction et le développement, La Banque mondiale, Genève, 2019.

Les sept dimensions de la qualité telles que présentées dans la stratégie fédérale suisse pour la qualité[1] sont les suivantes :

1. sûreté : évitant de nuire au patient par les prestations qui lui viennent en aide ;
2. efficacité : basées sur des connaissances scientifiques et fournies à tous ceux qui peuvent en bénéficier, mais non à ceux à qui elles ont peu de probabilité d'apporter un bénéfice ;
3. centrée sur le patient : dispensées aux personnes à qui elles sont destinées, dans le respect de ces personnes et dans l'attention à leurs préférences, à leurs besoins et à leurs valeurs ;
4. réactivité : prodiguant les soins aux moments où ils sont requis et efficaces, et réduisant les temps d'attente évitables ;
5. efficience : éviter les gaspillages et les pratiques abusives ;
6. équité : prodiguant des soins qui ne varient pas en fonction de caractéristiques personnelles telles que genre, ethnicité, situation géographique ou appartenance socio-économique ;
7. intégration : dispensant des soins coordonnés entre les différents niveaux et prestataires de soins et mettant à disposition toute la gamme des services de santé pour l'ensemble du parcours de vie, en s'assurant que la coordination entre les fournisseurs de prestations soit optimale, comme si les prestations étaient fournies par une seule entité.

Le constat fait par l'IOM est sévère[2] : « les organisations de santé d'aujourd'hui ne peuvent pas fonctionner correctement. Il ne suffit pas de multiplier les tentatives. Seul un changement de systèmes de soin pourra faire évoluer la situation. Les organisations de santé ont des problèmes de qualité et de sécurité car elles se reposent sur des systèmes de travail dépassés. Les aménagements actuels exposent le personnel à l'échec, quels que soient les efforts déployés. Si nous voulons une offre de soin plus sûre et de meilleures qualités, nous devons repenser les organisations de santé ».

Le gaspillage associé à des prestations de qualité insuffisante est estimé entre 20 à 30 % du total des dépenses d'un système de santé[3]. L'impact de ces deux rapports sur les systèmes de santé peut être résumé de la façon suivante :

1. **une prise de conscience** : ils ont attiré l'attention du public, des professionnels et des décideurs sur les problèmes de qualité et de sécurité dans les soins ;
2. **une approche systémique** : ils ont encouragé une approche systémique de la qualité, non limitée aux compétences individuelles ou aux erreurs ;

1. Cette liste est tirée de la Stratégie pour le développement de la qualité dans l'assurance-maladie (Stratégie qualité), Office fédéral de la santé publique, Suisse, 2022.
2. Baker A., "Crossing the Quality Chasm: a New Health System for the 21st Century", *British Medical Journal Publishing*, vol. 323(7322), 2001, p. 1192.
3. OECD, rapport *Tackling Wasteful Spending on Health*, Paris, 2017.

3. **une approche processus** : ils soulignent la nécessité de concevoir nos prises en chargé comme des processus ;
4. **une mesure de la qualité, l'importance des données** : ils ont mis en exergues l'importance de mesurer la qualité pour pouvoir l'améliorer ;
5. **une culture de la sécurité** : ces rapports promeuvent le développement d'une culture de la sécurité dans les établissements de santé ;
6. **une implication des patients** : ils mettent l'accent sur l'importance d'impliquer les patients et leurs proches dans les soins, y compris dans leurs conceptions ;
7. **des programmes d'amélioration continue** : ces rapports ont conduit à la mise en place de nombreux programmes nationaux, régionaux et locaux d'amélioration de la qualité.

En conclusion, ces deux rapports reprennent les fondamentaux du MPQ développés dans l'industrie. Ils marquent un tournant dans la façon d'aborder la qualité et la sécurité des soins, influençant profondément les pratiques du management par la qualité dans l'ensemble des systèmes de santé.

Les agences qualité-sécurité ont joué un rôle important pour adapter et diffuser ces concepts et développer des outils tenant compte des divers contextes des systèmes de santé. Le « *framework for safe, reliable and effective care* » (voir figure suivante) de l'Institute for Healthcare Improvement est un bon exemple de l'adaptation du concept d'amélioration continue (PDCA). L'outil TeamSTEPPS, développé par le département de la Défense et l'Agency for Healthcare Research and Quality (AHRQ)[1] à la suite du rapport *To Err is Human*, permet d'améliorer le travail en équipe, l'une des composantes du « *framework for safe, reliable and effective care* ».

1. King H., Battles J., Baker D., "TeamSTEPPS™: Team Strategies and Tools to Enhance Performance and Patient Safety", *Advances in Patient Safety: New Directions and Alternative Approaches*, Rockville (MD), Agency for Healthcare Research and Quality (US), 2008.

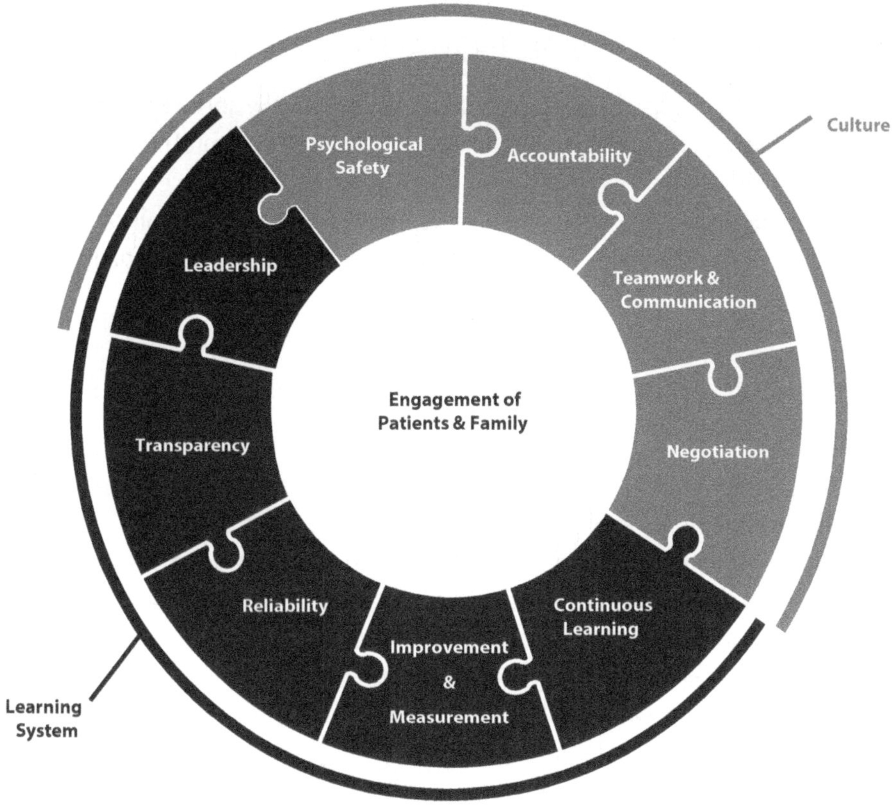

Le cadre pour des soins sûrs, fiables et efficaces de l'Institute for Healthcare Improvement[1]

POLITIQUE QUALITÉ ET GOUVERNANCE DANS LES SYSTÈMES DE SANTÉ

Les fondamentaux du management par la qualité exigent de l'aborder au niveau du système de santé. Le but est d'éviter de fragmenter les initiatives, de disperser les ressources et de limiter l'impact des efforts déployés. Un constat qui a poussé l'OMS à éditer le guide d'élaboration d'une politique et d'une stratégie nationales relatives à la qualité[2]. L'objectif est d'intégrer la politique qualité dans la politique de santé, afin que la population dans son ensemble puisse avoir accès aux services préventifs, curatifs, palliatifs, de réadaptation et de promotion de la santé et que ces services soient de qualité sur les sept dimensions (en même temps).

1. Frankel A, Haraden C., Federico F., Lenoci-Edwards J., *A Framework for Safe, Reliable, and Effective Care*, Cambridge, MA, Institute for Healthcare Improvement and Safe & Reliable Healthcare, 2017. Voir le site ihi.org pour plus d'information.
2. Organisation mondiale de la santé, rapport *Guide d'élaboration d'une politique et d'une stratégie nationales relatives à la qualité*, Genève, 2019.

ÉVOLUTION DE LA POLITIQUE ET DE LA GOUVERNANCE QUALITÉ : LE CAS DE LA SUISSE

La Suisse a été systématiquement pointée du doigt pour son manque de gouvernance dans le domaine de la qualité[1,2]. Conscient de ce problème, le parlement est arrivé à un consensus sur la nécessité de mettre en place une politique nationale qualité avec sa stratégie et ses objectifs. Pour soutenir la mise en œuvre de cette politique, un renforcement de la gouvernance qualité a été jugé nécessaire.

POLITIQUE, STRATÉGIE ET GOUVERNANCE QUALITÉ EN SUISSE

En 2021, un nouvel article 58 de la Loi Fédérale sur l'assurance maladie (LAMal) intitulé « Développement de la qualité » a été introduit. Au niveau macro, le Conseil Fédéral a la responsabilité d'établir la politique et la stratégie qualité, ainsi que de définir des objectifs quadriennaux. Au niveau méso, les fédérations des fournisseurs de prestations et des assureurs doivent conclure des conventions qualité valables pour l'ensemble du territoire suisse (alinéa 1, art. 58, LAMal). Ces conventions abordent entre autres les indicateurs qualité, les mesures d'amélioration, la publication des résultats, (alinéa 2, art. 58, LAMal). Au niveau micro, les fournisseurs de prestations doivent intégrer les éléments des conventions qualité. À ce jour, la seule convention qualité signée est celle des hôpitaux et des cliniques.

Dans sa politique qualité, le Conseil Fédéral retient quatre objectifs principaux correspondant à cinq des sept dimensions de la qualité : le traitement et les soins sont sûrs, efficaces et intégrés (réactifs), et le patient est considéré sur un pied d'égalité.

Pour être atteints, ces objectifs vont faire l'objet de travaux dans 5 domaines : la culture de la sécurité et la *just culture* (culture juste), la gouvernance, la prise de décision fondée sur des données probantes, le partenariat patient et la sécurité des patients. Dans la mesure du possible, les travaux dans ces 5 domaines doivent s'appuyer sur les objectifs de la politique santé 2030 (la numérisation, par exemple).

Afin de contribuer à la mise en œuvre de cette stratégie, un renforcement de la gouvernance est nécessaire et une commission extraparlementaire fédérale pour la qualité a été mise en place.

---

1. Auraaen A., Saar K., Klazinga N., *System governance towards improved patient safety. Key functions*, rapport de l'OECD, 2020.
2. Vincent C., Staines A., *Améliorer la qualité des soins en Suisse*, Office fédéral de la santé publique, Bern, 2019.

RÔLES DE LA COMMISSION FÉDÉRALE POUR LA QUALITÉ (CFQ)

Composée de quinze membres[1], la Commission est chargée d'atteindre certains objectifs quadriennaux. La CFQ octroie des mandats et peut également soutenir, grâce à des appels à projets, des projets régionaux de développement de la qualité. Elle est dotée d'un budget de 43 millions de francs suisses pour la période 2021-2024, et de 48 millions pour la période 2025-2028, financé à parts égales par la Confédération, les cantons et les assureurs.

La Suisse a une politique qualité qui s'appuie sur la politique santé 2030, ce qui est avantage. Une gouvernance qualité a été mise en place et des objectifs à atteindre à court et moyen termes sont fixés. Un budget est alloué. Malgré tout, le rôle des cantons dans la mise en œuvre de la stratégie qualité n'est pas abordé, alors qu'ils jouent un rôle important en termes de financement, de planification, de contrôles et de régulations.

LE CAS DES CENTRES HOSPITALO-UNIVERSITAIRES

En raison de leurs fonctions de leaders dans le domaine de la formation, de la recherche et des soins, il est intéressant de voir comment les centres hospitalo-universitaires (CHU) évoluent dans le domaine du management par la qualité. Les CHU s'investissent sur sept axes stratégiques[2,3], qu'ils proposent pour le développement du management par la qualité en leur sein.

1. Améliorer les **processus cliniques** et **opérationnels** avec des équipes interprofessionnelles afin d'améliorer leurs performances (cliniques, financières).
2. Intégrer les **expertises** cliniques et managériales, financières, informatiques, sociologiques, psychologiques, en ingénierie, en recherche opérationnelle et en innovation.
3. Développer et utiliser les **systèmes informatiques** et les données afin d'être en mesure d'améliorer en continu la qualité des services offerts et mesurer le ROI des améliorations.

---

1. La CFQ est composée de cinq experts scientifiques, quatre représentants des fournisseurs de prestations, deux représentants des cantons, deux représentants des assureurs, deux représentants des patients.
2. "Preparing for the New Paradigm: How Academic Health Centers are adapting to the forces of transformation", Deloitte Development LLC, Washington, DC, 2014.
3. Chopard P., *et al.*, « Propositions d'évolution des services de la Direction médicale », Hôpitaux universitaires de Genève, Genève, 2021.

4. Assurer la **formation des professionnels** (pré, post-graduée et continue) dans le domaine du management par la qualité.
5. Développer **la recherche appliquée** pour accompagner la transformation du système de santé (implémentation science, data science, *healthcare delivery research*…).
6. Contribuer à **satisfaire les besoins de la population** dont ils ont la responsabilité de façon équitable et économiquement durable.
7. Créer des **structures « transdisciplinaires »** tels que des centres ou des instituts de transformation par la qualité afin de casser les silos départementaux ou facultaires « historiques » et conduire des projets d'amélioration transversaux. Ces centres ou instituts se positionnent comme des structures d'intégration des expertises nécessaires à l'amélioration du système de santé et au développement des nouvelles connaissances.

Depuis l'an 2000, les 20 premiers hôpitaux académiques américains[1] ont créé des structures hospitalo-universitaires pour mettre en place leur démarche de MPQ, sur le modèle fractal de Johns Hopkins[2] notamment. Dans une étude répertoriant 134 écoles de médecine américaines, 38 de ces écoles enseignent via ces structures tout ce qui touche au management par la qualité[3]. Cette tendance se retrouve à l'international. Le rapport 2020 du journal Newsweek[4] montre que des institutions prestigieuses comme le Toronto General University Health System[5] au Canada, le Karonlinska Universtitetssjukhuset[6] en Suède, et le Singapore General Hospital à Singapore ont aussi créé leurs propres structures en MPC.

ADAPTATION DE LA GOUVERNANCE CLINIQUE HOSPITALIÈRE

En complément aux structures hospitalo-universitaires décrites ci-dessus, les hôpitaux adaptent leur gouvernance clinique afin d'améliorer la qualité et l'efficience de leur processus cliniques. Cette gouvernance est souvent constituée par des binômes médico-soignants, voire des trinômes « clinico-administratifs »

1. Grossi G., "2024-2025 Best Hospitals: US News Recognizes Leading Medical Centers for 35th Year", 2024.
2. Pronovost P. J., Marsteller J. A., "Creating a fractal-based quality management infrastructure", *Journal of Health Organization and Management,* vol. 28(4), 2014, p. 576-586.
3. Mazumdar M., Poeran J., Ferket B., "Developing an Institute for Health Care Delivery Science: successes, challenges, and solutions in the first five years", *Health Care Management Science,* vol. 24(1), 2020, p. 234-243.
4. "The World's Best Hospitals", *Newsweek*, 2020.
5. The Center for Quality Improvement and Patient Safety (C-QuIPS).
6. Article de l'entreprise Philips, "Patient first: how Karolinska University Hospital is transforming to meet future demands of Healthcare", 2019.

que l'on retrouve dans des comités Qualité aux quatre niveaux hiérarchiques de l'institution (unité de soins, service, département, direction)[12].

ÉVOLUTION DU MANAGEMENT PAR LA QUALITÉ DANS UN CHU DE SUISSE ROMANDE

La gouvernance qualité au niveau du CHU s'est développée progressivement. En 1997, le groupe qualité est créé à la Direction médicale (DM) avec la mission de soutenir les services cliniques dans l'élaboration de projets qualité. En 1998, le service d'anesthésiologie met en place un système de gestion d'incidents. En 1999, la journée qualité est créée afin de valoriser les projets qualité menés par les services. En 2003, la gestion des incidents est déployée dans toute l'institution. En 2007, l'application informatique institutionnelle de gestion des incidents est mise en place. En 2011, la fonction de Quality Officers (QO) est créée avec un QO par département. En 2016, la commission qualité-sécurité, co-présidée par le directeur médical et la directrice des soins, est mise en place. Ses missions : promouvoir l'amélioration continue de la qualité au sein de l'institution, identifier et proposer au Comité de direction les axes qualité-sécurité prioritaires et coordonner les actions qualité-sécurité institutionnelles. Le programme de management par la qualité, intitulé Dynamo, est progressivement déployé dès 2018. Il vise à avoir un modèle de management par la qualité identique au niveau de l'unité, du service, du département et du Comité de direction.

Le Tableau de bord des indicateurs cliniques est lancé en 2017. Son déploiement est accompagné par une formation des cadres au management par la qualité. Une formation obligatoire au concept de la culture juste (*just culture*) est introduite en 2019 auprès de tous les cadres afin de renforcer la culture de la sécurité.

1. Pronovost P. J., Marsteller J. A., *op. cit.*
2. Kim C. S., King E., Stein J., Robinson E., Salameh M., "Unit-Based Interprofessional Leadership Models in Six US Hospitals", *Journal of Hospital Medicine*, vol. 9(8), 2014, p. 545-550.

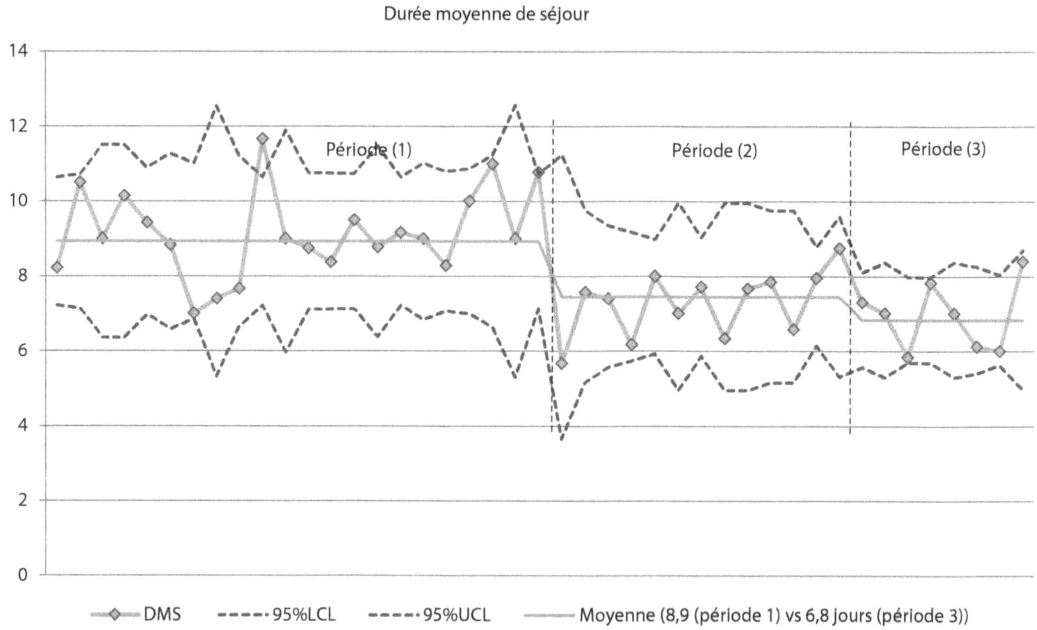

Période 1 : situation de départ, grande variabilité, 8,9 jours.	**Période 2 :** début intervention pour améliorer la coordination entre professionnels et services (d'aval et d'amont) 1er cycle PDCA.	**Période 3 :** adaptation, 2e cycle PDCA, 6,8 jours.	**Résultats :** diminution de la variabilité et de la durée de séjour.

Visualisation de la durée de séjour utilisant les principes de la maîtrise statistique des processus au cours d'un projet d'amélioration de la qualité

CONCLUSION

Durant ces vingt-cinq dernières années, les systèmes de santé ont évolué en profondeur en termes de management par la qualité. Passant d'une approche centrée sur le professionnalisme et la responsabilité individuelle, ils évoluent vers une approche systémique intégrant les fondamentaux du management par la qualité issue de l'industrie. Tant le domaine de la culture que celui du système d'apprentissage avec leurs différentes composantes (leadership, travail en équipe, processus, données, indicateurs, etc.) sont concernés. Le développement et l'intégration des politiques qualité dans les politiques de santé doit favoriser l'alignement des objectifs et des ressources à tous les niveaux du système de santé et même au-delà. Le développement d'une approche « qualité – santé » est la seule à même de permettre d'adresser l'ensemble des déterminants nécessaires pour bénéficier de prestations de qualité non seulement sur un plan individuel mais également populationnel et sociétal.

PROPOSITIONS MANAGÉRIALES

- Structurer les politiques de qualité des soins autour des trois axes fondamentaux : amélioration de l'expérience patient, amélioration de la santé des populations et optimisation des coûts.
- S'inspirer des évolutions du management par la qualité (MPQ) pour passer d'une approche corrective à une approche anticipative, en intégrant des outils d'évaluation et d'amélioration continue dès la conception des processus de soins.

Lectures complémentaires

- Auraaen A., *System governance towards improved patient safety – Key functions*, rapport de recherche n° 120 de l'OECD, 2020.
- Busse R., Klazinga N., Panteli D., Wilm Q., *Improving healthcare quality in Europe. Characteristics, effectiveness and implementation of different stratégies*, rapport de recherches de l'OECD et de l'OMS, 2019.
- OECD, rapport *Tackling Wasteful Spending on Health*, Paris, 2017.
- OMS, rapport *Guide d'élaboration d'une politique et d'une stratégie nationales relatives à la qualité*, Genève, 2019
- Pronovost P. J., Marsteller J. A., "Creating a Fractal-Based Quality Management Infrastructure", *Journal of Health Organization and Management*, vol. 28(4), 2014, p. 576-586.

12 L'APPROPRIATION DES SYSTÈMES D'AIDE À LA DÉCISION : PAR QUI, DANS QUEL BUT

Philippe Lorino

Résumé

Les systèmes d'aide à la décision (SAD) jouent un rôle croissant dans la gestion des systèmes de santé. Leur technicité risque cependant de rendre difficile leur pleine appropriation par les utilisateurs. On distinguera deux types de situations : celles où le SAD est mobilisé au service d'une décision de nature clinique ou technique, et celle où l'outil est engagé dans des dynamiques collectives de décision partagée, engageant le patient et des non-médecins. Pour favoriser les dynamiques participatives, la conception du SAD doit prendre en compte des fonctionnalités communicationnelles et la formation des personnels de soin doit privilégier les compétences dialogiques.

MESSAGES-CLÉS

- Les SAD (systèmes d'aide à la décision) peuvent soutenir les dynamiques d'apprentissage des utilisateurs ou, à l'inverse, les desservir selon la manière dont ils sont conçus et utilisés.
- L'utilisateur du SAD peut être un professionnel expert ou un collectif pluridisciplinaire et engageant différentes parties prenantes, dont le patient.
- Les situations d'usage peuvent être monologiques (engager une vision unique de la situation) ou dialogiques (engager des visions multiples et les faire dialoguer).
- Les SAD peuvent faciliter la communication du médecin avec le patient et les non-médecins ou, au contraire, y faire obstacle.
- L'effet des SAD dépend de la culture des utilisateurs et des pratiques socio-organisationnelles dominantes, plus ou moins participatives.

INTRODUCTION

Les systèmes d'aide à la décision (SAD), par exemple les systèmes d'aide à la décision clinique ou systèmes d'aide à la décision médicale (SADM), jouent un rôle dont l'importance va croissant dans la gestion du système de santé. Or, avec l'introduction de l'intelligence artificielle, du *deep learning* et des big data, les SAD s'appuient sur une base technologique de plus en plus difficilement accessible aux utilisateurs « profanes », du fait, soit des énormes quantités de données mobilisées, soit de la complexité des techniques de modélisation et de développement des algorithmes. L'opacité pour l'utilisateur et la maîtrise imparfaite des usages qui risquent d'en résulter soulèvent de nombreuses questions. Schématiquement, deux catégories de problèmes peuvent se poser : d'une part, les usages spécialisés et experts des outils soulèvent des questions d'ergonomie cognitive assez classiques portant sur l'interaction entre l'outil et son utilisateur (clarté de l'information, facilité de compréhension) et les effets sur le maintien et le développement de l'expertise humaine ; d'autre part, la mobilisation de tels outils dans des dynamiques sociales pluralistes, par exemple dans les situations de décisions partagées, soulève des questions moins bien explorées d'impact sur la qualité dialogique des interactions entre différentes catégories d'acteurs, par exemple entre médecins, autres professionnels de soins, patients et autres parties prenantes. Dans les deux cas se pose donc une question-clé : l'outil d'aide à la décision fait-il l'objet d'une véritable appropriation par son ou ses utilisateurs ?

Il est évidemment impossible d'apporter une réponse systématique et définitive à une telle question. Il est toutefois possible et utile d'en explorer et discuter les implications. À cette fin, il faut d'abord clarifier les termes du débat, en décomposant la question initiale en trois sous-questions plus précises : de quel type de SAD parle-t-on ? Qui en sont les utilisateurs ? Quels sont les types d'usage possibles ?

Au lieu d'aider le décideur, l'instrument peut le détourner de l'exercice plein de son métier s'il n'en a pas une maîtrise suffisante et n'en fait pas un outil « à sa main ». Faute d'appropriation, le SAD peut déresponsabiliser l'utilisateur, contribuer à le déqualifier, voire lui compliquer la tâche si son usage s'avère trop complexe. Comme dans d'autres secteurs, il n'est malheureusement pas rare que les professionnels de soins les moins rompus à l'expertise de leur spécialité soient ceux qui ont le plus tendance à faire confiance à des systèmes d'aide qui deviennent en quelque sorte des « interpréteurs automatiques », voire des responsables de substitution. Mais il ne s'agit évidemment pas d'une fatalité.

LES DIFFÉRENTS TYPES DE SAD

Sur la première sous-question (« de quel type de SAD parle-t-on ? »), il est essentiel de déterminer comment le SAD se situe sur un continuum qui distingue schématiquement à ses deux extrêmes ce que nous appellerons un système local et spécialisé (SLS) ou un système organisationnel et pluridisciplinaire (SOP), en fonction du rapport entretenu entre l'outil et l'activité qu'il est censé servir.

Certains systèmes, comme un logiciel de retouche photo – on pourrait, dans le cas des Systèmes d'aide à la décision médicale (SADM), évoquer l'exemple des systèmes d'aide à l'interprétation d'images –, influencent, contraignent et facilitent principalement des méthodes de travail individuelles ou locales. Par exemple, un radiologue peut se servir d'un outil d'IA pour interpréter une mammographie, dans le cadre du dépistage du cancer du sein.

D'autres systèmes, que nous appellerons ici « instruments architecturaux », établissent un cadre contraignant et habilitant, non seulement pour des activités locales et professionnellement homogènes, mais aussi pour des activités interfonctionnelles complexes, professionnellement hétérogènes et complémentaires, impliquant des utilisateurs aux parcours professionnels distincts. C'est le cas, par exemple, des systèmes de gestion intégrés (ERP ou PGI, Progiciels de Gestion Intégrés, traitant toutes les applications de gestion, de la comptabilité aux achats en passant par la gestion des ressources humaines, et censés assurer le partage des données). Dans le domaine hospitalier, citons l'exemple de la gestion et du suivi du parcours de soins d'un insuffisant cardiaque chronique, prenant en compte son hygiène de vie (diététique, exercice physique), ses contraintes professionnelles et familiales, et l'évolution de son traitement. Un outil d'IA peut-il faciliter les échanges entre les divers acteurs du parcours, y compris le patient, son cardiologue de ville, le cardiologue hospitalier, le kinésithérapeute, la famille, l'employeur ? Ce type d'outil fait actuellement plutôt l'objet de recherches, même si, d'ores et déjà, certains outils voient le jour pour la gestion « intelligente » des flux de patients, intégrant les contraintes médicales, techniques et administratives, au sein de l'hôpital. Les instruments architecturaux s'adressent donc à des communautés interfonctionnelles d'utilisateurs dont les relations internes sont complexes. Par conséquent, ils ont un impact sur certaines caractéristiques fondamentales de l'organisation, par exemple la division du travail, la structure des rôles et des profils génériques, la distribution du pouvoir et les options de centralisation/décentralisation, les cadres temporels (ordre séquentiel, synchronisation) et spatiaux (concentration ou dispersion, principes de disposition) de l'activité collective, les contraintes et les possibilités de communication et de coordination (langues, canaux), l'emplacement des nœuds critiques dans les processus (et les priorités qui en résultent en termes de dotation en ressources, par exemple à l'hôpital) etc. En résumé, « ils imposent des caractéristiques à des organisations sociales »[1].

La désignation de tels systèmes comme systèmes architecturaux est une métaphore : de même que l'architecture d'un bâtiment ou d'un système d'information interagit étroitement avec l'organisation utilisatrice, en termes de communication, visibilité et compréhension mutuelle, facilitation ou évitement des rencontres, un tel système peut faciliter ou empêcher les dialogues – par exemple les dialogues entre soignants et patients, les échanges d'information, la confrontation et le croisement des points de vue.

La plupart des SADM utilisés aujourd'hui dans le secteur de la santé sont du type SLS (non architecturaux) : ils s'adressent à un professionnel de soins spécialisé, comme un cardiologue confronté à l'interprétation d'électrocardiogrammes ou d'images obtenues par scanner, pour l'aider à réaliser une lecture, un diagnostic, un geste technique dans un champ délimité. L'objectif, dans ce cas, est de permettre au médecin de s'appuyer sur une base d'expériences plus vaste que la sienne et de conforter sa propre expertise en mobilisant une base de données pertinente aussi large que possible, ou encore en tentant de modéliser les raisonnements de l'expert par la formalisation de règles et la création d'une base de connaissance.

Dans le cas de systèmes « architecturaux », ou SOP, le SAD s'adresse plutôt à un collectif, souvent pluridisciplinaire. C'est le cas pour une équipe chargée

1. Lorino P., "Management Systems as Organizational 'Architextures'", *The Tacit Narrative Frames of Collective Activity.* 2012.

de définir et de gérer un parcours de soins complexe pour un patient bien individualisé, en apportant une capacité de traitement des données aussi nombreuses que possible concernant le patient. L'objectif est d'aider à définir une stratégie thérapeutique, en prenant en compte les interactions de tout ordre pouvant intervenir dans le parcours du patient : interactions médicamenteuses, hygiène de vie, antécédents familiaux, pathologies multiples, contraintes professionnelles etc. Dans ce cas, trouver un consensus entre les parties prenantes est aussi important que prendre une décision techniquement fondée.

Ces systèmes d'aide à la décision prennent souvent des formes moins élaborées technologiquement, plus « manuelles », que les SADM informatisés évoqués précédemment. Ce sont des guides, des programmes personnalisés, des fiches méthodologiques, des check lists, des forums… Toutefois, il semble probable que, tôt ou tard, des outils plus élaborés technologiquement pourront être développés pour analyser les données propres du patient, non seulement médicales, mais aussi contextuelles, et proposer des scénarios pluridimensionnels (traitement, hygiène de vie, arbitrages entre hospitalisation et soins à domicile, poursuite de l'activité professionnelle, etc.)

Dans le premier cas, la question de l'appropriation se pose en termes ergonomiques classiques (lisibilité, questions de présentation et de vocabulaire, facilité et rapidité d'usage, par exemple au pied du lit du patient, transparence des hypothèses, des algorithmes et des modèles utilisés). Dans le cas cité ci-dessus (aide au radiologue pour l'interprétation d'une mammographie), l'outil d'IA produit une évaluation du risque de cancer, par exemple en situant l'image sur une échelle de 1 (risque faible) à 10 (risque maximum, incitant à effectuer des examens approfondis). Il peut ou non verbaliser les raisons de cette évaluation : repérage d'une calcification, taille, etc. La transparence du raisonnement peut alors aider le radiologue à évaluer lui-même la fiabilité de la notation, d'autant qu'il dispose d'informations de contexte (résultat d'une échographie, lésions antérieures…) dont l'outil d'IA ne dispose pas et qui lui permettent de mettre la conclusion de l'outil d'IA en perspective.

Dans le second cas, l'appropriation se pose plutôt en termes socio-organisationnels : quels types de dialogue ou de coopération veut-on favoriser entre le spécialiste, le concepteur de l'outil, le patient, d'autres spécialistes que l'on désire consulter, le dossier médical et les antécédents qu'il contient, ou encore les médecins de ville ? Quels sont les différents types de documents que doit produire le système d'IA pour s'insérer utilement dans ces diverses situations de dialogue ?

LES UTILISATEURS DU SAD

La deuxième sous-question (« Qui sont les utilisateurs du SAD ? ») recoupe largement la première. En simplifiant outrageusement l'analyse, on pourrait caractériser les situations relevant du premier type de SAD (SLS) comme des situations de diagnostic dans lesquelles l'utilisateur de l'outil est un professionnel spécialisé, alors qu'on caractériserait le second type de situations, relevant de SOP ou de systèmes « architecturaux », comme des situations de stratégie thérapeutique, voire de projet de vie, dans lesquelles l'utilisateur de l'outil est un collectif organisé, qui inclut le patient en tant qu'acteur essentiel de son propre parcours thérapeutique. Le problème de l'appropriation soulève alors des questions qui ont trait à :

- l'identification des parties prenantes : qui doit être impliqué dans les décisions ? La réponse semble évidente pour le patient et les médecins de ville généralistes ou spécialistes qui le suivent. Mais faut-il inclure dans le processus sa famille, d'autres proches, les professionnels du soin à domicile, d'autres professionnels (kinésithérapeutes, diététiciens, milieu professionnel du patient, psychologues…) ?
- l'adéquation de l'outil aux situations de dialogue : fait-il clairement ressortir des scénarios alternatifs, les critères de choix, se prête-t-il à un fonctionnement interactif, à un dialogue ouvert et équilibré entre parties prenantes ?
- l'accessibilité de l'outil à une population diversifiée dans ses compétences et ses motivations : les fonctions pédagogiques et heuristiques de l'outil pour des non-médecins, la complexité et la durée de l'apprentissage nécessaire à son utilisation ;
- la facilité d'interfaçage de l'outil avec les sources de données relatives au patient, notamment à son dossier médical ;
- la gestion de la confidentialité et du respect de la vie privée : qui peut accéder à quelles données, moyennant quels types d'engagements ?

LES USAGES VARIÉS DU SAD

La troisième sous-question (Quels sont les types d'usage possibles ?) relativise les distinctions antérieures. Quel que soit le type de système – SLS ou SOP – et le type d'utilisateur – utilisateur individuel spécialisé ou utilisateur collectif pluraliste –, l'outil peut être conçu et utilisé de manière à faciliter une démarche participative ou au contraire de manière à la rendre plus ardue.

Par exemple, quelle est la priorité d'un médecin quant à ses outils d'aide au diagnostic ? Il attend qu'un tel outil l'accompagne dans la recherche d'un diagnostic aussi pertinent et sûr que possible. Mais le médecin va aussi devoir développer des explications auprès de ses confrères (hospitaliers ou non), auprès du patient et de sa famille et des autres professionnels. En effet, il doit expliquer les tenants et aboutissants de la situation clinique, mais aussi des options possibles. On pourra parler, dans ce cas, d'usage dialogique du SAD, puisqu'il doit constituer un outil d'explication et de dialogue. Inversement, le médecin peut avoir l'intention de se servir de l'outil comme argument d'autorité scientifique opposable à toute forme de contestation, voire toute demande d'explication, afin d'imposer sa décision ou sa vision au patient et aux autres parties prenantes et économiser le temps et les efforts de la concertation. On peut alors parler d'un usage monologique de l'outil, puisqu'il est mis au service du monologue de l'expert. Dans ce cas, l'appropriation locale de l'outil par le professionnel spécialisé risque de jouer contre l'appropriation par le patient et les autres parties prenantes. On voit donc que la notion même d'appropriation est polysémique, voire ambiguë : appropriation par qui, et dans quel but ?

Les deux types de situations peuvent être schématisés dans un tableau à double entrée, sachant qu'il s'agit d'une simplification et que les situations réelles sont évidemment hybrides.

Les types d'usages variés du SAD

	Situations de type A	Situations de type B
Type d'outil	SLS (système local spécialisé)	SOP (système organisationnel pluridisciplinaire), informatisé ou manuel/papier, ou SLS informatisé (SADM) utilisé à des fins communicationnelles
Utilisateur	Professionnels spécialisés pour une décision vue sous un angle technique (diagnostic, préconisation d'action, pronostic)	Collectif organisé pour une décision vue sous un angle socio-organisationnel (stratégie thérapeutique, parcours de soins et projet de vie du patient)
Type d'usage	Monologique : vision unique.	Dialogique : échange entre diverses catégories d'acteurs.

CONCLUSION

En ce qui concerne les SLS (SADC, SADM), déjà très présents dans la vie des médecins, il serait important d'accorder de l'importance, non seulement à leur ergonomie dans l'interface avec l'expert médical (présentation, lisibilité, facilité d'utilisation), mais aussi à leurs fonctionnalités pédagogiques et communicationnelles, pour aider le médecin expert à communiquer avec un public

« profane ». Par ailleurs, il serait souhaitable que les chercheurs s'intéressent aux outils et aux pratiques susceptibles de faciliter la concertation pluridisciplinaire, l'échange entre les médecins spécialistes, le patient, ses proches, le généraliste et les professionnels non-médecins impliqués dans la stratégie thérapeutique. Celle-ci regroupe les interactions entre les divers types de traitement, celles avec l'hygiène de vie, la vie professionnelle, la vie familiale, les enjeux médicaux et non médicaux à prendre en compte, le tout alimenté par des données d'origines diverses, ayant trait au dossier médical mais aussi aux données sur la situation et l'histoire personnelles du patient.

Il s'agit notamment de concilier l'impératif de standardisation par catégorie de pathologie nécessaire à l'exploitation massive de données cliniques et l'impératif d'individualisation requis pour prendre en compte la spécificité de la situation de chaque patient, en recourant à la notion de « standardisation personnalisable » et à des équipes pluridisciplinaires[1].

Les systèmes ne peuvent de toute manière contribuer à un fonctionnement participatif et éclairé du système de soins qu'à trois conditions :

1. un minimum d'intégration entre applications informatiques spécialisées doit être assuré, notamment pour permettre la circulation de données de sources et de nature diverses ;
2. la qualité des données mobilisées par l'outil doit faire l'objet d'un contrôle rigoureux, impliquant des experts en gestion de données (*data scientists*) ;
3. les pratiques organisationnelles doivent se prêter à un fonctionnement ouvert et dialogique. Aucun SAD ne facilitera la coordination, la coopération et la communication entre disciplines et parties prenantes si les organisations et les pratiques demeurent cloisonnées en silos.

La formation des professionnels de soins doit ainsi privilégier le fonctionnement collectif, par exemple la prise de décision partagée entre patient et professionnels de santé[2]. À cette fin, elle doit accorder une place importante au fonctionnement en équipe, à la pédagogie vis-à-vis des non-experts, aux techniques de concertation et d'analyse collective, à l'écoute du patient et des autres parties concernées, à la prise en compte des situations particulières… Si cette condition n'était pas assurée, il faudrait plutôt craindre que les nouvelles générations de SAD (plus élaborées et intégrant les techniques d'intelligence artificielle) n'aient pour effet de renforcer l'opacité diagnostique et clinique, la

1. Ansmann L., Pfaff H., "Providers and Patients Caught Between Standardization and Individualization: Individualized Standardization as a Solution", *International Journal of Health Policy & Management*, vol. 7(4), 2018, p. 349-352.

2. Golay A., Hochberg G., Mosnier-Pudar H., « La décision médicale partagée », *Médecine des maladies métaboliques*, vol. 13(4), 2019, p. 339-343. Fiche méthodologique de la Haute Autorité de Santé, « Éléments pour élaborer une aide à la prise de décision partagée entre patient et professionnels de santé », 2018.

tendance au monologue de l'expert, et le recours à des arguments d'autorité scientifique qui étouffent les possibilités de dialogue et de participation. La conception même des futures générations de SAD en dépend : en dernier ressort, les caractéristiques des outils répondront aux besoins exprimés par leurs utilisateurs et, donc, aux pratiques dominantes.

PROPOSITIONS MANAGÉRIALES

- Soumettre le cahier des charges du SAD à un collectif pluridisciplinaire et prendre en compte les fonctions de soutien à la communication du système, y compris la communication destinée à des « profanes ».
- Assurer la formation managériale des professionnels de soins, notamment au fonctionnement en équipe, à la communication avec les professionnels de soins relevant d'autres spécialités, à la communication pédagogique en direction des patients, des familles et autres parties prenantes non-médicales, et à la prise en compte de l'histoire personnelle du patient.
- Auditer l'intégration des applications spécialisées, la portabilité et le partage des données.

Lectures complémentaires

- Beynon F.E., *et al.*, « Systèmes d'aide à la décision clinique pour la pédiatrie en santé globale », *Revue médicale suisse*, vol. 836, 2023, p. 1398-403.
- Gosteli M., *et al.*, « Comment augmenter l'accès aux outils d'aide à la décision en Suisse romande ? », *Revue médicale suisse*, vol. 19(812), 2023, p. 186–191.

13 DE LA SATISFACTION À L'EXPÉRIENCE : ÉVALUER LE SERVICE PERÇU PAR LES PATIENTS

Mathias Waelli et Rosemary Jouhaud

Résumé

Comprendre l'expérience du patient constitue un enjeu clé en management de la santé. Dans un contexte de complexification des prises en charge, cette compréhension permet d'adapter les réponses aux besoins de plus en plus personnalisés des patients. Aujourd'hui, les évaluations dont disposent les managers se limitent principalement à des indicateurs de satisfaction, au mieux à quelques données agrégées sur l'expérience des patients, qui ne traduisent pas la spécificité des vécus individuels. Les portails en lignes permettent aux patients de partager leur expérience au grand public au niveau granulaire, donc très détaillé, mais restent très controversés sur la forme et sur leur usage. Pour améliorer les prises en charge personnalisées en santé, on propose ici de s'inspirer du customer journey *dans le secteur marchand. Centrée sur des données d'expérience recueillies en situation, cette approche vise à retracer la trajectoire d'un patient par ses points de contact avec l'organisation (chaque point de contact constitue un espace d'investigation). Elle éclaire d'emblée les enjeux de management et permet d'identifier des pistes d'amélioration.*

MESSAGES-CLÉS

- Évaluer la manière dont les patients (et les proches) vivent le service en santé est un enjeu essentiel d'amélioration de l'organisation du travail.
- Les outils de recueil de données actuels limitent la compréhension de l'expérience individuelle des bénéficiaires du service.
- Le passage de l'évaluation de la satisfaction à celle de l'expérience des patients met en lumière l'organisation du travail. Cependant, tant que ces outils recueillent des données standardisées et les analysent de façon agrégée, ils empêchent la prise en compte de besoins personnalisés des patients.
- Nous proposons d'emprunter une approche inspirée du *customer journey* dans le secteur marchand, pour réaliser des recueils de données plus qualitatives et centrées sur les ressources organisationnelles.

INTRODUCTION

« Nous vous remercions de prendre un moment pour répondre à ce questionnaire. Vous n'avez pas encore évalué votre récent séjour dans notre établissement. L'opérateur a-t-il répondu à vos attentes ? L'enseignant a-t-il clairement annoncé les objectifs et les modalités d'évaluation en début de cours ? Trouvez-vous cette information utile ? N'oubliez pas de poster un commentaire sur notre site. »

Aujourd'hui, nous sommes sans cesse incités à donner notre avis sur des services rendus. Du point de vue managérial, l'évaluation par les bénéficiaires constitue un facteur clé de personnalisation du service[1]. Elle permet de vérifier si le service rendu correspond à leurs attentes. Leur feedback donne la possibilité d'identifier des points forts et des faiblesses du service dans une perspective d'amélioration de la qualité. Il est enfin utilisé pour évaluer l'impact des actions correctives (« qu'avez-vous pensé de notre nouvelle application ? »). Dans le secteur marchand, l'évaluation par les clients s'inscrit dans un contexte de concurrence accrue. Elle favorise alors la fidélisation en montrant aux clients que leur opinion compte, tout en aidant à anticiper les tendances et

1. Minvielle E., Waelli M., Sicotte C., Kimberly J. R., "Managing Customization in Health Care: a Framework Derived from the Services Sector Literature", *Health Policy*, vol. 117(2), 2014, p. 216-227.

leurs besoins futurs. Enfin, elle joue un rôle clé dans la réputation de l'entreprise, influençant ainsi l'acquisition de nouveaux clients.

Dans le secteur de la santé, l'évaluation du service par les patients peut améliorer leur expérience. Elle permet d'identifier les domaines nécessitant des améliorations, comme l'accueil, la communication ou le temps d'attente qui font l'objet de plaintes récurrentes. L'évaluation contribue aussi à des soins plus centrés sur le patient. Selon le format des évaluations, elles peuvent renforcer la confiance des patients envers les professionnels de santé et les établissements, tout en aidant à maintenir des normes élevées de qualité et de sécurité. Pourtant, aujourd'hui l'évaluation par les patients reste finalement peu exploitée dans les organisations de santé.

Son usage se heurte à la fois à des représentations de professionnels cliniciens et des représentations bureaucratiques de la qualité. La première est centrée sur une approche biomédicale de la qualité. Elle invite les organisations à prioriser l'efficacité des traitements sur d'autres composantes de la qualité. La seconde repose sur des critères plus administratifs (représentant l'intérêt général) allant de l'égalité d'accès au service à l'efficience, avec une forte composante financière. Chacune des représentations, à sa façon, questionne la légitimité de la perspective des patients : soit celui-ci n'a pas les compétences cliniques pour juger de l'efficacité d'un traitement, soit il risque de placer son intérêt particulier au-dessus de l'intérêt général. Le phénomène est porté aussi par l'intuition qu'en ouvrant la boîte de Pandore, la prise en compte des plaintes des patients risque de surcharger (inutilement) l'organisation du travail. Nous proposons ici d'interroger le bien-fondé de ces critiques en empruntant une perspective intersectorielle sur la personnalisation.

ORIGINE ET ÉVOLUTION DE LA CULTURE D'ÉVALUATION EN SANTÉ

En santé, l'évaluation de la qualité du service par les patients s'est inscrite depuis trois décennies dans un mouvement important d'évaluation médico-administrative des pratiques cliniques. Ce mouvement a largement favorisé le développement d'indicateurs de qualité chiffrés qui permettent d'évaluer l'écart entre des normes basées sur des preuves scientifiques (*evidence-based*) et des pratiques cliniques. La mise en place d'autorités centralisées dédiées, comme la Haute autorité de santé (HAS) en France et l'Association nationale pour la qualité (ANQ) en Suisse, chargées de concevoir et de promouvoir l'usage des indicateurs, de comparer et de diffuser leurs résultats constitue un exemple fort de ce mouvement de diffusion de normes de qualité. Au départ, les indicateurs concernaient principalement des résultats (morbidité et mortalité) et des processus cliniques dont on avait objectivé l'impact sur la qualité des soins (indicateurs de tenue du dossier patient, chutes, etc.). En parallèle, le mouvement de démocratie sanitaire a incité à mesurer aussi le point de vue des patients. Progressivement, à la logique de contrôle s'est adjointe aussi une logique managériale, d'amélioration continue de la performance des organisations. La performance intègre ici la perception des différentes parties prenantes, dont celles des patients, comme une des composantes de la qualité. Ces éléments convergent vers la mesure et la prise en compte de la perception des patients.

Jusqu'à récemment, les évaluations du service par les patients prenaient principalement la forme de questionnaires de satisfaction, voire parfois de simples bornes smiley. Ces modalités donnent une idée de leur état d'esprit (« contents » ou « pas contents »). Elles ne permettent cependant pas de faire le lien avec des situations concrètes (l'expérience) sur lesquelles pourrait directement agir le management.

DES ENQUÊTES DE SATISFACTION AU RECUEIL D'EXPÉRIENCE

L'évaluation de l'expérience est à la fois un élément clé et un point très difficile à mettre en œuvre en santé. Dans les autres secteurs d'activité, il apparaît aujourd'hui évident de recueillir l'expérience des clients. En plus d'évaluer l'adéquation du service par rapport à la demande, cela encourage leur implication dans le processus de production[1]. Il ne s'agit pas seulement d'évaluer la satisfaction mais de mieux connaître ce qu'ont vécu les bénéficiaires. La démocratisation de l'accès aux technologies de l'information offre une nouvelle opportunité pour recueillir des retours d'expérience des bénéficiaires. Dans le secteur hôtelier, la publication des retours des voyageurs a profondément changé les stratégies de communication et le rapport avec les clients. Les professionnels prennent généralement le temps de les considérer : les lire, leur répondre, remercier, et indiquer les actions correctives envisagées.

En santé, la notion d'expérience émerge seulement. Les PROMs[2] et PREMs[3] se développent pour compléter les traditionnelles mesures de satisfaction avec des item concrets liés à l'expérience du patient. Ils ont l'avantage de

1. Lee C. H., Cranage D. A.,"Personalisation-privacy paradox: The effects of personalisation and privacy assurance on customer responses to travel Web sites", *Tourism Management*, vol. 32(5), 2011, p. 987-994.
2. Les *Patient reported outcome measures* évaluent les résultats des soins avec, souvent, des questionnaires généraux.
3. Les *Patient reported experience measures* s'intéressent à la manière doit le patient va vivre l'expérience des soins.

raccorder les perceptions à des faits (concernant aussi bien l'état de santé que des éléments liés à l'organisation du parcours de soin). Mais ces indicateurs ne donnent accès qu'à une évaluation statistique à la moyenne du service et elle peine encore à répondre aux besoins de personnalisation en santé. Les portails en ligne, qui permettent de poster des commentaires libres, y répondent déjà un peu mieux. En France et en Suisse, ils ne sont pas encore la norme, mais ils se répandent.

Cependant, la publication des retours des patients pose des difficultés liées à la nature de l'activité en santé. En effet, l'évaluation de la qualité des services rendus exige une expertise que les professionnels, souvent à raison, ne reconnaissent pas aux patients. Ils craignent que la diffusion d'une culture de l'évaluation de l'expérience par les patients ne les contraigne à adopter des pratiques contraires à leur déontologie professionnelle. Ils craignent, par exemple, d'être incités à distribuer des arrêts de travail ou des ordonnances pour contenter les patients les plus actifs sur les réseaux…[1]

On constate néanmoins en situation que, malgré les réticences, ces professionnels tendent toujours à intégrer les critiques de façon constructive. Ils utilisent alors souvent ces portails comme des instruments d'amélioration de la qualité des services. La précision de certains retours, lorsqu'ils font écho à leur vision de la qualité du travail, les incite à opérer des changements. Ils prennent moins dans ce cas appui sur les jugements des patients que sur leurs descriptions d'expériences. C'est le cas notamment sur des aspects d'accessibilité (un patient décrit la difficulté à son grand âge de repérer l'étage d'un cabinet sur les boîtes aux lettres), ou d'intégration de contraintes liées à la vie quotidienne des patients (« j'ai dû trouver une garde pour les enfants »). Ils n'ont pas eu pour autant besoin de faire des concessions avec leurs valeurs de travail.

CONSIDÉRER LA RELATION SUR L'ENSEMBLE DU PARCOURS

Le passage d'une évaluation de la satisfaction, selon des critères standardisés et avec des résultats agrégés, à celle de l'expérience individuelle a des conséquences sur l'organisation du travail. Y répondre implique de considérer l'expérience du bénéficiaire dans l'ensemble de son parcours. En effet, la manière dont se déroule une interaction ne se comprend que si on la met en perspective avec des interactions précédentes entre l'organisation et le bénéficiaire. Par

1. Gladines D., Bonnet P. A., Durocher A., « E-réputation : étude descriptive auprès de 240 médecins généralistes de région sud », *Santé publique*, vol. 33(3), 2021, p. 379-392.

exemple, l'expérience d'un séjour hôtelier ne se limite pas à un bon lit ou un bon dîner. Le plaisir à table est conditionné par une foule d'expériences relationnelles avec l'organisation, qui commencent dès la réservation sur le site internet, se poursuit sur place avec le personnel d'accueil et de ménage et continue enfin avec des sollicitations par email.

Le principe est situé au cœur du *customer journey*[1]. Cet outil de management, appliqué dans les services marchands consiste à identifier chaque point de contact avec l'organisation avant, pendant et après la prestation proprement dite. Il permet d'analyser les éventuels éléments de tension générés à une étape et qui peuvent se répercuter sur les suivantes, de repérer les interactions inutiles et génératrices de coûts, et d'améliorer la coordination entre les acteurs impliqués dans le service. Dans l'industrie hôtelière, l'approche centrée sur l'expérience conduit à réfléchir le service du point de vue de l'organisation du travail.

Utiliser les principes du *customer journey* dans la santé pourrait aider à identifier des étapes critiques dans l'organisation du parcours des patients. Ces points de contact où l'on identifiera des lacunes de personnalisation peuvent aussi bien se situer dans les institutions que dans les autres lieux où se déroule le parcours des patients : en ligne sur les portails patients, dans les cabinets médicaux, à la pharmacie, à domicile… Centrer l'évaluation sur l'expérience rend alors le processus de catégorisation plus effectif mais aussi *a priori* plus complexe (voir chapitre 11).

En effet, les catégories centrées sur des caractéristiques personnelles ne sont pas toujours suffisantes pour prédire les besoins dans une situation donnée. La conséquence de cette perspective interactionnelle (avec l'organisation) c'est que l'objet de l'évaluation n'est plus seulement le patient, mais le patient dans une situation particulière qui inclut des composants de l'organisation, comme les professionnels de premières lignes ou les technologies. Pour mesurer ces interactions, les questionnaires classiques et même les focus groups ne sont pas suffisants. Il vaudrait mieux réaliser régulièrement des entretiens approfondis avec des patients, des proches et des professionnels. On le fait par exemple à l'espace de médiation pour les patients, proches et professionnels du Centre hospitalier universitaire vaudois (CHUV) à Lausanne (voir chapitre 5).

Il faut aussi réaliser des observations de points de contacts sensibles, sur le mode ethnographique. Un observateur formé dans la recherche qualitative peut se poster régulièrement aux points de contacts les plus sensibles. Ses observations se concentrent sur l'effort produit les professionnels (administratifs, personnels de ménage, professionnels de santé…), mais aussi par les patients et les proches pour compenser des lacunes de l'organisation (l'absence d'espace d'attente dédié, l'absence d'information, l'inintelligibilité d'une requête…). Les

1. Følstad A., Kvale K., "Customer Journeys: a Systematic Literature Review", *Journal of service theory and practice*, vol. 28(2), 2018, p. 196-227.

résultats de ces observations permettraient alors assez facilement d'identifier les ressources nécessaires pour donner aux professionnels les moyens de réaliser ces activités d'adaptation aux besoins réels des patients dans les meilleures conditions. Trianguler ces riches résultats qualitatifs avec une enquête en ligne ou écrite peut approfondir la compréhension de l'institution vis-à-vis l'expérience du parcours de chaque patient.

CONCLUSION

Intuitivement, on pourrait croire que considérer de nouvelles demandes, exprimées ou non par les patients, dans toutes ces situations vécues serait un objectif trop ambitieux pour les organisations en santé – un objectif réservé à des établissements privés de luxe reportant le surcoût de la prise en compte des expériences sur les tarifs des prestations.

En réalité, l'exemple de l'hôtellerie suggère que ce n'est pas le cas. D'abord, lorsqu'on analyse la demande en situation, celle-ci apparaît finalement beaucoup plus stable car elle existe indépendamment du client. Si les demandes des clients peuvent être infiniment variées lorsqu'elles sont exprimées hors contexte (dans les questionnaires de satisfaction notamment), l'expérience montre que le « *job to be done* »[1], c'est-à-dire l'attente fondamentale des bénéficiaires en situation, varie beaucoup moins. Les descriptions d'interactions entre le bénéficiaire et l'organisation montrent que les points d'achoppement entre les deux sont généralement peu nombreux (même s'ils génèrent des effets en cascades) et qu'ils sont communs avec les autres clients. Il appartient alors aux managers d'identifier les besoins en situation.

Le repérage des principaux points de tensions entre les patients, les proches et l'organisation, et des aménagements fonctionnels simples permettent souvent d'y remédier. Pour les quelques cas où les propositions standards ne sont pas suffisantes, ces améliorations structurelles libèrent l'attention des professionnels qui peuvent alors se concentrer sur des solutions plus personnalisées. Une bonne catégorisation préalable et une sensibilisation des professionnels au repérage des attentes fondamentales permettent alors d'identifier les patients nécessitant une attention supplémentaire. On voit ici encore, pour faire de la personnalisation au niveau de l'organisation, à quel point il est important de penser l'articulation entre l'individualisation des relations et la standardisation des processus de production.

1. Christensen C. M., Anthony S. D., Berstell G., Nitterhouse D., "Finding the Right Job for your Product", *MIT Sloan Management Review*, 2007.

PROPOSITIONS MANAGÉRIALES

- Passer du recueil de la satisfaction au recueil d'expérience des patients : la connaissance de l'expérience réelle en situation permet aux managers d'identifier des leviers d'amélioration de l'organisation du travail.
- Identifier les points d'achoppement entre les usagers et l'organisation : la reconstitution de la trajectoire du patient sur le mode du *customer journey* dans l'industrie du tourisme permet d'identifier tous les points de contact avec l'organisation du travail qui risquent de générer des tensions.
- Réaliser des investigations qualitatives de l'activité aux points de tension : les observations et les entretiens qualitatifs permettent d'identifier les besoins organisationnels en situation, qui diffèrent souvent des besoins exprimés par les patients dans les questionnaires de satisfaction.

Lectures complémentaires

- Christensen C., Fogg R., Waldeck A., *Health for Hire*, Christensen Institute, 2017.
- Joseph A. L., Kushniruk A. W., Borycki E. M., "Patient journey mapping: current practices, challenges and future opportunities in healthcare", *Knowledge management & e-learning*, vol. 12(4), 2020, p. 387.

14 LE DÉFI LEAN À L'HÔPITAL

Karl Blanchet et Rosemary Jouhaud

Résumé

Dans un contexte de tension croissante sur les ressources hospitalières, le Lean Management apparaît comme une approche prometteuse pour améliorer la prise en charge des patients et optimiser l'organisation des soins. Inspirée de l'industrie automobile et aéronautique, cette méthode repose sur trois principes fondamentaux : recentrer l'offre de soins sur les besoins réels des patients, identifier et réduire les gaspillages organisationnels, et instaurer un processus d'amélioration continue. En s'appuyant sur des exemples concrets, ce chapitre illustre comment une meilleure coordination entre les professionnels de santé, une réorganisation des espaces de travail et une réflexion sur les parcours patients peuvent réduire les délais, améliorer la qualité des soins et renforcer la satisfaction des patients et du personnel.

MESSAGES-CLÉS

- Le Lean Management repose sur une dynamique d'amélioration continue impliquant l'ensemble des professionnels de santé, pour adapter les services aux besoins des patients.
- L'approche Lean identifie et élimine les sources de gaspillage (temps, stock, déplacements inutiles, erreurs médicales) afin d'optimiser les processus et la qualité des soins.
- Le Lean encourage une culture organisationnelle plus collaborative, où médecins, infirmiers et pharmaciens travaillent ensemble pour des soins plus cohérents et sécurisés.
- Car peu d'études sur les résultats du Lean Management existent, à part aux États-Unis, l'application doit être rigoureusement évaluée pour éviter toute dérive vers une logique purement économique.

POUR UNE MEILLEURE PRISE EN CHARGE DES PATIENTS

Que ce soit en tant que patient ou en tant qu'accompagnant, chaque fois que vous entrez dans un établissement de santé, en particulier de grande taille tel qu'un hôpital, vous savez que, parfois, le chemin peut être long avant de trouver le bon service ou le professionnel qui va pouvoir répondre à votre besoin. Vous savez aussi que ces professionnels sont souvent très occupés et parfois stressés par cette situation de tension des ressources. En revanche, vous avez peu de connaissance sur le fonctionnement d'une organisation de santé.

Mais, si vous êtes un professionnel de la santé, vous savez aussi que le service que vous allez apporter à un patient peut parfois être juché d'obstacles administratifs, structurels (dus à la culture organisationnelle de l'établissement), temporels (délai de transmission d'analyses), ou bien encore réglementaires.

Dans nos sociétés en Europe, beaucoup s'accordent à parler de « crise des hôpitaux ». Il faut donc que le mode d'offre de services de santé se reforme et soit mieux adapté aux besoins des patients, pensé autour des patients, d'autant plus que les besoins des patients sont de plus en plus complexes. Tous ceux qui travaillent dans le secteur de la santé se posent les mêmes questions ; par où commencer ? Comment procéder ? L'ampleur du chantier est grande et face à chacun de nous, des obstacles bien connus. Nous devons ainsi garder en tête que les initiatives proposées doivent être basées sur des preuves scientifiques. La réflexion doit surtout se focaliser sur les systèmes de santé et non simplement les organisations de santé déconnectées du reste du système. Une des approches possibles est le Lean Management, que nous allons analyser.

LES PRINCIPES DU LEAN MANAGEMENT

Le concept du Lean Management nous vient de l'industrie et en particulier de Toyota, qui a souhaité, dès la fin des années 1940, optimiser ses usines. Les industriels japonais ont apporté un soin particulier à la qualité de leurs pièces pour faire en sorte que les pannes des voitures soient les plus réduites possibles, même pour leurs modèles de base. À cette époque, il s'agissait d'une vraie révolution dans le monde de l'automobile. Mais en quoi le Lean Management peut-il s'appliquer aux organisations de santé ? Est-ce que ce type d'approche peut répondre à tous les acteurs du système de santé ? Pour répondre à ces questions, reprenons tout d'abord la définition du Lean Management puis essayons de voir comment il a pu se traduire dans la santé.

Le Lean Management est une approche managériale basée sur trois grands principes :

- tout d'abord, cette approche remet le client au centre des préoccupations organisationnelles à travers une meilleure définition de leurs besoins et leurs valeurs : de quoi ont besoin nos clients ? quels sont les aspects qui ont de la valeur pour nos clients ?
- puis, cette méthode identifie les sources de gaspillage (temps, argent, consommable…) dans le processus de production et tente de les réduire ou bien même les éliminer ;
- enfin, cette approche correspond à un processus continu de la recherche de la qualité.

La première étape du Lean management en santé consiste à identifier les besoins et valeurs des patients. Il s'agit de connaître leurs attentes et quels types de services ou aspects de la qualité des soins ont de la valeur pour eux. Cette meilleure connaissance de leurs valeurs va renseigner les professionnels de la santé pour orienter leurs efforts vers ces domaines ou aspects valorisés. Il peut s'agir par exemple d'une réduction du temps d'attente aux urgences, une meilleure orientation des patients d'un service à l'autre dans un grand hôpital ou de donner des explications claires sur chaque traitement et les effets secondaires possibles.

La seconde étape consiste à éliminer toutes les activités qui font obstacle à la satisfaction des besoins exprimés des patients ou qui créent des retards dans l'accomplissement de ces activités. Il peut s'agir d'éliminer tous les trajets et changements de salles effectués par les professionnels de la santé, avec un nouvel aménagement physique des salles de consultations, et de l'équipement et médicaments qu'elles contiennent.

La troisième étape consiste à maintenir un processus continu d'amélioration de la qualité. Ce processus nécessite que l'organisation de santé puisse analyser les situations et les données, identifier les obstacles potentiels et proposer des solutions concrètes pour améliorer les processus, afin de répondre au mieux aux attentes des patients. Ce processus de changement continu doit impliquer tous les membres des équipes concernées, à la fois pour identifier les obstacles et trouver les bonnes solutions.

LE PARCOURS DU PATIENT

Une approche centrée sur le patient exige de partir des histoires des patients et de leur expérience vécue.

Voici un exemple parlant. Une après-midi de printemps en milieu rural, un homme de 84 ans tombe devant chez lui. Il semble souffrir énormément à l'épaule et à la hanche. Son épouse appelle alors les pompiers. Quelques minutes plus tard, il est transporté au service des urgences d'un hôpital local. Il est transféré sur un lit. Son épouse est toujours avec lui. Une heure plus tard, après avoir stabilisé sa douleur, il est transporté en radiographie. Il revient à l'étage des urgences et est installé dans une salle de consultation, allongé sur son lit. Son épouse, toujours à ses côtés, commence à s'inquiéter car il est maintenant 20 heures et elle ne sait toujours pas ce dont souffre son mari. Aucun médecin n'est passé lui donner des informations. Alors que la douleur revient, qu'il n'a aucun vêtement pour passer la nuit et qu'il n'a pas mangé depuis huit heures, son épouse n'ose même pas déranger le personnel. Il lui semble trop occupé. Elle décide d'aller chercher des vêtements et un repas froid.

Plus tard, à 22 heures, voyant que rien ne va se passer du côté médical, elle décide alors de rentrer pour essayer de se reposer. Le lendemain matin, elle se rend à l'hôpital. L'état de son mari s'empire au-delà du traumatisme à la hanche et à l'épaule. Il souffre de comorbidités et la prise de médicaments peut s'avérer fatale. Et pourtant, des infirmières ont reçu des instructions pour des injections. L'épouse les a arrêtées juste à temps et leur a demandé de regarder le dossier médical de son mari. Après plusieurs heures et des discussions avec trois médecins différents, qui entrent et disparaissent, l'état de l'homme a finalement pu être stabilisé.

Les silos entre les spécialités sont bien connus : le cardiologue fait son diagnostic, suivi par l'hématologue et l'urologue. Entretemps, ces trois professionnels ne se sont pas parlé. Puis les infirmiers tentent tant bien que mal de relire la prescription et prodiguer les soins au patient. Pour se recentrer sur le patient, tout le monde pensait que le registre médical électronique allait permettre de casser les silos. Rien de la sorte ne se produit… Se recentrer sur le patient signifie casser le modèle traditionnel où le médecin contrôle le choix du patient, donne des ordres qui sont suivis par les infirmiers qui n'ont pas le droit de donner leur avis.

Avec une approche Lean, il est utile de repenser le parcours typique du patient, et souvent d'une manière visuelle pour montrer les différents flux : le mouvement du patient d'une salle à l'autre, la circulation du dossier médical, le flux des médicaments de la prescription, du pharmacien jusqu'au patient. Dans notre exemple, l'équipe s'est aperçue que les activités autour du patient étaient très chaotiques et désordonnées, lui donnant l'impression d'un va-et-vient constant : les infirmiers entrants et sortant de la salle de consultation sans arrêt pour aller chercher une seringue, une compresse ou un médicament qui leur manquait au lieu de passer leur temps auprès de lui. Les médecins enfermés dans leur spécialité ne réussissaient pas à recueillir une image complète de la condition du patient. Les pharmaciens, quant à eux, étaient totalement exclus des discussions. Autant dire que, dans un tel contexte, les risques d'erreur médicale sont élevés.

Une approche Lean dans cet environnement consisterait à collecter des données sur les rôles et mouvements de chacun, et se demander : en quoi cette activité est-elle utile au patient ? L'espace de travail est aussi primordial. Un nouveau plan du service d'urgence consisterait à créer un îlot central pour les professionnels de santé avec des salles de consultation disposées autour, où tous les patients seraient visibles. Chaque salle de consultation serait dotée d'un placard où l'essentiel des consommables et médicaments (placés sous scellé) serait approvisionné par l'extérieur de la salle par les pharmaciens, afin de ne pas déranger le patient.

Mais au-delà de l'espace physique, une culture organisationnelle collaborative doit être lancée, favorisant un dialogue entre les différentes professions : médecins, infirmiers, pharmaciens, aides-soignants. Un bon exemple serait d'organiser des consultations en chambre avec les différentes professions représentées. En effet, avoir les pharmaciens dans les consultations et non pas confinés au fond des couloirs ou dans les sous-sols permet de réconcilier la liste des médicaments avec les besoins et l'historique des patients ainsi que les résultats des analyses. Les pharmaciens prennent entièrement part aux soins du patient.

LES AVANTAGES DU LEAN MANAGEMENT

Fort est de constater que les preuves scientifiques relatives au Lean Management sont plus anecdotiques que scientifiques, et bien souvent racontées de manière biaisée par ceux qui ont fait leur mise en œuvre. Les objectifs du Lean peuvent être mesurés à différents niveaux : satisfaction des patients, gain de temps et de ressources et donc coûts des soins, qualité des soins et satisfaction du personnel soignant. Pour les utilisateurs du Lean en santé, il s'agit avant tout d'éliminer cinq gâchis identifiés[1] :

1. le temps : c'est un indicateur essentiel dans le Lean, que ce soit le temps d'attente des patients ou le temps non productif des professionnels de santé ou les administrateurs ;
2. le surplus de stock : que ce soit les stocks de médicaments ou de données, accumuler un volume important sans les utiliser augmente le risque de perte, d'expiration ou de vol ;
3. la qualité des soins : les erreurs de diagnostic ou les erreurs médicales nécessitent des réadmissions ou des traitements plus longs ;
4. les mouvements : réduire les temps de transports du patient, des professionnels et du matériel peut permettre de réduire les temps de latence, mais aussi de prévenir les risques de blessure ou d'endommagement de l'équipement ;
5. les surplus : que ce soit les analyses additionnelles non nécessaires, les temps d'hospitalisation trop longs ou des sur-prescriptions.

Aux États-Unis, on peut noter plusieurs succès de l'application du Lean Management. Nous allons vous en présenter quelques-uns.

- Dans les hôpitaux de ThedaCare, l'espace physique a été repensé sur la base des principes Lean et les salles de consultation contiennent tout ce qui est nécessaire pour que les infirmiers apportent et notifient des soins. Cela a permis d'augmenter de 70 % le temps de contact des infirmiers avec les patients.[2]
- À la clinique de Denver, Health's Helthside, les consultations maternelles postpartum étaient souvent manquées par les mères, dues au transport long en ville et les temps d'attente à l'hôpital. Grâce à une approche Lean centrée sur le patient, la clinique a combiné les consultations néonatales et maternelles et ainsi réduit le nombre des *no-show* de 50 % à 15 %.[3]
- Un hôpital en Californie a réussi à réduire la durée d'attente pour les patients restant aux urgences avant l'admission, grâce à une intervention Lean qui a d'abord évalué les processus actuels pour identifier des causes

1. NEJM Catalyst, rapport *What Is Lean Healthcare?*, 2018.
2. *Ibid.*
3. *Ibid.*

primaires pour les délais[1]. Un système de gestion quotidienne a ensuite été mis en place aux urgences, ainsi que pour les médecins hospitaliers et les infirmières de service.

Une étude nationale basée sur l'analyse des résultats du *National Survey of Lean/Transformational Performance Improvement in Hospitals* a démontré que le Lean Management a permis d'accroître la satisfaction des patients, de réduire les coûts d'hospitalisation et les taux de ré-hospitalisation, et d'améliorer l'utilisation de l'imagerie radiographique appropriée. Néanmoins, il a eu peu d'effet sur la mortalité, les événements indésirables ou les retards dans les soins[2].

En suisse, un véritable exemple de succès est le projet « Plus de temps au service des patients (PTP) » aux Hôpitaux universitaires de Genève, qui vise à augmenter le temps de présence et la communication entre les soignants, les patients et leurs proches, en simplifiant les processus organisationnels inspirés de la méthode Lean[3].

Pour certains, l'approche Lean appliquée à la santé n'est pas forcément la recette. En effet, comme évoqué, elle manque d'études scientifiques rigoureuses et a tendance à confondre efficacité à tout prix avec qualité des soins, dans un environnement hospitalier où la charge de travail est énorme et souvent sous-financée.

CONCLUSION

Pour les managers des organisations de santé, l'adoption du Lean Management représente une opportunité de repenser leur organisation en mettant le patient au cœur des processus tout en optimisant l'utilisation des ressources. Face aux défis croissants du secteur – complexité des parcours patients, pression sur les coûts et fragmentation des services – cette approche peut aider à améliorer la qualité des soins, réduire les inefficacités et renforcer la collaboration interprofessionnelle. Cependant, son succès repose sur une adaptation intelligente aux réalités locales, une implication active des personnels de santé et une évaluation rigoureuse des résultats. Plutôt qu'une simple quête de performance, le Lean en santé doit être un levier stratégique pour un système de soins plus fluide, plus humain et surtout adapté aux besoins des patients.

1. Allaudeen N., Vashi A., Breckenridge J. S., Haji-Sheikhi F., Wagner S., Posley K. A., Asch S. M., "Using lean management to reduce emergency department length of stay for medicine admissions", *Quality Management in Healthcare*, vol. 26(2), 2017, p. 91-96.
2. Shortell S. M., Blodgett J. C., Rundall T. G., Henke R. M., Reponen E., "Lean management and hospital performance: adoption vs. implementation", *The Joint Commission Journal on Quality and Patient Safety*, vol. 47(5), 2021, p. 296-305.
3. Darbellay Farhoumand P. *et al.*, « Réorganisation interprofessionnelle du travail dans les unités de soins », *Revue médicale suisse*, vol. 14(617), 2018, p. 1550–1555.

PROPOSITIONS MANAGÉRIALES

- Avant de proposer des changements organisationnels, d'abord évaluer les besoins et valeurs des patients pour s'assurer que les améliorations proposées répondent réellement à leurs exigences.
- Identifier et analyser les gaspillages de ressources (temps, matériel, personnel) afin d'optimiser l'allocation des moyens.
- Mesurer régulièrement l'impact des interventions Lean sur des indicateurs clés (temps d'attente, satisfaction patient, coûts) pour assurer une amélioration durable.

Lectures complémentaires

- Darbellay Farhoumand P., Le Du S., Perrier A., Agoritsas T., « Réorganisation interprofessionnelle du travail dans les unités de soins », *Revue médicale suisse*, 2018.
- « Renforcer le lien avec la personne hospitalisée », *Pulsations*, revue des Hôpitaux universitaires de Genève, 2022.
- NEJM Catalyst, rapport *What Is Lean Healthcare?*, 2018.

COMPRENDRE LES TECHNOLOGIES ET SYSTÈMES D'INFORMATION

4

PARTIE

15 MIEUX COMPRENDRE LES NOUVEAUX SYSTÈMES D'INFORMATION EN SANTÉ

Nicolas Perone

Résumé

Les systèmes d'information en santé (SIS) jouent un rôle clé dans l'amélioration de la qualité des soins, la sécurité des patients et l'efficacité organisationnelle. Ce chapitre examine les technologies actuelles, les opportunités et les défis associés à l'usage de ces systèmes, en les illustrant par des exemples concrets. Leur évolution est également abordée.

MESSAGES-CLÉS

- L'interopérabilité entre les différents SIS permettant l'échange d'informations améliore la coordination et la qualité des soins.
- La protection des données de santé est une priorité dans le développement et l'implantation de SIS.
- Les patients, partenaires actifs dans les SIS, améliorent leur santé en contribuant à la personnalisation de leur prise en charge et à la gestion des données de santé.
- Les technologies émergentes, telles que l'intelligence artificielle, transforment les SIS en outils prédictifs et personnalisés.
- Le coût des systèmes d'information modernes, sécurisés et fonctionnels augmente en réponse aux défis posés par les nouvelles technologies et la cybersécurité.

INTRODUCTION

Dans le secteur de la santé, les SIS jouent un rôle fondamental pour assurer une gestion efficace des données des patients et des ressources hospitalières. Selon divers rapports, le budget dépensé par un hôpital américain pour les SIS varie de 3 à 5 % de ses coûts totaux opérationnels. La HFMA (Healthcare Financial Management Association) aux États-Unis, explique que ces dépenses sont à considérer comme un investissement car elles permettent à moyen et long terme des économies de coûts et des gains de productivité.

Leurs évolutions rapides montrent des potentiels importants pour aider les professionnels de la santé ainsi que les chercheurs. Cependant, leur déploiement et leur intégration dans les pratiques quotidiennes soulèvent de nombreux défis. Premièrement, celle de surmonter les craintes et la complexité de l'adoption des nouvelles technologies numériques, tout en garantissant la sécurité. Deuxièmement de pouvoir échanger les données entre les SIS, très souvent isolés en silos et peu interopérables, pour faciliter l'échange d'informations et permettre à la recherche d'accéder à des larges bases de données. Ces obstacles limitent la fluidité des soins coordonnés, la continuité des traitements entre les différents acteurs de la santé et l'exploitation de données afin d'améliorer nos connaissances et la qualité de la prise en charge[1].

1. Adibuzzaman M., De Laurentis P., Hill J., Benneyworth B.D., "Big data in healthcare – the promises, challenges and opportunities from a research perspective: A case study with a model database", *AMIA Annual Symposium*, 2018, p. 384–92.

STANDARDISATION, INTEROPÉRABILITÉ ET PARTAGE DES DONNÉES

Les nomenclatures structurées, listes organisées de noms et de termes pour un classement standardisé, comme les diagnostics et les médicaments, jouent un rôle important dans les SIS. Elles facilitent l'organisation et le codage des informations médicales. Ainsi, elles contribuent à la standardisation des données en améliorant la compréhension et la communication entre différents professionnels de santé. Par exemple, lors de la prescription d'un médicament, la précision du libellé, qu'il s'agisse du nom de spécialité ou de la DCI (dénomination commune internationale) est essentielle pour garantir que le médicament délivré ou administré correspond à celui qui a été prescrit.

Bien que l'utilisation des nomenclatures de codage des diagnostics, comme la CIM-10 (Classification internationale des maladies, 10e version) et la SNOMED-CT (*Systematized Nomenclature of Medicine, Clinical Terms*), soit déjà établie en milieu hospitalier, leur adoption est moins courante en ambulatoire. Pourtant, leur intégration pourrait transformer la pratique en facilitant le développement d'outils d'aide au suivi et à la décision clinique[1]. En France, le Système national des données de santé (SNDS) soutient ainsi des études longitudinales et des registres nationaux de santé. Pour assurer l'efficacité de ces échanges de données, une syntaxe et une sémantique uniformes doivent être adoptées, en utilisant des normes internationales de codification des données médicales. Par exemple, la nomenclature SNOMED CT pour la terminologie clinique et HL7 FHIR pour l'échange de données facilitent ces échanges.

SYSTÈMES D'AIDE À LA DÉCISION CLINIQUE (CDSS)

Les systèmes d'aide à la décision clinique (*clinical decision support system*, CDSS) sont des outils informatiques conçus pour aider les professionnels de santé dans leurs prises de décisions[2]. Un des outils les plus connus est le calcul des interactions médicamenteuses d'un plan de traitement lors de la prescription d'une nouvelle molécule[3].

1. Wardle M., Spencer A., "Implementation of SNOMED CT in an online clinical database", *Future Healthcare Journal*, 2017, p. 126–30.
2. Sutton R.T., *et al.*, "An overview of clinical decision support systems: benefits, risks, and strategies for success", *Npj Digital Medicine.*, vol. 3(17), 2020.
3. Zachariah M., *et al.* "Development and preliminary evidence for the validity of an instrument assessing implementation of human-factors principles in medication-related decision-support systèmes", *JAMIA*, supplément n° 1 de décembre 2011, p. 62-72.

Les fonctionnalités des CDSS incluent également des systèmes de notification pour la gestion des maladies chroniques, un support au diagnostic et au suivi des pathologies chroniques, fournissant des recommandations basées sur les symptômes, les signes cliniques, et les résultats d'analyses[1].

Un exemple concret est l'utilisation dans des cliniques de soins primaires d'un dossier informatisé (*Epic Systems*[2]) facilitant le suivi de patients hypertendus avec des recommandations de prise en charge ainsi que des notifications en cas de problèmes. Ces processus, pertinents pour le clinicien, doivent s'appuyer sur les besoins des utilisateurs et être paramétrables à chaque situation[3].

LE PATIENT ET SON ACCÈS AUX INFORMATIONS

Le rôle du patient a évolué, celui-ci devenant un acteur dans la gestion de sa santé. En effet, son implication améliore sa santé ainsi que sa satisfaction. Pour cela, le patient doit aussi avoir accès aux informations concernant sa santé, aux résultats d'analyses, aux rapports ainsi qu'aux avis des professionnels[4]. Les nouvelles technologies de l'information facilitent l'évolution de ce rôle, en permettant également au patient de saisir des informations directement sur son dossier et de les partager[5].

Le Dossier électronique du patient (DEP) avec CARA en Suisse et le Dossier médical partagé (DMP) en France, sont des plateformes sécurisées, qui permettent aux patients d'accéder à leurs informations de santé. Ces dossiers, mis à disposition par les institutions ainsi que par les professionnels impliqués, permettent de regrouper l'information, de réduire les erreurs médicales, d'éviter les examens redondants et d'optimiser la qualité des soins. La création de ce dossier partagé est volontaire et contrôlée par le patient, qui décide de sa constitution et peut en tout temps l'interrompre. Cependant, leur mise en œuvre montre de grands défis d'adoption, tant du côté des patients, que des professionnels de la santé.

1. Harada T., Miyagami T., Kunitomo K., Shimizu T., "Clinical Decision Support Systems for Diagnosis in Primary Care: A Scoping Review", *International Journal of Environmental Research and Public Health*, vol. 18(16), 2021.
2. Voir le site internet de ce service : https://www.epic.com
3. Garabedian P.M., *et al.*, "Human-centered design of clinical decision support for management of hypertension with chronic kidney disease", *BMC Medical Informatics and Decision Making*, vol. 22(1), 2022.
4. Hägglund M., McMillan B., Whittaker R., Blease C., "Patient empowerment through online access to health records", *BMJ Open Quality*, 2022.
5. Moll J., Rexhepi H., "The Effect of Patient Accessible Electronic Health Records on Communication and Involvement in Care – A National Patient Survey in Sweden", *Digital Personalized Health and Medicine*, 2020. p. 1056–60.

LA CYBERSÉCURITÉ

La sécurité des informations de santé est essentielle. Elle doit garantir la confidentialité et la protection des données patients. Les établissements de santé sont fréquemment la cible de cyberattaques, en raison de la grande valeur des données médicales. Des attaques telles que les *ransomwares* peuvent compromettre l'accès aux systèmes, mettant ainsi en danger la vie des patients[1].

Les stratégies pour se protéger doivent inclure :

- l'utilisation de l'authentification à deux facteurs ;
- la sécurisation des serveurs avec des pare-feu ;
- les mises à jour régulières pour corriger les failles de sécurité identifiées ;
- des sauvegardes régulières pour permettre la restauration des données en cas d'attaque ;
- la formation continue du personnel de santé, vu que le facteur humain est un des risques principaux.

Les réglementations telles que l'HIPAA aux États-Unis[2] imposent des normes rigoureuses pour la gestion et la protection des données de santé. Il est important de souligner que la sécurité des données relève de la responsabilité des utilisateurs, notamment des professionnels de santé qui utilisent ces systèmes.

CONCLUSION

L'avenir des SIS se dirige vers une automatisation accrue, en intégrant l'intelligence artificielle (IA) pour le diagnostic et la gestion des soins, ainsi que l'utilisation plus étendue des données génomiques et environnementales.

En effet, grâce à sa capacité à analyser rapidement de grandes quantités de données et d'identifier des modèles complexes, l'IA permet d'estimer des risques et de prédire des événements médicaux potentiels complétant ainsi le processus décisionnel[3]. En utilisant les données des dossiers médicaux électroniques de 16 millions de personnes, des chercheurs de l'Université de Floride ont conçu un système d'IA capable de prédire quels patients développeront la maladie d'Alzheimer jusqu'à cinq ans avant que le diagnostic soit établi[4].

1. "Health Threat Landscape", rapport de l'ENISA, 2023, accessible sur le site internet.
2. "HIPAA Security Rule", rapport du NIST, 2011, accessible sur le site internet.
3. "Navigating the future: The impact of generative AI and large language models in healthcare", HIMSS, mai 2024, accessible sur le site internet.
4. Li Q., Yang X., Xu J., Guo Y., He X., Hu H., *et al.*, "Early prediction of Alzheimer's disease and related dementias using real-world electronic health records", *Alzheimer's & Dementia*, vol. 19(8), 2023, p. 3506–18.

De plus, en accédant à des données cliniques, de larges banques de données et des résultats de la recherche, l'IA peut proposer des traitements personnalisés, les profils individuels des patients pouvant être associés aux directives cliniques nationales ainsi qu'aux recommandations fondées sur des preuves (*Evidence-Based Medicine*, EBM). Les traitements du langage naturel (NLP) sont des algorithmes qui permettent de comprendre le langage humain. Ces traitements optimisent ainsi la récupération des données et leurs analyses[1].

L'intégration de l'IA soulève cependant des défis importants, notamment en matière de confidentialité et de sécurité des données. Pour cela, des mesures pour protéger les données de santé contre les accès non autorisés ou les fuites potentielles doivent être implantées.

Par ailleurs, il est essentiel de s'assurer que l'IA soit exempte de tout biais, qu'elle maintienne une équité dans ses recommandations et que tous les patients reçoivent des traitements justes et adaptés à leurs besoins spécifiques.

PROPOSITIONS MANAGÉRIALES

- Le personnel de santé ne bénéficie pas toujours d'une formation adéquate en matière de cybersécurité. Il est donc essentiel de mettre en œuvre un programme de formation continue pour l'ensemble du personnel, tant médical qu'administratif, pour les sensibiliser aux risques et renforcer la sécurité des systèmes d'information. Un tel programme permettrait une meilleure protection des données sensibles et une réduction significative des vulnérabilités.
- Les établissements de santé devraient rendre les professionnels de santé plus attentifs aux coûts associés aux soins. En encourageant l'adoption de pratiques à la fois plus efficaces et économiques, ils contribuent à une gestion plus judicieuse des ressources. La mise en œuvre de systèmes d'aide à la décision, adaptés à chaque contexte clinique, permet aux médecins de pratiquer une médecine de pointe, tout en optimisant les dépenses. De plus, la transparence des coûts des traitements et des procédures, ainsi que la comparaison des dépenses engagées pour différents patients, sensibilisent davantage les professionnels aux impacts économiques de leurs décisions sur le système de santé.
- Une interopérabilité améliorée favorise une collecte de données plus vaste et détaillée, essentielle pour la recherche clinique et épidémiologique.

1. Alim T., "How Can Healthcare Leverage Natural Language Processing for Medical Records?", *HealthTech*, 2024.

Lectures complémentaires

- Hägglund M., McMillan B., Whittaker R., Blease C., "Patient Empowerment through Online Access to Health Records", *The BMJ*, 2022.
- SNOMED International est une organisation à but non lucratif qui possède, administre et développe la SNOMED CT, la terminologie clinique la plus complète existante.
- Rapports de la FMH à propos de la protection des données et sécurité.
- Sutton R.T., Pincock D., Baumgart D.C., Sadowski D.C., Fedorak R.N., Kroeker K.I., "An Overview of Clinical Decision Support Systems: Benefits, Risks, and Strategies for Success", *npj Digital Medicine,* vol 3(17), 2020.

16 L'IMPLANTATION DES TECHNOLOGIES DE L'INFORMATION EN SANTÉ

Claude Sicotte et Aude Motulsky

Résumé

Les technologies de l'information en santé (TIS) transforment les pratiques cliniques et l'organisation. Elles promettent d'améliorer la prise de décision clinique et l'organisation, en simplifiant la communication entre professionnels, et en autonomisant les patients. Cependant, leur implantation ne se limite pas à un déploiement technique : elles exigent une réflexion sur l'organisation du travail qui doit intervenir très en amont de la mise en œuvre. Ce texte offre des recommandations concrètes pour réussir l'adoption des TIS, éviter les pièges fréquents et maximiser les bénéfices attendus.

MESSAGES CLÉS

- Les TIS ont des fonctions variées : elles promettent des améliorations sur de nombreux plans, de l'implication des patients à la coordination des professionnels de santé.
- L'implantation est un processus sociotechnique : au-delà des aspects techniques, l'implantation des TIS repose sur des changements organisationnels profonds.
- Les aspects d'organisation doivent être anticipés en amont de la mise en œuvre.
- L'implantation des TIS est un phénomène qui se déroule sur une longue période nécessitant une adaptation importante. Elle exige un accompagnement rapproché des utilisateurs.
- Le monitorage et la transparence des résultats constituent des facteurs clés d'implantation.

INTRODUCTION

Les technologies de l'information en santé (TIS) regroupent quatre grandes catégories :
- les dossiers électroniques centrés sur le clinicien ;
- les dossiers électroniques centrés sur le patient ;
- les systèmes de partage d'information cliniques ;
- la télésanté (voir le tableau suivant)[1].

Ces technologies offrent de précieuses capacités aux utilisateurs. Elles visent d'abord à améliorer la décision clinique par un traitement amélioré des données cliniques liées à un patient, la capacité informationnelle. De même, elles visent à améliorer la communication entre les professionnels et les patients, la capacité communicationnelle. Enfin, elles permettent de favoriser l'autonomisation du patient et son implication auprès des équipes cliniques. Ces capacités permettent l'automatisation de certaines activités et le travail à distance, tout en soutenant de nouveaux modes d'organisation qui facilitent l'accessibilité, la coordination et l'efficience des soins de santé.

1. Adler-Milstein J., Elettra R., Genna R., Cohen L.A., Pannella W., Ashish K.J., "Benchmarking Health IT among OECD Countries: Better Data for Better Policy", *Journal of the American Medical Informatics Association* vol. 21(1), 2014, p. 111–16.

Tout projet visant l'implantation d'une TIS doit débuter par une « vision », un projet qui articule comment les capacités seront mobilisées pour transformer les usages des utilisateurs. Par exemple, un projet de dossier électronique hospitalier peut avoir comme objectif d'éliminer le dossier papier pour favoriser un accès partout, en tout temps, au dossier patient. Une vision explicite permet non seulement d'aligner les efforts des équipes, mais aussi d'évaluer les progrès de l'adoption, la nature de l'usage et l'atteinte des bénéfices recherchés.

Définition des types de TIS par fonctionnalités clés (adapté du modèle d'Adler-Milstein, 2014[1])

Type	Type 1 Dossier centré sur le clinicien	Type 2 Dossier centré sur le patient	Type 3 Échange d'information clinique	Type 4 Télésanté
Définition	TIS soutenant la prise de décision clinique lors des séjours et/ou des consultations, et la coordination intra-organisation	TIS soutenant l'implication et l'autonomisation du patient et ses proches, ainsi que la coordination	TIS soutenant la coordination inter-organisation et la trajectoire clinique	TIS soutenant les soins à distance
Fonctionnalités clés	• Sommaire des informations patients (liste de problèmes, allergies, liste de médicaments…) • Aide à la décision clinique • Circuit fermé de l'administration des médicaments • Documentation clinique	• Visualisation des informations cliniques (résultats de laboratoire…) • Ajout ou commentaire sur les données cliniques (corriger la liste des médicaments…) • Prise de rendez-vous • Renouvellement de médicaments	• Messagerie sécurisée entre cliniciens • Requête et ordonnance d'examens et de médicaments, et réception des résultats • Référence de patients	• Télésurveillance à domicile • Téléconsultation • Communication asynchrone patient et professionnel

DE L'IMPLANTATION À L'USAGE D'UNE TIS

L'implantation d'une TIS désigne le processus organisationnel qui mène à l'adoption du système par les utilisateurs ciblés. L'implantation s'inscrit dans une approche de conception et de développement du système d'information. Cette approche est influencée par le type de projet (développement interne ou achat d'un outil commercial), son envergure (des dizaines d'utilisateurs ou des milliers), sa portée (une seule fonctionnalité ou des dizaines), ses ressources (échéanciers et budgets) et son contexte (organisation publique ou privée,

1. *Ibid.*

fournisseur local ou étranger) qui imposent des règles ou des contraintes spécifiques. Les experts appropriés doivent donc être impliqués tôt dans la démarche pour bien éclairer les tenants et aboutissants des décisions qui sont prises. Ainsi, l'implantation est un processus de gestion, qui s'assure que les aspects techniques (infrastructures, équipement informatique, réseau) permettent une disponibilité et un fonctionnement optimal des fonctionnalités en toutes circonstances dans un contexte donné. C'est aussi, voire surtout, un processus social de changement organisationnel : l'objectif final est que toutes ces étapes soient réalisées pour permettre aux utilisateurs d'*adopter* la technologie

L'adoption fait référence à la décision individuelle des usagers d'essayer, puis d'utiliser couramment une nouvelle TIS dans leurs pratiques quotidiennes. Certains vont parler de routinisation, d'acceptation ou d'appropriation de la technologie lorsque l'usage est maintenu dans le temps, et que les nouveaux usages permettent de capturer les bénéfices recherchés. L'adoption se déroule dans un contexte organisationnel et social donné. Il faut rappeler que les organisations de santé sont des organisations dites *professionnelles*, où ces professionnels disposent d'un grand pouvoir. La technologie doit tenir compte de plusieurs exigences cliniques et déontologiques, et ne peut pas être imposée aux professionnels, qui détiennent souvent la capacité d'influencer les priorités de l'organisation ou le déroulement d'un projet au point de le faire chavirer.

C'est ici que la conception de la technologie doit être bien articulée avec le modèle de transformation de l'organisation du travail – les routines de travail des professionnels – pour favoriser cet alignement. Ceci ne veut pas dire que la technologie doive permettre toutes les façons différentes de travailler et les particularités individuelles de chacun des cliniciens. Mais il est important de tenir compte de la standardisation clinique qui sera nécessaire pour l'implantation d'une TIS, tout en acceptant que les processus cognitifs impliqués dans la prise de décision clinique puissent être très variables d'un secteur à un autre (travail social *versus* oncologie). Comment alors favoriser cet alignement ? En s'assurant du bien-fondé de la conception de la technologie, qui doit permettre effectivement aux utilisateurs d'atteindre les bénéfices recherchés. Même les utilisateurs les plus réticents finiront par joindre les efforts si la démonstration est faite que le travail est plus performant (productivité), mieux exécuté (qualité et sécurité des soins) ou plus satisfaisant (Ray, 2019).

Le comportement des individus – l'usage de la technologie – a été largement analysé, en mobilisant des théories classiques de la psychologie comportementale (théorie de l'action raisonnée, intégrée dans le *Technology Acceptance Model, TAM*). Ces modèles conceptuels s'intéressent aux intentions des utilisateurs ciblés et à leur usage, des facteurs liés à leur expérience mais aussi à ce qu'ils vont appréhender de la TIS. Ce que les gens entendent dire au sujet de la technologie influence leurs perceptions et leur intention d'utiliser, ou de continuer à utiliser, la technologie. Ainsi, l'adoption est un processus continu qui repose à la fois sur l'expérience vécue et la satisfaction générée au quotidien au contact de la technologie, et comment se communique cette expérience quotidienne des utilisateurs vers les futurs utilisateurs. Primordiale est l'importance de la rétroaction entre les bénéfices mesurés et communiqués, et le déroulement de l'implantation, surtout lorsque qu'elle se produit dans plusieurs organisations différentes en séquence dans le temps[1].

L'implantation d'une technologie débute donc bien avant son déploiement. Dès l'annonce du projet, la rumeur commence à se répandre dans l'organisation, les futurs utilisateurs commencent à se faire une opinion (favorable ou défavorable). L'émergence de ces premières attitudes face à la technologie doivent être monitorées et gérées (gestion des attentes des utilisateurs).

Le succès de l'implantation d'une TIS repose non seulement sur les individus – leurs attitudes et leur usage – mais aussi sur des facteurs liés à la technologie (qualité du système, de l'information, du service). Les dimensions humaines et sociales de l'implantation influencent fortement le déroulement du projet, ainsi que l'atteinte de ses cibles (le « succès »). Comme mentionné plus haut, les acteurs stratégiques ayant le potentiel d'influencer le déroulement, à toutes les phases, sont nombreux.

Ainsi, il existe beaucoup de projets qui ont fait face à des résistances et des insatisfactions importantes, qui n'atteignent pas les cibles, voire qui sont même abandonnés. Un des exemples les plus frappants de projets abruptement interrompus est le programme national au Royaume Uni, qui, après 6,2 milliards de livres sterling dépensées, a été clos en 2011[2]. Les analyses des causes de ces échecs sont instructives pour informer les bonnes pratiques de gestion des projets d'envergure d'implantation des TIS dans les organisations et les systèmes de santé[3]. Trop souvent, une vision floue, une portée trop grande, ou une sous-estimation des défis à venir expliquent les échecs. Les facteurs qui favorisent le succès d'une implantation d'une TIS vont donc des aspects techniques et individuels présents jusqu'au contexte organisationnel (stratégie et gouvernance)

1. URBACH N., MÜLLER B., "The Updated DeLone and McLean Model of Information Systems Success", *in* YOGESH K.D. *et al.*, *Information Systems Theory*, Springer New York, 2012.
MARDIANA S., TJAKRAATMADJA J.H., APRIANINGSIH A., 2015. "DeLone–McLean Information System Success Model Revisited: The Separation of Intention to Use-Use and the Integration of Technology Acceptance Models", *International Journal of Economics and Financial Issues,* vol. 5(1S), 2015, p. 172–82.
LAU F., KUZIEMSKY C., "Handbook of eHealth Evaluation: An Evidence-Based Approach", NIH, 2017.
2. TAKIAN A., SHEIKH A., BARBER N., 2012. "We Are Bitter, but We Are Better off: Case Study of the Implementation of an Electronic Health Record System into a Mental Health Hospital in England", *BMC Health Services Research,* vol. 12(1), 2012, p. 1–13. JUSTINIA T., "The UK's National Program for IT: Why Was It Dismantled?", *Health Services Management Research*, vol. 30(1), 2017, p. 2–9.
3. CRESSWELL K. M., BATES D. W., SHEIKH A., "Ten Key Considerations for the Successful Implementation and Adoption of Large-Scale Health Information Technology", *JAMIA*, vol. 20(1), 2013.

et à la mise en place d'équipes avec les moyens d'atteindre les ambitions du projet (compétences, expérience, ressources suffisantes).

Le cas anglais nous enseigne qu'au-delà des aspects techniques, qui ne doivent pas être négligés, le bon déroulement de chaque étape, de la planification jusqu'à l'optimisation, repose d'abord sur les équipes, les gestionnaires impliqués, ainsi que le contexte social dans lequel se déroule le projet. Les gestionnaires doivent assurer d'une vision claire portée au plus haut niveau stratégique de l'organisation et opérationnalisable en cibles précises. Ils doivent porter attention à la constitution des équipes qui doivent avoir une compréhension fine des domaines d'affaires et des défis qui les attendent. Ils ne doivent pas sous-estimer l'importance de la « réputation » de la technologie, même durant la phase de planification du projet : ce que les gens appréhendent à l'implantation d'une technologie en santé. La gestion du changement, et en particulier la gestion des attentes, revêt ici toute son importance et mérite une attention soutenue à toutes les étapes du projet.

DE L'USAGE AUX BÉNÉFICES D'UNE TIS

Sachant que la cible de l'implantation est nécessairement l'intégration du nouvel outil dans les routines de travail, et la capture des bénéfices attendus, plusieurs scénarios sont possibles. En effet, les TIS sont des technologies dites « diffuses », c'est-à-dire qui peuvent être utilisées de multiples façons qui émergent avec leurs fonctionnalités, mais aussi de la capacité à les utiliser dans un contexte donné.

Il est important de cibler les bénéfices à monitorer, ainsi que les mécanismes de fonctionnement et de production de ces bénéfices. Il faut considérer les bénéfices liés à l'usage de la technologie ainsi que les transformations du travail requises par les nouvelles capacités que permettent les TIS. Il faut aussi être à l'affût des erreurs ou des problèmes qui peuvent être causées par l'usage de la technologie[1,2]. Ce problème est fréquemment rapporté dans la littérature scientifique, ou à travers les plaintes d'utilisateurs qui ont commis des erreurs cliniques qu'ils attribuent à l'usage d'une TIS (quelques exemples en contexte américain sont très parlants[3]). Ainsi, la quantité d'information qui devient

1. Ash J.S., Berg M., Coiera E., "Some Unintended Consequences of Information Technology in Health Care: The Nature of Patient Care Information System-Related Errors", *Journal of the American Medical Informatics Association*, vol. 11(2), 2004, p. 104-12.

2. Borycki E.M., Kushniruk A.W., "Towards an Integrative Cognitive-Socio-Technical Approach in Health Informatics: Analyzing Technology-Induced Error Involving Health Information Systems to Improve Patient Safety", *The Open Medical Informatics Journal*, vol. 4, 2010, p. 181-87.

3. Fortune F.S., Fry E., "Death By 1,000 Clicks: Where Electronic Health Records Went Wrong", *Kaiser Health News*, 2019.

accessible avec un dossier électronique peut devenir un *chaos d'information*, lorsqu'elle n'est pas présentée de manière digeste. En période de déploiement ou de tout changement majeur, il est essentiel de monitorer les erreurs ou les problèmes de manière systématique et planifier un processus d'amélioration continue et de priorisation des ajustements à la TIS qui tienne compte de la gravité et de la fréquence de ces problèmes. Autour de zones particulièrement à risque, comme l'ordonnance électronique de médicament ou les soins critiques, ces activités prennent une importance capitale.

PROPOSITIONS MANAGÉRIALES

- Planifier sur le long cours : l'implantation des TIS est un phénomène qui se déroule sur une longue période nécessitant une adaptation importante. Ne pas négliger le choc que les cliniciens éprouvent en se voyant outillés mais aussi contraints par la conception de la technologie. Une diminution initiale de la productivité est normalement à prévoir. Prévoir cette période de transition, pendant laquelle la nouvelle routine doit s'installer graduellement (apprentissage) avant la réalisation d'effets bénéfiques.
- Soutenir : un accompagnement rapproché des utilisateurs au *coude-à-coude* au début d'un déploiement ou d'un changement majeur de fonctionnalité est nécessaire, même si une formation a été donnée.
- Monitorer et partager : monitorer les usages et les effets, positifs et négatifs, afin d'arrimer les priorités de l'optimisation de la TIS aux besoins prioritaires des utilisateurs (réduire les problèmes et favoriser les bénéfices). Être transparent sur les problèmes, les actions entreprises pour les réduire, ainsi que les bénéfices, permet de réduire les insatisfactions individuelles et faciliter la gestion de changement. Ne pas présumer que l'adoption est réussie une fois que les premiers clics sont survenus. La satisfaction des utilisateurs doit se maintenir dans le temps, ce qui repose sur un fragile équilibre entre l'interface utilisateur, la relation avec le fournisseur, la qualité de l'outil et les bénéfices liés à son usage.

Lectures complémentaires

- Hoyt R., Bailey N., Yoshihashi A., *Health Informatics – Practical Guide for Healthcare and Information Technology Professionals*, Informatics Education, 2022.
- Lau F., Kuziemsky C., *Handbook of eHealth Evaluation: an evidence-based approach*, University of Victoria, 2017.

- Bohmer R., "The Hard Work of Health Care Transformation", *The New England Journal of Medicine*, vol. 375, 2016, p. 709–711.
- Cresswell K.M., Bates D.W., Sheikh A., "Ten key considerations for the successful implementation and adoption of large-scale health information technology", *Journal of the American Medical Informatics Association*, vol. 20, 2013.
- Cresswell K.M., Sheikh A., "Organizational issues in the implementation and adoption of health information technology innovations", *International Journal of Medical Informatics*, vol. 82(5), 2013.
- Duncan R., Eden R., Woods L., *et al.*, "Synthesizing Dimensions of Digital Maturity in Hospitals: Systematic Review", *Journal of Medical Internet Research*, vol. 24, 2022.
- Price M., Lau F., "The clinical adoption meta-model: a temporal meta-model describing the clinical adoption of health information systems", *BMC Medical Informatics and Decision Making*, vol. 43, 2014.
- Le site internet du American national center for human factors in health care.

TRAVAILLER AVEC DES INCITATIFS FINANCIERS

5

PARTIE

17 ÉCONOMIE DE LA SANTÉ ET FINANCEMENT DES SOINS À TRAVERS LE SYSTÈME SUISSE

Joachim Marti

Résumé

Les dépenses de santé en Suisse représentent près de 12 % du Produit intérieur brut (PIB) et sont financées majoritairement par des primes d'assurance maladie et des paiements directs des ménages. La part publique du financement est relativement faible, ce qui en fait l'un des systèmes de santé les moins redistributifs parmi les pays de l'OCDE. Avec l'évolution démographique, la complexité croissante des prises en charge et l'adoption de nouvelles technologies coûteuses, il est important de réfléchir à une utilisation plus efficiente et équitable des ressources. Ce chapitre propose une vue d'ensemble des concepts d'économie de la santé pour mieux comprendre les défis auxquels font face les institutions de soins. Il aborde d'abord les déterminants économiques de l'utilisation des soins, puis examine l'impact des modes de rémunération et de la structure de l'offre de soins sur leur qualité et leurs coûts. Enfin, il discute des questions d'allocation des ressources, tout en introduisant des concepts-clés de l'évaluation médico-économique.

MESSAGES-CLÉS

- L'économie de la santé offre une boîte à outils utile à l'analyse des grands enjeux auxquels les systèmes de santé font face : évolution démographique, progrès technologique, pression sur les dépenses de santé, allocation des ressources.
- Ces outils permettent de mieux comprendre les comportements individuels, les décisions des prestataires de soins, les interactions entre l'offre et la demande, et les arbitrages inhérents à toute politique publique en matière de santé.
- La manière dont on rémunère les prestataires de soins a une influence sur la qualité et le volume des soins. Il n'existe pas de système idéal mais il est important de bien comprendre les incitatifs qu'ils génèrent, leurs avantages et inconvénients.
- L'évaluation des nouvelles technologies de santé via des méthodes d'évaluation médico-économiques est importante pour guider les décisions de remboursement et d'adoption, en balançant coûts et bénéfices dans un contexte de ressources limitées.

INTRODUCTION

Les dépenses de santé augmentent à un rythme régulier et représentent environ 12 % du PIB en Suisse. Le pays se situe dans le peloton de tête mondial en termes de dépenses par tête, même après correction des différences de pouvoir d'achat entre les pays. Ces dépenses sont financées principalement à travers des primes d'assurance maladie et les versements directs des ménages, avec une contribution étatique relativement faible (20 %) en comparaison internationale. Alors que les contributions sociales, et donc liées au revenu, sont au centre du financement des soins en Allemagne et en France, par exemple, des pays comme la Suède, le Royaume-Uni ou l'Italie ont recours plus massivement à l'argent public pour financer les soins. La Suisse se distingue donc de ces deux modèles car les contributions obligatoires sont versées à des assurances privées, fortement régulées, sans prise en compte des ressources financières des individus[1].

1. Notons qu'un système de subsides publics est à disposition des ménages à bas revenu pour alléger le fardeau financier des primes.

Au regard de l'évolution démographique (avec comme corollaire des patients plus souvent multimorbides aux parcours de soins complexes) et du progrès technologique (qui est un moteur avéré de la croissance de dépenses), il est illusoire de s'attendre à une inversion de cette tendance. Ce constat est d'autant plus prégnant en Suisse, où le système de soins est très fragmenté, et donc difficile à piloter et réformer, et où les incitatifs poussent à fournir des volumes de prestations élevés. Dans un contexte de besoins croissants, de coûts élevés à la charge des ménages, et de pénurie de main d'œuvre, il est primordial de se poser la question d'une utilisation plus efficiente et durable des ressources. La complexité de la situation requiert des regards variés, et interdisciplinaires.

La science économique, qui peut se définir comme la « science des choix et de la rareté », rend explicite les arbitrages nécessaires dans un contexte de ressources limitées, à plusieurs niveaux de décision, c'est-à-dire tant de la part des *agents économiques* (producteurs, consommateurs), que des responsables de l'allocation des ressources. Appliqués au domaine de la santé et des soins, les principes d'économie proposent donc d'analyser les choix et comportements des différents acteurs du système de soins : les citoyens, patients, fournisseurs de prestations et décideurs. L'économie de la santé, qui trouve son origine au milieu du XXe siècle, notamment à travers les travaux de Salma Mushkin (1958) et, d'un point de vue plus théorique, ceux de Kenneth Arrow (1963), offre une boîte à outils utile à l'analyse de ces enjeux.

Ce chapitre offre une vue d'ensemble des concepts et outils de l'économie de la santé nécessaires à une meilleure compréhension des défis auxquels les institutions de soins, et plus largement les systèmes de santé, font face. Il s'intéresse dans un premier temps aux déterminants économiques de l'utilisation de soins en se plaçant du côté des citoyens et consommateurs. Ensuite, il discute de l'influence des modes de rémunération et des incitatifs économiques sur la pratique de soins, ainsi que de l'impact de la structure de l'offre sur la production de soins. Enfin, il se place à un niveau plus systémique et discute des questions d'allocation des ressources, et propose une rapide vue d'ensemble des concepts-clés de l'évaluation médico-économique.

LA DEMANDE DE SANTÉ ET DE SOINS

Lorsqu'on s'intéresse à la demande dans le domaine de la santé, on distingue les choix que les individus font avant de tomber malade (on parle alors de demande *ex ante*), des choix qu'ils doivent faire lorsque la maladie ou le problème de santé/besoin a été identifié (demande *ex post*, et donc accès au système de soins et utilisation de soins). Les premiers couvrent les comportements de santé tels que l'alimentation ou l'activité physique, les décisions liées à la prévention primaire ou secondaire (dépistage), ou encore dans le contexte suisse, le choix d'un contrat d'assurance maladie. Les comportements de santé ont été largement étudiés par les économistes, tant du point de vue de leurs déterminants (rôle du prix, de l'information, de la perception des risques, etc.), que de la justification d'une intervention publique (réduction des *externalités*[1]) et des leviers correspondants. Les coûts liés à un comportement plus sain (manger mieux, être plus actif, etc.) sont consentis à court terme, alors que les bénéfices n'apparaissent pour beaucoup qu'à long terme ; d'où l'importance de ce que les économistes appellent les préférences temporelles, c'est-à-dire le poids relatif que l'on place sur les coûts et les bénéfices immédiats de nos actions/choix par rapport aux coûts et bénéfices futurs. Certains instruments de politique publique conventionnels permettent d'influencer ces comportements en modifiant le rapport coût-bénéfice perçu à travers une meilleure information, ou en agissant directement sur les prix relatifs via les taxes et subventions. Des options moins intrusives, mobilisant des outils de l'économie comportementale (*nudge*), sont prometteuses, mais doivent encore faire leurs preuves[2].

Le caractère obligatoire de la couverture d'assurance de base en Suisse, implique des décisions fréquentes sur un sujet complexe. Chaque année, en effet, la population doit choisir une caisse maladie, une franchise, un modèle... ce qui, mis bout-à-bout, représente un très grand nombre d'options possibles. L'économie traditionnelle suggère qu'un grand nombre de choix est bénéfique car il augmente les chances qu'une des options corresponde aux préférences individuelles. En réalité, les recherches ont montré qu'un excès de choix altère la prise de décision : une part importante des individus choisissent des franchises sous-optimales, et/ou ne changent pas de caisse maladie, malgré des avantages économiques importants pour une couverture similaire[3].

L'économie de la santé s'intéresse également à l'influence du prix sur les décisions de consommation de soins. Plus précisément, dans un système reposant sur l'assurance maladie, une question cruciale concerne la sensibilité de la demande de soins face aux variations des coûts à la charge des patients, c'est-à-dire ceux qu'ils doivent régler « *out-of-pocket* ». En Suisse, les individus font face au coût des soins à la hauteur de leurs franchises et des quotes-parts pour les soins remboursés par l'assurance obligatoire des soins (AOS), et à l'entier de la

1. Les termes en *italique* sont décrits dans le tableau récapitulatif situé en fin de chapitre.
2. Vlaev I., King D., Dolan P., Darzi A., "The theory and practice of "nudging": changing health behaviors", *Public Administration Review*, vol. 76(4), 2016, p. 550-561.
3. Abaluck J., Gruber J., "When less is more: Improving choices in health insurance markets", *The Review of Economic Studies*, vol. 90(3), 2023, p. 1011-1040.
Frank R. G., Lamiraud K., "Choice, price competition and complexity in markets for health insurance", *Journal of Economic Behavior & Organization*, vol. 71(2), 2009, p. 550-562.

facture pour les soins dentaires, par exemple. Ces mécanismes de participation aux frais ont été conçus pour limiter la surconsommation de soins et s'attaquent à la problématique de l'*aléa moral*. Plusieurs études, notamment aux États-Unis[1], mais également en Suisse[2,3], montrent que l'utilisation de soins diminue si la participation aux frais augmente, comme le prédit la théorie. Seulement, il est également démontré que ces réductions d'utilisation concernent tant des soins aux rapports coûts-résultats peu favorables, et probablement surutilisés (*low value care*), que des soins nécessaires et efficaces, tels que les consultations en médecine générale, les médicaments liés à la gestion des maladies chroniques, ou les démarches préventives (par exemple, le dépistage)[4]. À court terme, on peut donc s'attendre à une diminution de l'utilisation de soins et donc des coûts suite à une augmentation de la participation aux frais de santé. En revanche, cette diminution de la demande peut conduire, à plus long terme, à une augmentation du recours aux soins, des coûts, et même de la mortalité[5,6].

L'OFFRE DE SOINS

L'analyse économique de l'offre de soins porte principalement sur deux sujets : le rôle des mécanismes de remboursement sur le volume, les coûts et la qualité des soins (incitatifs), et l'influence de la composition et de la structure du « marché » sur ces mêmes résultats (densité de l'offre, rôle des acteurs privés, par exemple).

En Suisse, les deux principaux mécanismes de remboursement se composent d'un *paiement à l'acte* (*fee-for-service*) pour les soins ambulatoires, régis par le système TARMED, qui sera bientôt remplacé par le TARDOC, et d'un *remboursement forfaitaire par cas* dans le secteur stationnaire, basé sur le système des groupes de diagnostics (DRG). Les mécanismes de remboursement ont tous des avantages et des inconvénients, et il convient d'en analyser les effets possibles de manière structurée[7]. Un premier aspect important concerne la

1. Keeler E. B., Rolph J. E., "The demand for episodes of treatment in the health insurance experiment", *Journal of health economics*, vol. 7(4), 1988, p. 337-367.
2. Boes S., Gerfin M., "Does Full Insurance Increase the Demand for Health Care?", *Health Economy*, vol. 25(11), 2016, p. 1483-1496.
3. Gerfin M., Kaiser B., Schmid C., "Healthcare demand in the presence of discrete price changes", *Health economics*, vol. 24(9), 2015, p. 1164-1177.
4. Baicker K., Mullainathan S., Schwartzstein J., "Behavioral Hazard in Health Insurance", *The Quarterly Journal of Economics*, vol. 130(4), 2015, p. 1623–1667.
5. Amitabh C., Gruber J., McKnight R., "Patient Cost-Sharing and Hospitalization Offsets in the Elderly", *American Economic Review*, vol. 100(1), 2010, p. 193–213.
6. Amitabh C., Flack E., Obermeyer Z., "The Health Costs of Cost Sharing", *The Quarterly Journal of Economics*, vol. 139(4), 2024, p. 2037–2082.
7. Rochaix L., « Les modes de rémunération des médecins », *Revue d'économie financière*, vol. 76, 2004, p. 223–239.

répartition du risque financier entre les prestataires et les payeurs. Avec un système de paiement à l'acte, le risque repose presque entièrement sur le payeur – plus de volume signifie plus de revenus du point de vue du prestataire. Dans le cas d'un remboursement prospectif, comme les DRG, une partie du risque est transférée vers le prestataire car la rémunération est issue de règles prédéterminées, et reflète les coûts moyens du secteur (benchmarking). Cependant, il subsiste des incitatifs à faire plus de volume (admettre plus de patients) avec un tel système. D'autres modèles de rémunération existent, où le risque repose principalement sur les prestataires qui sont tenus de gérer un budget prédéterminé. C'est le cas par exemple pour le paiement à la *capitation*, où le prestataire (ou le réseau) reçoit un montant « par patient » (parfois corrigé pour certaines caractéristiques, tels que l'âge ou les besoins attendus) qui constitue son budget, avec une importante flexibilité sur l'utilisation des ressources.

Le paiement à l'acte est souvent critiqué pour les incitatifs de volume qu'il génère. Le corollaire est que le risque de sous-utilisation est faible. Un tel système devrait être mis à jour régulièrement, afin que les tarifs reflètent la valeur ajoutée des traitements et prennent en compte les éventuels gains de productivité dans certains domaines. Les forfaits par cas (DRG) sont conçus de manière à intégrer des incitations. En effet, sauf exceptions, le remboursement n'est pas lié à la durée du séjour. Ainsi, pour maximiser l'écart entre coûts et revenus, les hôpitaux disposent de plusieurs stratégies : diminuer la durée de séjour (ce qui peut entraîner un risque de réadmission), réduire l'intensité des services fournis pendant l'hospitalisation (parfois au détriment de la qualité des soins), ou encore tenter de sélectionner les patients les plus rentables (*cream-skimming*) ou d'exploiter les règles de codage (via le surcodage).

D'autres mécanismes de rémunération visent à promouvoir l'intégration et la coordination des soins et à rendre la prise en charge plus proactive (préventive). Il s'agit par exemple des *bundled payments* qui consistent à rémunérer, à travers un forfait, l'ensemble des prestataires intervenant sur un parcours de soins (intervention chirurgicale, réadaptation, soins à domicile, par exemple)[1], ou encore les budgets de *capitation*, mentionnés plus haut, qui impliquent une gestion populationnelle et qui peuvent intégrer l'ensemble des prestataires de soins[2]. Enfin, certains modèles proposent de lier la rémunération à la qualité des soins, mesurée à l'aide d'indicateurs de processus ou de résultats de santé (paiement à la performance, ou à la qualité)[3].

---

1. Agarwal R., Liao J.M., Gupta A., Navathe A.S., "The Impact Of Bundled Payment On Health Care Spending, Utilization, And Quality: A Systematic Review", *Health Affairs* (Millwood), vol. 39(1), 2020, p. 50-57.
2. Emanuel E.J., Mostashari F., Navathe A.S., "Designing a Successful Primary Care Physician Capitation Model", *JAMA*, vol. 325(20), 2021, p. 2043–2044.
3. Eijkenaar F., Emmert M., Scheppach M., Schöffski O., "Effects of pay for performance in health care: a systematic review of systematic reviews", *Health Policy*, vol. 110(2-3), 2013, p. 115-130.

Au-delà de la rémunération des prestataires, certaines caractéristiques de l'offre de soins exercent une influence sur l'accès, la qualité des soins et les coûts. Il s'agit notamment de la densité de l'offre médicale (par exemple le nombre de médecins par individu dans une zone géographique donnée) qui, dans certains cas, est trop faible et pose des problèmes d'accessibilité, ou, dans d'autres cas, trop forte, conduisant parfois à des phénomènes de demande induite[1]. Une autre dimension importante est le mix public-privé parmi les prestataires. Si, dans le secteur hospitalier par exemple, une mise en concurrence entre hôpitaux publics et privés a pu avoir des avantages en termes de qualité des soins dans le contexte anglais[2], ceux-ci sont souvent concentrés dans les groupes les plus favorisés de la population[3]. En outre, les prestataires privés réagissent plus fortement aux incitatifs ce qui conduit à un risque de surutilisation de certaines pratiques[4], ou à la sélection de patients[5].

EFFICIENCE, ALLOCATION DES RESSOURCES ET ANALYSE MÉDICO-ÉCONOMIQUE

Lorsqu'on examine comment les systèmes de soins transforment des ressources (ressources financières) en résultats (amélioration de la santé de la population), on s'inscrit dans une perspective d'analyse de la production. Une particularité des fonctions de production, qui décrivent la relation entre les ressources et les résultats, est qu'elles obéissent à la loi des rendements marginaux décroissants. En d'autres termes, les premiers investissements génèrent des résultats nettement supérieurs à ceux des derniers montants dépensés. Ce phénomène se vérifie dans le domaine de la santé, à plusieurs niveaux d'analyse. Par exemple, lorsqu'on met en relation les dépenses de santé par tête et un indicateur de *mortalité évitable*, on observe cette forme particulière qui illustre bien qu'à partir d'un certain niveau de ressources consacrées à la santé, il est difficile de « produire » des résultats supplémentaires (voir figure suivante).

1. Léonard C., Stordeur S., Roberfroid D., "Association between physician density and health care consumption: a systematic review of the evidence", *Health Policy*, vol. 91(2), 2009, p. 121-34.
2. Cooper Z., Gibbons S., Jones S., McGuire A., "Does Hospital Competition Save Lives? Evidence from the English NHS Patient Choice Reforms", *Economy Journal*, vol. 121(554), 2011.
3. Beckert W., Kelly E., "Divided by choice? For – profit providers, patient choice and mechanisms of patient sorting in the English National Health Service", *Health Economics*, vol. 0(4), 2021, p. 820-839.
4. Yu S., Fiebig D. G., Viney R., Scarf V., Homer C., "Private provider incentives in health care: The case of caesarean births", *Social Science & Medicine*, vol. 294, 2022.
5. Mason A., Street A., Verzulli R., "Private sector treatment centres are treating less complex patients than the NHS", *Journal of the Royal Society of Medicine*, vol. 103(8), 2010, p. 322-331.

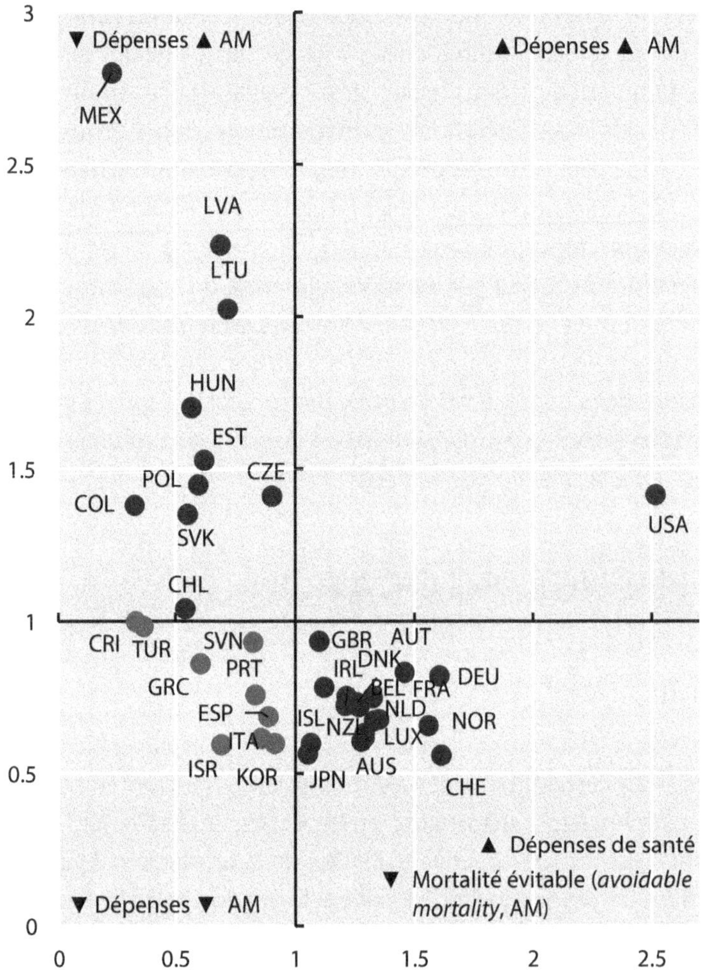

Mortalité evitable et dépenses de santé[1]

Dans un contexte de ressource limitées et de rendements marginaux décroissants, il est donc important de réfléchir à une allocation des ressources qui permet soit d'améliorer les résultats de santé avec le même budget, ou de réduire les dépenses sans affecter les résultats de santé. On parle alors de gains d'efficience. Plusieurs sources d'inefficience ont été identifiées dans la littérature, et il existe un consensus qui dit qu'en s'attaquant à celles-ci, une diminution de 20 à 30 % des dépenses de santé est réaliste, sans pour autant réduire la qualité et l'accès aux soins[2]. On peut citer par exemple : les problèmes de sécurité des patients (infections nosocomiales, évènements indésirables, etc.),

1. Source : OECD (2023), *Health at a Glance 2023: OECD Indicators*, OECD Publishing, Paris, https://doi.org/10.1787/7a7afb35-en.
2. Braithwaite J., Glasziou P., Westbrook J., "The three numbers you need to know about healthcare: the 60-30-10 Challenge", *BMC Medicine*, vol. 18(1), 2020, p. 102.

le manque de coordination des soins, la surutilisation des soins à faible valeur (*low-value care*), la sous-utilisation de soins efficaces, ou encore les problèmes de fixation des prix[1]. Pour la Suisse, une estimation de 2019 fait un constat similaire et met en avant encore d'autres sources d'inefficience telles que la taille sous-optimale des hôpitaux, le retard dans la part des interventions effectuées en ambulatoire et, à nouveau, les prix trop élevés et la surutilisation de certains soins[2]. Le potentiel d'efficience estimé se situe entre 16 et 19 % des dépenses de santé soumises à l'AOS.

On peut ensuite adopter une perspective plus « micro » en se concentrant sur un domaine de soins spécifique. Dans de nombreux cas, pour un problème de santé donné, la relation entre le coût supplémentaire des nouveaux traitements ou technologies et les résultats qu'ils génèrent (comme l'allongement de l'espérance de vie, l'amélioration de la qualité de vie ou la réduction des symptômes) tend à devenir moins favorable. Par exemple, dans le domaine des maladies cardiovasculaires, une étude américaine révèle que le coût par année de vie gagnée est passé de 20 000 $ à 300 000 $ en l'espace de vingt ans[3].

L'adoption de nouvelles technologies étant un déterminant important de l'augmentation des dépenses, la plupart des pays mettent en place des processus structurés d'évaluation (*health technology assessment* ou HTA) qui visent à mettre en balance les risques, coûts et bénéfices des nouveaux traitements[4]. On s'intéresse alors aux aspects cliniques (efficacité, sécurité), mais également aux implications légales, éthiques, organisationnelles et économiques. Pour ce dernier point, on a recours aux méthodes d'évaluation médico-économiques qui permettent de rendre explicite le rapport entre coûts et bénéfices des nouveaux traitements et ainsi d'aider à la prise de décision (remboursement, achat, baisse de prix, etc.).

---

1. Shrank W.H., Rogstad T.L., Parekh N., "Waste in the US Health Care System: Estimated Costs and Potential for Savings", *JAMA*, vol. 322(15), 2019, p. 1501–1509.
2. Brunner *et al.*, « Rapport final : potentiel d'efficience concernant les prestations soumises à la LAMal », (en allemand, résumé en français), Office fédéral de la santé publique (OFSP), 2019.
3. Skinner J.S., Staiger D.O., Fisher E.S. "Is technological change in medicine always worth it? The case of acute myocardial infarction", *Health Affaires* (Millwood), vol. 25(2), 2006.
4. Velasco Garrido M., Gerhardus A., Røttingen J.A., Busse R., "Developing Health Technology Assessment to address health care system needs", *Health Policy*, vol. 94(3), 2010, p. 196-202.

ÉVALUATION ÉCONOMIQUE DES STRATÉGIES DE SANTÉ

Ces évaluations consistent à mettre en relation l'efficacité d'un nouveau traitement et ses coûts. Les analyses se font habituellement de manière incrémentale, c'est-à-dire qu'on compare l'efficacité et les coûts supplémentaires par rapport à la pratique courante, l'existant. Les coûts se comprennent en termes nets et incluent tant les ressources directement nécessaires au traitement que les coûts consentis ou évités à plus long terme, par exemple les coûts évités grâce à la réduction de certains risques (réduction du risque cardiovasculaire lié au traitement), ou encore les coûts supplémentaires liés aux effets indésirables. Pour l'efficacité, on distingue deux approches principales : une analyse basée sur les résultats du traitement en utilisant une mesure de résultats directement pertinente (la baisse de la tension artérielle, la perte de poids, etc.), on parle alors d'analyse coût-efficacité. Les résultats sont facilement interprétables, mais ne permettent pas de comparaisons entre domaines thérapeutiques (on ne peut pas comparer un coût par point de BMI et un coût par décès évité). Un autre type d'approche consiste à traduire l'efficacité du traitement en une métrique commune qui combine impact sur l'espérance de vie et sur la qualité de vie. On parle alors d'analyse coût-utilité qui utilise le plus souvent comme mesure de résultats les années de vie ajustées pour la qualité de vie, ou *Quality-Adjusted Life-Years* (QALY)[1]. Les résultats se lisent donc en termes de coût par QALY gagné, un indicateur qui permet des comparaisons entre traitements de domaines très divers.

Pour que ces résultats soient utiles à la décision, il faut définir un seuil à partir duquel on juge que le rapport entre coûts et bénéfices n'est pas suffisamment bon. Ce seuil peut être explicite, comme au Royaume-Uni, par exemple, qui considère qu'un traitement qui coûte plus que 30 000 livres par QALY ne devrait pas être remboursé. Il peut être également implicite, c'est-à-dire que ce critère est utilisé dans la prise de décision mais il n'y a pas de limite formelle, officielle. L'impact de ces analyses sur les décisions, et donc sur la maîtrise des coûts, dépend de la réglementation dans les différents pays[2], ou de leur implémentation dans le milieu hospitalier par exemple[3].

1. Whitehead S. J., Ali S., "Health outcomes in economic evaluation: the QALY and utilities", *British medical bulletin*, vol. 96(1), 2010, p. 5-21.
2. Werkö S. S., Merlin T., Lambert L. J., Fennessy P., Galán A. P., Schuller T., "Demonstrating the influence of HTA: INAHTA member stories of HTA impact", *International Journal of Technology Assessment in Health Care*, vol. 37(1), 2021.
3. Gagnon M. P., Desmartis M., Poder T., Witteman W., "Effects and repercussions of local/hospital-based health technology assessment (HTA): a systematic review", *Systematic Reviews*, vol. 3, 2014, p. 1-14.

Glossaire pour mieux comprendre les termes économiques

Terme	Définition
Externalité	L'externalité se définit comme la situation où un agent économique génère, à travers ses actions, un impact externe en offrant à d'autres, sans aucune compensation financière, un bénéfice ou un service gratuit, ou à l'inverse en causant un préjudice ou des désagréments sans qu'il y ait de compensation.
Nudge, nudging	Approche subtile visant à encourager des choix avisés, le *nudging* est décrit par les économistes comme un « coup de coude incitatif ». Cette méthode implique l'ajustement de certains aspects de l'environnement du décideur afin de l'inciter à adopter des comportements plus sains, par exemple.
Out-of-pocket	Dépenses directes des individus liées à la consommation de soins. Celles-ci peuvent concerner les soins ou médicaments non remboursés par l'assurance maladie (les soins dentaires en Suisse), les dépenses en-deçà de la franchise d'assurance, ou les contributions aux frais, ou « restes à charge », liés à l'utilisation d'un service (sous forme d'un montant fixe par visite, ou d'une quote-part).
Aléa moral, risque moral	Dans le cadre de l'assurance maladie, l'aléa moral (ou risque moral) se produit lorsque les assurés, sachant qu'ils sont couverts par une assurance, adoptent un comportement plus risqué ou moins responsable en matière de santé (consulter plus fréquemment, demander des examens inutiles, négliger des mesures préventives).
Paiement à l'acte	Mode de rémunération des professionnels de santé basé sur le nombre et le type d'actes réalisés. Les professionnels sont donc rémunérés pour chaque consultation, traitement, acte médical réalisés, à l'inverse d'un forfait qui couvrirait un épisode de soins dans son ensemble (forfait par cas hospitalier, voir ci-dessus).
Remboursement forfaitaire par cas	Mode de financement des prestataires de soins, principalement utilisé dans les hôpitaux, pour lequel un montant forfaitaire est déterminé selon les soins apportés au patients et ses caractéristiques (diagnostique, âge, complications, etc.), plutôt que sur la base du nombre d'actes réalisés (voir ci-dessous). Le forfait est censé couvrir l'ensemble des frais liés à l'hospitalisation et repose sur la classification des patients en groupes homogènes.
Bundled payments	Les *bundled payments* (paiements groupés) désignent un modèle de rémunération dans le secteur de la santé où un paiement forfaitaire est effectué pour l'ensemble des services fournis au cours d'un épisode de soin spécifique, plutôt que pour chaque prestation individuellement.
Capitation	La capitation est un modèle de financement des soins de santé dans lequel un professionnel ou un établissement de santé reçoit une rémunération forfaitaire par patient inscrit ou couvert, indépendamment du nombre ou du type d'actes médicaux réalisés. En d'autres termes, le paiement est effectué sur la base du nombre de patients pris en charge pendant une période déterminée (souvent annuelle), plutôt que sur la base des soins fournis à chaque patient individuel.

Terme	Définition
Cream-skimming	Le *cream-skimming* dans les soins fait référence à une pratique où les prestataires de services de santé choisissent volontairement les patients ou les cas les moins complexes et les plus rentables, tout en évitant ceux qui nécessitent un traitement plus intensif ou coûteux.
Mortalité évitable	Les indicateurs de mortalité évitable se réfèrent aux décès qui pourraient être prévenus grâce à des interventions de santé publique efficaces, des soins médicaux appropriés ou des changements de comportement. Ces indicateurs incluent généralement des décès causés par des maladies qui sont sensibles aux soins, des conditions pouvant être traitées ou évitées, comme les maladies infectieuses, des accidents ou certains types de cancer. L'objectif de ces indicateurs est de mesurer l'efficacité des systèmes de santé et d'identifier les domaines où des améliorations peuvent être apportées pour réduire la mortalité. Ils aident également à orienter les politiques de santé et à allouer les ressources de manière plus stratégique.

PROPOSITIONS MANAGÉRIALES

- Les patients et les prestataires de soins sont sensibles aux incitatifs économiques lorsqu'ils prennent des décisions.
- Du côté de la demande, au-delà des considérations cliniques, il est important de considérer la participation aux frais qui peut constituer une barrière à l'accès aux soins.
- Du côté de l'offre, la manière de construire et d'implémenter la rémunération des prestataires peut avoir une influence importante sur le volume et la qualité des soins.
- Les nouveaux traitements et nouvelles technologies sont souvent coûteux et leur adoption (par un hôpital, une assurance, une autorité de santé) nécessite une analyse attentive du rapport entre coûts et avantages.

Lectures complémentaires

- Vidéo Youtube du Whasington Post, "What experts say about who has the world's best health-care system".
- « Repenser l'évaluation de la performance des systèmes de santé : un cadre renouvelé », études de l'OCDE sur les politiques de santé, Éditions OCDE, Paris, 2024.
- Maurer M. *et al*,. "Sustainability and Resilience in the Swiss Health System", en partenariat avec le Health System Sustainability and Resilience (PHSSR), LSE Consulting, 2022.

- Rochaix L., « Les modes de rémunération des médecins », *Revue d'économie financière*, vol. 76, 2004, p. 223-39.
- Rochaix L., *Petite histoire de l'économie de la santé*, Presses de SciencesPo, 2009, p. 25-33.
- « L'économie de la santé », bibliographie thématique, Centre de documentation de l'Irdes, 2022.

18 REMETTRE L'INFORMATION FINANCIÈRE AU CŒUR DU MANAGEMENT

Franck Missonier

Résumé

La communication financière est une fonction essentielle pour les organisations de santé. Elles doivent non seulement répondre à un certain nombre d'obligations légales en matière de publication des comptes, mais elles doivent de surcroît satisfaire aux besoins d'information d'un nombre croissant d'utilisateurs. L'État, les créanciers ainsi que les contribuables, et potentiellement les patients, sont intéressés par la capacité des établissements de santé à poursuivre leurs activités dans un avenir prévisible. La performance financière, ainsi que la solvabilité des établissements, sont des indicateurs de cette capacité à offrir durablement des prestations, susceptibles de contribuer à son évaluation. Les états financiers contribuent à cette évaluation, notamment le bilan, le compte de résultat et le tableau des flux de trésorerie. Ces documents de synthèse permettent de mettre en avant des indicateurs de performance. Leur lecture n'est cependant pas sans certaines limites.

MESSAGES-CLÉS

- Les managers doivent comprendre et utiliser les trois principaux états financiers (bilan, compte de résultat, tableau des flux de trésorerie) pour évaluer la situation financière de leur organisation et anticiper les besoins en financement.
- La performance financière repose sur un équilibre entre recettes (facturations, subventions) et charges (salaires, équipements). Il est essentiel d'analyser régulièrement les flux de trésorerie et les indicateurs de rentabilité pour garantir la viabilité économique de l'organisation.
- Les organisations de santé doivent informer les parties prenantes sur leur solvabilité et performance, en s'appuyant sur des indicateurs financiers clairs et accessibles.

LA SITUATION FINANCIÈRE

Chaque année, les organisations préparent principalement trois états financiers : un bilan, un compte de résultat et un tableau de flux de trésorerie. Le bilan est le document de synthèse de base (dans la mesure où les autres états financiers en découlent). Il présente la situation financière à une date donnée, généralement à la fin de l'année. Il liste l'ensemble des actifs d'une entité, ainsi que ses passifs. Les actifs correspondent aux ressources économiques utilisées par l'entité, qu'ils soient détenus ou en location. Les passifs regroupent les sources financières nécessaires à l'acquisition des actifs (ou leur location) et au besoin de financement des activités d'exploitation. Dans le cadre d'un établissement privé, les actionnaires participent également aux sources financières. Leur apport est représenté par les capitaux propres, comme sous-ensemble des passifs. Le tableau ci-dessous présente le bilan simplifié des HUG (Hôpitaux universitaires de Genève) publié dans son rapport de gestion 2023.

Bilan financier des Hôpitaux universitaires de Genève pour l'année fiscale 2023

Actifs (millions CHF)	2023	2022	Passifs (millions CHF)	2023	2022
Liquidités	66,5	86,3	Fournisseurs	129,7	115,6
Créances	201,3	173,8	Dettes portant intérêts	11,7	8,5
Stocks et en cours	221,9	212,0	Autres dettes	269,3	277,5
Autres	12,0	12,0	Provisions	52,2	51,5
Total actifs circulants	***501,7***	***484,1***	***Passifs à court terme***	***462,9***	***453,1***
			Dettes portant intérêts	133,0	144,7
			Autres dettes	483,5	462,7
			Fonds de tiers affectés	318,4	265,9
Immobilisations financières	154,9	142,4	***Passifs à long terme***	***934,9***	***873,3***
Immobilisations corporelles	1 032,4	997,4			
Total actifs immobilisés	**1 187,3**	**1 139,8**	***Capitaux propres***	***291,2***	***297,5***
Total des actifs	**1 689,0**	**1 623,9**	**Total des passifs**	**1 689,0**	**1 623,9**

L'actif est présenté en séparant actifs à court terme et immobilisations à long terme. Ces dernières sont utilisées pendant plusieurs années par l'entité pour ses activités. Elles correspondent généralement aux bâtiments, équipements et autres matériels des établissements de santé (1 032 millions CHF pour les HUG en 2023). Les actifs à court terme (trésorerie, créances et stocks) sont consommés ou renouvelés chaque année pour le besoin des activités. Ils sont regroupés sont le nom « actifs circulants » (501,7 millions CHF). Le passif présente les dettes au sens large de l'entreprise. Elles consistent en des obligations de faire ou de payer (de rembourser ses emprunts). Ainsi par exemple, les achats à crédit de l'établissement sont présentés en dettes fournisseurs (129,7 millions CHF), les emprunts bancaires en dettes bancaires, toutes factures ou services non payés en « autres dettes » (269,3 millions CHF).

Dans la mesure où ces dettes ne sont pas encore payées, elles représentent une source de financement, c'est-à-dire que l'entité dispose bien des montants qui ne sont pas encore remboursés (ou factures encore non payées). Ces dettes sont scindées en dettes à court terme (devant être payées dans les douze mois suivants la présentation du bilan) et en dettes à long terme (payables ou remboursables à plus d'un an). Enfin, les capitaux propres représentent l'investissement des actionnaires et propriétaires (le capital social) et la richesse générée par l'entité leur revenant (les réserves). Dans le cas d'une organisation publique, la section des capitaux propres est souvent remplacée au bilan par « l'actif net », la différence entre actifs et dettes. Dans ce cas, il n'y a pas de capital-social puisqu'il n'y a pas d'actionnaires, seule la richesse (ou les pertes) générée par l'entité est présente (donc les réserves). Par construction, l'actif est égal au passif plus les capitaux propres.

LA PERFORMANCE FINANCIÈRE

L'un des indicateurs financiers le plus attendus chaque année est le résultat d'une organisation. Ce dernier est une mesure comptable de la performance de l'entité. Elle est mesurée sur une année et est présentée dans un compte de résultat. Le chiffre d'affaires (soit les produits ou revenus tels que recettes, ventes, honoraires, subventions diverses) est comparé aux charges de l'établissement afin de déterminer le résultat (produits – charges = bénéfice ou perte). Le compte de résultat est souvent représenté par un document de synthèse en colonne, tel que le celui des HUG ci-dessous.

Compte de résultat des Hôpitaux universitaires de Genève 2022-2023[1]

HUG (millions CHF)	Comptes 2023	Budget 2023	Comptes 2022
Recettes médicales	1 439,0	1 414,9	1 366,1
Autres recettes	103,6	97,8	102,6
Subventions	724,7	688,1	723,1
Produits d'exploitation	***2 267,3***	***2 200,8***	***2 191,8***
Frais de personnel	1 786,4	1 751,9	1 726,4
Matériel médical et médicaments	235,5	223,6	227,0
Entretien et réparations	35,0	31,6	30,2
Charges de l'administration et informatique	39,0	31,2	37,6
Charges d'énergie et eau	38,0	40,8	44,1
Autres charges	124,7	112,2	117,9

1. HUG, Rapport de gestion 2023.

HUG (millions CHF)	Comptes 2023	Budget 2023	Comptes 2022
Charges d'exploitation	***2 258,6***	***2 191,3***	***2 183,2***
Résultat d'exploitation - EBITDA[1]	**8,8**	**9,5**	**8,6**
Amortissements et dépréciations	- 63,0	- 59,8	- 77,4
Produits différés de subvention	45,5	47,0	61,1
Produits différés (autres fonds)	3,9	3,5	2,5
Résultat opérationnel - EBIT[2]	**- 4,8**	**0,2**	**- 5,1**
Charges financières	- 2,5	- 1,3	- 1,3
Produits financiers	1,0	1,1	0,8
Résultat net après répartition	**- 6,3**	**0**	**- 5,6**
Charges couvertes par réserves affectées	6,4	0	5,9
Résultat de gestion	***0,1***	***0,0***	***0,3***

Dans cet exemple, les produits sont composés des recettes médicales (prestations facturées aux patients) et de subventions (fonds provenant de l'État). Les charges représentent les coûts supportés par l'entité afin de réaliser ses activités. Ces coûts sont principalement les frais de personnel (1 786,4 millions CHF) ainsi que du matériel médical et médicaments (235,5 millions CHF). Un premier résultat intermédiaire peut alors être proposé : le résultat d'exploitation (8,8 millions CHF). Dans le cas des HUG, ce dernier est déterminé avant les amortissements (l'étalement annuel du coût d'acquisition des immobilisations corporelles). Il mesure la performance de l'organisation, sans tenir compte du coût annuel des investissements (les amortissements) et des emprunts (les charges financières).

La dernière ligne présente le résultat annuel 2023, ou résultat de gestion. Celui-ci est proche de l'équilibre (0,1 millions CHF) comme celui de 2022 (0,3 millions CHF). Toutefois, sans les subventions reçues et présentées dans les produits d'exploitation (724,7 millions CHF), l'établissement devrait reconnaître une perte de 724,6 millions CHF. Le référentiel comptable utilisé par les HUG requiert par ailleurs de présenter en colonnes parallèles non seulement le budget pour la même année (ici 2023) mais aussi les produits et charges de l'année précédente (2022). Ces deux colonnes permettent ainsi de comparer le résultat 2023 avec celui budgété (prévisionnel) et celui réalisé en 2022.

1. EBITDA : *Earnings Before Interest, Tax, Depreciation & Amortization*
2. EBIT : *Earnings Before Interest & Tax*

D'autres établissements, notamment dans le secteur privé, présentent leur compte de résultat en faisant apparaître d'autres soldes intermédiaires. Ainsi, comme le montre l'exemple de l'établissement Ensemble Hospitalier de la Côte (ci-dessous), les produits et les charges sont regroupés en exploitation (résultat d'exploitation) dans un premier temps. Ce dernier permet de mesurer la performance de l'établissement générée par ses principales activités (son cœur de métier). Le second solde présente le résultat financier, soit les gains de placement financiers (dividendes ou intérêts reçus) moins les charges financières (généralement des intérêts d'emprunts). Deux autres soldes peuvent être présentés. Le « résultat hors exploitation » mesure la performance provenant d'activités qui ne sont pas liées au cœur de métier de l'entité (par exemple des bénéfices provenant de la cafétéria). Enfin, le « résultat exceptionnel » prend en compte les produits et les charges qui ne sont pas censés se reproduire les années suivantes. Ainsi par exemple, un gain ou une perte sur la vente d'un immeuble est considéré comme exceptionnel dans la mesure où l'établissement n'a pas pour métier d'acheter et de vendre des immeubles. Enfin, lorsque l'entité est imposée, la charge d'impôt est aussi prise en compte. Le solde final des produits moins les charges correspond au résultat net. Le compte de résultat mesure sur une année l'ensemble des produits générés par l'entreprise et toutes les charges supportées par celle-ci.

Compte de résultat de l'Ensemble hospitalier de la Côte 2021-2022[1]

Ensemble hospitalier de la Côte (millions CHF)	Comptes 2022	Comptes 2021
Ventes et prestations de services	210,3	203,0
Autres produits	22,5	28,6
Produits d'exploitation	*232,8*	*231,6*
Charges de personnel	157,5	152,1
Matière et consommables	40,5	41,8
Amortissements	10,1	9,8
Autres charges	24,0	23,5
Charges d'exploitation	*231,1*	*227,2*
Résultat d'exploitation	**0,7**	**4,5**
Produits financiers	0,1	0,0
Charges financières	1,0	1,1

1. Ensemble hospitalier de la Côte, rapport de gestion, 2022.

Ensemble hospitalier de la Côte (millions CHF)	Comptes 2022	Comptes 2021
Résultat financier	**– 0,9**	**– 1,1**
Produits hors exploitation	25,5	21,1
Charges hors exploitation	24,2	20,5
Résultat hors exploitation	**1,3**	**0,6**
Produits exceptionnels	1,7	0,3
Charges exceptionnelles	0,4	0,0
Résultat exceptionnel	**1,3**	**0,3**
Résultat de l'exercice	***2,4***	***4,3***

Il existe un lien entre le bilan et le compte de résultat. Le résultat d'une année impact directement les fonds propres d'un établissement. Comme ces derniers représentent la « richesse » générée par l'établissement et revenant aux propriétaires, si l'année génère un bénéfice (ou une perte), la valeur des fonds propres augmente (ou diminue) d'autant.

LE TABLEAU DES FLUX DE TRÉSORERIE

L'une des principales caractéristiques du compte de résultat est qu'il présente les produits et les charges indépendamment des flux de trésorerie qui leurs sont associés. Ainsi, une prestation terminée, et même parfois facturée, est comptabilisée en produit, bien que le versement, par exemple des assurances, n'a souvent lieu que plusieurs semaines plus tard. Ce montant en attente de règlement est comptabilisé à l'actif du bilan en créances. Symétriquement, les charges de l'entité, qui n'ont encore été réglées, sont comptabilisées en dettes fournisseurs au bilan (ou charges à payer).

Ainsi, selon les pays ou le référentiel comptable utilisé, un « tableau des flux de trésorerie » est parfois exigé aux organisations de santé. Il permet de compléter les informations présentées au compte de résultat. Il explique la variation (sur une année) de la trésorerie de l'entité. Cette variation est décomposée et expliquée en fonction de trois activités de l'organisation : ses activités d'exploitation, d'investissement et enfin de financement. À chaque type d'activité correspond des flux de trésorerie qui, additionnés, donne la variation totale de la trésorerie (voir le tableau suivant).

Flux de trésorerie des Hôpitaux universitaires de Genève, rapport de gestion 2023[1]

HUG (millions CHF)	Comptes 2023	Comptes 2022
Activités d'exploitation		
Flux de trésorerie net des activités d'exploitation (I)	**– 11 275**	**39 173**
Activités d'investissement		
Flux de trésorerie net des activités d'investissement (II)	**– 97 470**	**– 75 230**
Activités de financement		
Subventions d'investissements reçues	45 519	27 708
Augmentation des dettes bancaires	7	48 428
Remboursement des dettes bancaires	– 8 586	– 0,3
Variation des fonds affectés	51 985	– 10 152
Flux de trésorerie des activités de financement (III)	**88 925**	**65 740**
Variation des flux de trésorerie (I) + (II) + (III)	***– 19 820***	***29 683***
Liquidités début d'exercice	86 290	56 607
Liquidités en fin d'exercice	66 470	86 290

La trésorerie générée par les activités d'exploitation des HUG est ainsi négative de – 11 millions CHF en 2023 (elle était positive en 2022, avec + 39 millions CHF). Cet indicateur permet de comprendre que les rentrées de trésorerie liées aux activités principales de l'établissement n'ont pas été suffisantes pour couvrir les paiements d'exploitation (salaires, chauffage, etc.). Quel que soit l'établissement, il conviendrait de comprendre les raisons de ce flux négatif de trésorerie. Le montant des flux de trésorerie d'investissement est aussi négatif, pour un montant de – 97 millions CHF. Contrairement, aux flux d'exploitation, une valeur « négative » est plutôt un bon signal, dans la mesure où cela signifie que l'hôpital continue à investir, ou renouvelle ses équipements. Les activités de financement (subvention d'investissement, emprunts bancaires, etc.) ont permis de collecter 88,9 millions CHF de trésorerie. La somme des trois flux montre une réduction totale de la trésorerie des HUG de – 19,8 millions CHF. Cette baisse est possible, puisque le montant disponible en trésorerie au début de l'année était de 86,2 millions CHF (voir bilan 2023). La trésorerie restante en fin d'année 2023, est celle présentée à

1. HUG, Rapport de gestion 2023.

la fois en dernière ligne du tableau des flux de trésorerie et au tout début du bilan (66,4 millions CHF).

LES INDICATEURS DE PERFORMANCE DES ÉTATS FINANCIERS ET LEURS LIMITES

La lecture du bilan et du compte de résultat permet de montrer un certain nombre d'indicateurs. La structure du bilan, qui sépare actif et passif entre court terme et long terme, permet de faire ressortir des indicateurs de liquidité et de solvabilité. Ainsi, la comparaison des actifs et passifs à court terme peut faire apparaître des problèmes de liquidité. En effet, les actifs à court terme, par définition, peuvent être convertis en trésorerie à court terme. En plus de la trésorerie déjà présente, les stocks peuvent être revendus et les créances, vis-à-vis des assurances, peuvent être recouvrées. Or, si ces montants potentiellement convertibles en trésorerie ne suffisent pas à couvrir le montant des dettes à court terme (tout simplement le montant à payer à court terme), l'établissement peut se retrouver en difficulté. Le manque de trésorerie devra être comblé par d'autres sources, comme un emprunt bancaire à court terme, par exemple. La lecture du bilan permet aussi d'estimer, même partiellement, la capacité de l'établissement à poursuivre ses activités. Ainsi, par exemple, une baisse continue des valeurs comptables des immobilisations corporelles peut indiquer une absence de renouvellement de certains équipements.

Le compte de résultat propose des mesures pertinentes de performance. Toutefois, il faut garder à l'esprit, notamment pour les organisations publiques, qu'une partie plus ou moins grande des recettes provient des subventions accordées. Ainsi, le bénéfice ou la perte, ne mesure qu'une performance reposant en partie sur des subventions, et non sur la performance intrinsèque de l'entité. Toutefois, le compte de résultat garde toute son utilité dans la mesure où il permet de lister les produits et recettes générées par ses activités ainsi que les coûts supportés.

La lecture ou la mesure d'indicateurs de performance à partir d'états financiers n'est pas sans limites. Tout d'abord, les états financiers ne sont qu'une synthèse des données annuelles. Les annexes aux états financiers (documents complémentaires obligatoires) offrent une information plus détaillée, et elles contiennent souvent plusieurs dizaines de pages. La diversité des référentiels comptables possibles peut rendre la comparaison entre établissements très difficile. Bien qu'il existe des normes comptables internationales du secteur publique (IPSAS, *International Public Sector Accounting Standards*) censées permettre une harmonisation des pratiques, chaque État est libre de recourir à son propre référentiel (comme le Modèle comptable harmonisé, en Suisse). Enfin, les états financiers ne sont pas le seul outil de gestion. Les budgets prévisionnels, voire les tableaux de bord, sont tout aussi pertinents pour la gestion à court et moyen terme des activités d'une organisation.

PROPOSITIONS MANAGÉRIALES

- Mettre en place un suivi régulier des indicateurs financiers via des tableaux de bord détaillés, incluant des mesures de liquidité, de solvabilité et de rentabilité.
- Optimiser la gestion des subventions et financements en diversifiant les sources de revenus et en améliorant la traçabilité des fonds alloués.

Lectures complémentaires

- *Handbook of International Public Sector Accounting Pronouncements,* IPSASB, 2022.
- « Financement des Hôpitaux universitaires de Genève », vidéos disponibles sur YouTube.

19 FINANCER LES SOINS INTÉGRÉS

Philippe Schaller

Résumé

Les systèmes de santé font face à des défis croissants liés au vieillissement de la population, à l'augmentation des maladies chroniques et à la fragmentation des parcours de soins. Dans ce contexte, les soins intégrés visent à coordonner efficacement les services médicaux, sociaux et communautaires afin d'assurer une prise en charge continue et adaptée aux besoins des patients.

Un financement approprié est essentiel pour soutenir cette approche, en encourageant la collaboration interprofessionnelle et en réduisant les inefficacités liées aux cloisonnements du système de santé. De nombreux exemples montrent que l'intégration des soins peut améliorer la qualité des prises en charge, optimiser les ressources et limiter les coûts évitables, mais sa mise en œuvre exige des réformes structurelles profondes et une volonté politique forte.

Cependant, au-delà des incitations financières et des changements institutionnels, l'adoption d'une véritable culture de collaboration entre les professionnels de santé reste un défi majeur. Les différences de formation, de statuts et de modes de rémunération peuvent freiner le travail en équipe et la coordination des soins. Pour surmonter ces obstacles, les managers jouent un rôle clé : ils doivent promouvoir des environnements de travail favorisant la coopération, encourager le partage d'informations et structurer des modèles organisationnels permettant une intégration efficace des soins.

MESSAGES-CLÉS

- L'intégration des soins est incontournable pour faire face aux défis actuels : l'augmentation des maladies chroniques et la fragmentation des parcours exigent une approche coordonnée, garantissant des soins continus, accessibles et efficients.
- Le financement doit encourager la collaboration et la prévention : les modèles actuels favorisent encore le paiement à l'acte, freinant les incitations à une prise en charge globale et préventive. Un financement aligné sur la qualité et la coordination est essentiel.
- Les freins organisationnels et culturels doivent être levés : rigidité des statuts, manque de communication, absence d'alignement des incitations... autant d'obstacles freinant la collaboration. Un changement de culture est nécessaire pour faire de la coopération la norme.
- Le numérique est un accélérateur d'intégration : interopérabilité des systèmes, partage sécurisé des données, télémédecine, etc. ; la transformation digitale est indispensable pour fluidifier les parcours et optimiser la coordination des soins.
- Le patient doit être un acteur central du système de santé : une intégration réussie passe par l'autonomisation des patients. Leur implication dans les décisions de santé, via des outils d'autogestion et de co-construction des soins, est un facteur clé de succès.
- L'intégration doit être ciblée et adaptée aux besoins : une approche universelle est inefficace, l'intégration doit être pragmatique et adaptée aux réalités locales et aux besoins des populations.

INTRODUCTION

L'augmentation continue de la demande de services de santé, couplée à des ressources limitées, exerce une pression croissante sur les systèmes de santé. L'optimisation devient ainsi une priorité pour les gouvernements. Une gestion innovante et une restructuration efficace des systèmes de santé sont indispensables pour maîtriser les coûts et améliorer la performance. Cela nécessite une approche multidimensionnelle pour promouvoir la santé de la population. Bien que des changements radicaux aient parfois été proposés dans certains pays, la mise en œuvre s'est révélée très difficile en raison de fortes résistances. Malgré la diversité des structures institutionnelles et des modes de financement, il existe de nombreuses similitudes dans les démarches adoptées par différents pays.

LES DIFFÉRENTES FORMES D'INTÉGRATION DES SOINS

Selon le King's Fund au Royaume-Uni, il existe divers degrés d'intégration des soins, allant de la simple liaison à la coordination, en passant par le rassemblement des services en une seule organisation[1].

Caractéristiques de l'intégration verticale et horizontale de soins :

Intégration verticale	• Se produit lorsque les services de santé à différents niveaux de soins, allant des soins primaires aux soins tertiaires, sont coordonnés et consolidés au sein d'une même organisation. • Permet de fournir des soins continus et de haute qualité tout en réduisant les coûts grâce à l'élimination des redondances et à l'amélioration de l'efficacité. • Une organisation qui gère à la fois des hôpitaux, des cliniques et des services de soins à domicile peut offrir un parcours de soins plus fluide pour les patients, avec une meilleure coordination entre les différents niveaux de soins. • Un exemple notable est Kaiser Permanente[1] aux États-Unis, qui intègre des services de prévention, de soins primaires, de soins spécialisés et hospitaliers sous une même structure, favorisant une approche cohérente et centrée sur le patient.
Intégration horizontale	• Se concentre sur la collaboration et la consolidation entre différents prestataires de soins au même niveau de soins. • Permet de rationaliser les opérations et d'améliorer les résultats pour les patients. • Par exemple, plusieurs hôpitaux ou réseaux de soins peuvent s'unir pour partager des ressources, standardiser les pratiques et améliorer la qualité des soins à travers un territoire ou une communauté.

1. Pett W., Bliss A., "The State of Integrated Care Systems 2021/22", rapport pour la NHS Confederation, London, 2022.
1. Consortium de soins basé aux États-Unis.

Soins intégrés :
Réseau horizontal et vertical

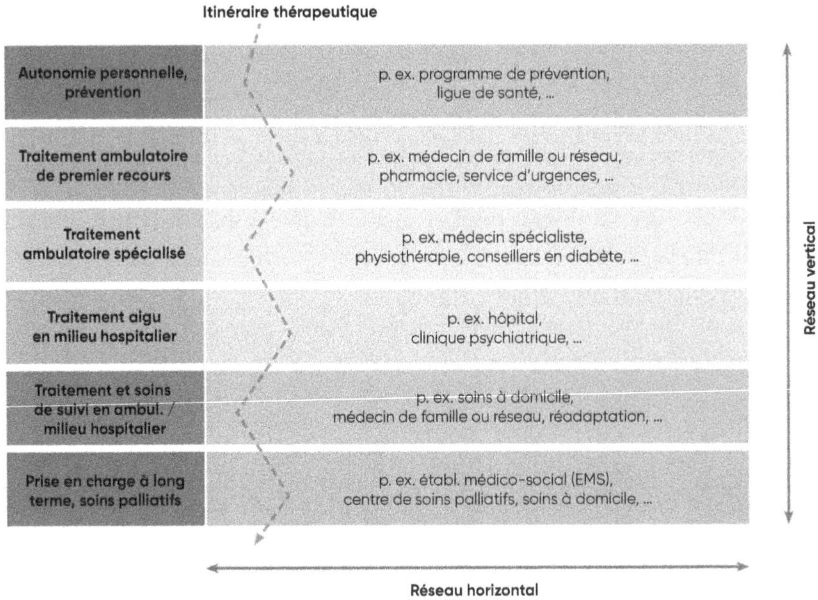

Scénarios d'évolution des soins intégrés en Suisse[1]

Caractéristiques de l'intégration aux niveaux macro, méso et micro-système :

Niveau d'intégration	Définition	Acteurs impliqués	Objectifs principaux
Macro	Concerne la coordination des services de santé et sociaux à l'échelle nationale ou régionale, impliquant politiques de santé, planification stratégique et financements adaptés, avec des réformes visant à harmoniser les pratiques et aligner les objectifs des acteurs.	Les gouvernements, ministères de la santé, agences de régulation, organismes de financement et responsables des politiques de santé et de la gouvernance.	Structurer un cadre stratégique et financier pour renforcer la collaboration, réduire la fragmentation des services et aligner les politiques de santé sur les besoins de la population.

1. D'après une figure du rapport du Forum suisse des soins intégrés, « Matière à réflexion n° 1 : Scénarios de tendance pour les soins intégrés en Suisse », 2014.

Niveau d'intégration	Définition	Acteurs impliqués	Objectifs principaux
Méso	Concerne la mise en réseau des organisations de soins pour améliorer la coordination et la continuité des prises en charge. Elle repose sur la coopération entre hôpitaux, cliniques et soins primaires, ainsi que sur l'utilisation de gestionnaires de cas pour fluidifier les parcours des patients.	Les hôpitaux, cliniques, soins primaires, réseaux de soins coordonnés, maisons de santé, ainsi que les structures sociales et gestionnaires de cas.	Optimiser la coordination des soins, assurer une prise en charge fluide et favoriser le partage d'informations et les réseaux inter-établissements.
Micro	Concerne les interactions directes soignant-patient, favorisant une prise en charge individualisée, des équipes interdisciplinaires et des plans de soins personnalisés pour améliorer l'expérience patient.	Les médecins, infirmiers, pharmaciens, travailleurs sociaux, kinésithérapeutes, psychologues, ainsi que les patients, aidants et équipes de soins communautaires.	Offrir des soins centrés sur la personne, améliorer l'expérience patient et optimiser l'efficacité clinique, en assurant une prise en charge globale des besoins médicaux, sociaux et psychologiques.

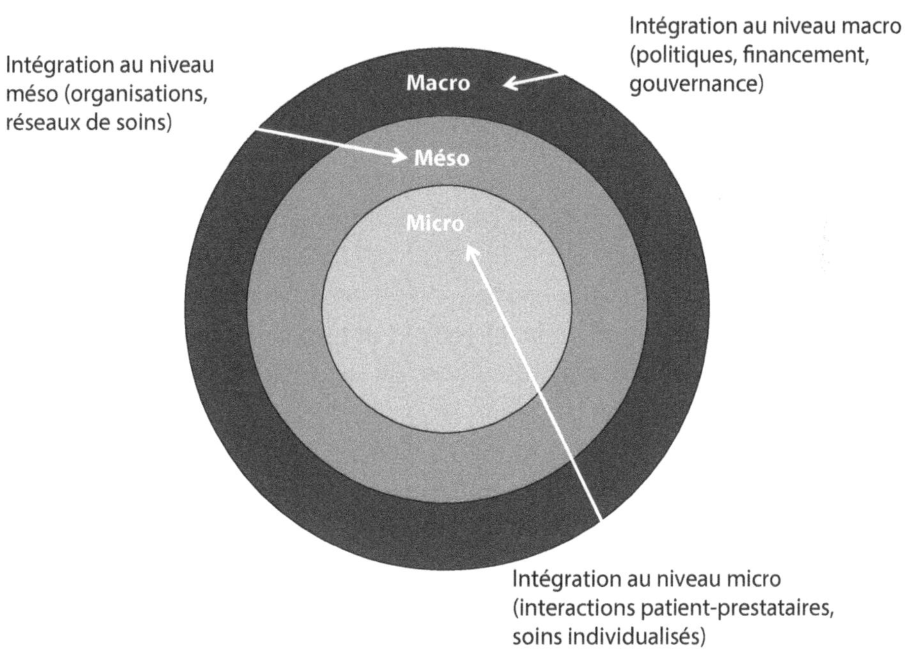

Niveaux d'intégration des soins[1]

1. Schaller P., 2025.

En résumé, l'intégration des soins se manifeste à travers diverses formes et niveaux, chacun jouant un rôle crucial dans l'amélioration de la qualité des soins, la réduction des coûts et l'optimisation de l'expérience des patients.

Cette intégration repose sur une articulation entre soins primaires, spécialisés et communautaires, garantissant ainsi des parcours de soins continus et cohérents. Elle doit également inclure une vision globale qui prend en compte la prévention et les déterminants sociaux de la santé, afin de répondre efficacement aux besoins spécifiques des populations et d'anticiper les défis émergents.

L'optimisation des ressources est également une priorité stratégique, notamment dans un contexte de pénurie de personnel et d'évolution démographique. L'intégration des soins permet de mieux répartir les charges de travail, de réduire les hospitalisations évitables et de maximiser l'utilisation des compétences des professionnels de santé.

Par ailleurs, la transformation numérique joue un rôle clé en facilitant le partage d'informations grâce aux dossiers médicaux électroniques, à la télémédecine et aux plateformes collaboratives. Ces outils sont essentiels pour assurer une prise en charge fluide, améliorer la coordination interprofessionnelle et garantir une continuité des soins, en particulier pour les patients chroniques et vulnérables.

L'implication des patients est un facteur central de cette intégration : co-construire les soins, renforcer leur autonomie et les impliquer activement dans leur parcours de santé sont des éléments essentiels pour une prise en charge efficace et adaptée. Des initiatives telles que l'éducation thérapeutique, le coaching en santé et le soutien par les pairs favorisent cette approche centrée sur la personne.

Au-delà des aspects organisationnels et technologiques, l'intégration des soins requiert une gouvernance forte et une volonté politique, avec des modèles de financement incitatifs alignés sur des objectifs de qualité plutôt que sur la seule production d'actes.

Finalement, cette synergie entre les différents niveaux d'intégration et les innovations organisationnelles est cruciale pour atteindre les objectifs du *Quintuple Aim* : améliorer l'expérience des soins, la santé des populations, réduire les coûts, préserver le bien-être des soignants et garantir l'équité en santé[1]. En développant des modèles évolutifs et adaptatifs, les systèmes de santé peuvent ainsi mieux répondre aux besoins croissants des populations, tout en restant résilients face aux défis futurs.

1. Bodenheimer T., Sinsky C., "From Triple to Quadruple Aim: Care of the Patient Requires Care of the Provider", *The Annals of Family Medicine*, vol. 12 (6), 2014, p. 573-576

GESTION DES SOINS ET FINANCEMENT INTÉGRÉ

Le concept de « *Managed Care* » a émergé aux États-Unis dans les années 1970 et 1980, pour répondre à l'escalade des coûts des soins de santé. Il englobe des instruments de gestion et d'intégration visant à promouvoir une prise en charge médicale fondée sur la qualité et l'efficacité économique. Les initiatives pionnières du « *Managed Care* », telles que les *Health Maintenance Organizations* (HMOs) et les *Accountable Care Organizations* (ACOs), ont introduit des approches intégrées et préventives pour gérer les soins, tout en maîtrisant les coûts grâce à une coordination étroite entre les prestataires. En Europe, le concept de « soins intégrés » a pris le relais, reflétant une évolution vers des modèles de soins centrés sur le patient, qui intègrent différents niveaux de services pour assurer une continuité des soins et une meilleure gestion des maladies chroniques.

Pour soutenir cette transition vers des soins intégrés, il est crucial de repenser les mécanismes de financement et les incitations. Actuellement, la tarification à l'activité, qui domine encore, favorise insuffisamment la qualité, la prévention et la coordination des soins, et peut même encourager des interventions non pertinentes. La transformation des modes de financement doit donc viser à augmenter la valeur des soins en offrant une prise en charge adaptée aux besoins spécifiques des patients, tout en adoptant une vision populationnelle pour optimiser les ressources disponibles. En ce sens, divers modes de paiement, tels que le forfait pour le suivi, la capitation, ou la rémunération à la performance (P4P), sont expérimentés pour encourager l'intégration des soins. Le forfait pour le suivi consiste à verser une somme fixe au professionnel ou à l'établissement pour assurer un suivi, peu importe le nombre d'actes réalisés. La capitation est un mode de rémunération où le professionnel ou l'établissement reçoit un montant forfaitaire par patient inscrit, généralement sur une base annuelle, pour couvrir l'ensemble de soins nécessaires. Le P4P repose sur l'atteinte d'objectifs de qualité ou d'efficience des soins – par exemple, le professionnel reçoit un paiement s'il respect un indicateur, telle que le taux de vaccination. Le modèle P4P, par exemple, pourrait être réorienté pour récompenser les efforts organisationnels tout au long du parcours du patient plutôt que de se focaliser uniquement sur les résultats financiers[1].

1. *Réformes des modes de financement et de régulation – Vers un modèle de paiement combiné*, rapport commandé par le Ministère des Solidarités et de la Santé, République Française, 2022.

En résumé, pour construire un système de santé durable et intégré, il est essentiel de combiner les leçons du « *Managed Care* » avec des stratégies de financement innovantes qui encouragent la qualité, la prévention et la coordination, tout en garantissant la durabilité économique du système de santé[1].

QUELQUES EXEMPLES

UNE ORGANISATION TERRITORIALE VOLONTARISTE EN ONTARIO

L'exemple de l'Ontario est souvent cité comme un modèle de réforme volontaire et territoriale réussie dans le domaine des soins primaires. Dans les années 2000, l'Ontario a lancé une vaste réforme de son système de soins primaires, visant à améliorer l'accès aux soins, renforcer la prévention et la promotion de la santé, améliorer la coordination des soins, et encourager le travail en équipe parmi les professionnels de santé.

Une des particularités de cette réforme était l'introduction de nouveaux modèles de financement qui ont profondément transformé la pratique médicale dans la province. Par exemple, le modèle de *Patient Enrollment Model* a été mis en place, dans lequel les médecins de soins primaires étaient incités à s'organiser en équipes de soins interprofessionnelles, pour fournir des soins coordonnés. En contrepartie, les médecins étaient rémunérés non seulement pour chaque service rendu, mais également pour les résultats globaux en matière de santé des patients inscrits[2].

En moins de dix ans, cette réforme a conduit à une adoption massive de ces nouveaux modèles par les médecins, avec près de 80 % des médecins en Ontario qui ont fait la transition vers ces modèles. Cette transformation a non seulement réduit le nombre de cabinets individuels, mais a aussi permis une augmentation significative des revenus des médecins de soins primaires, avec une hausse de 32 % en trois ans. Cette revalorisation a redonné un élan à la médecine de premier recours, qui est désormais mieux rémunérée et plus intégrée au sein du système de santé provincial.

1. Girault A., Gervès-Pinquié C., Minvielle É., « Les modes de paiements à la coordination : État des lieux et pistes pour une application en France », *Journal de gestion et d'économie médicales*, vol. 35, 2017, p. 109-127.
2. Hutchison B., Glazier R., "Ontario's Primary Care Reforms Have Transformed the Local Care Landscape, but a Plan is Needed for Ongoing Improvement", *Health Affairs* (Millwood), vol. 32(4), 2013, p. 695-703.

LES ACO : DES ORGANISATIONS DE SOINS RESPONSABLES AUX ÉTATS-UNIS

Les *Accountable Care Organizations* (ACO) sont un modèle novateur de prestation de soins de santé introduit aux États-Unis dans le cadre de l'*Affordable Care Act* (ACA) de 2010. Leur objectif principal est de coordonner les soins pour les patients, en particulier ceux souffrant de maladies chroniques, tout en réduisant les coûts et en améliorant la qualité des soins. Les ACO regroupent divers acteurs du système de santé, tels que les médecins, les hôpitaux et autres prestataires de soins, pour offrir des soins intégrés et éviter les redondances et les erreurs médicales.

Les ACO fonctionnent sur un modèle de rémunération mixte, qui inclut la capitation ajustée au risque, des paiements forfaitaires supplémentaires, ainsi qu'un système d'intéressement basé sur l'atteinte de certains scores de performance. Ce modèle incite les organisations à atteindre des objectifs de qualité tout en réalisant des économies, en partageant les gains financiers réalisés grâce à l'amélioration de l'efficacité des soins.

Depuis leur mise en œuvre, certaines ACO ont montré des résultats prometteurs, notamment en termes de réduction des coûts tout en maintenant, voire en améliorant, la qualité des soins. À partir de 2017, les ACO les plus établies ont commencé à générer des économies significatives, démontrant la viabilité de ce modèle dans la transformation des soins primaires[1].

L'expérience des ACO aux États-Unis est également pertinente pour d'autres systèmes de santé, notamment en Europe. Des pays comme la Suisse, le Royaume-Uni, la France, l'Allemagne, et les Pays-Bas ont mis en œuvre des réformes visant à mieux intégrer les soins de santé, et l'adaptation du modèle des ACO pourrait offrir une voie prometteuse pour structurer ces transformations et améliorer la coordination des soins au niveau européen[2].

LE PROJET GESUNDES KINZIGTAL EN ALLEMAGNE

Le réseau de soins intégrés Gesundes Kinzigtal en Allemagne est un exemple pionnier de soins intégrés, conçu pour améliorer la qualité des soins tout en réduisant les coûts grâce à une coordination optimale des services et à une prévention proactive des maladies chroniques. Lancé en 2005 dans la région du Kinzigtal, ce projet rassemble divers prestataires de santé, dont des médecins généralistes, des spécialistes, des hôpitaux, et des assureurs, dans une coopération étroite pour offrir des soins centrés sur les besoins des patients.

1. Barnes A.J., Unruh L., Chukmaitov A., Van Ginneken E., "Accountable Care Organizations in the USA: Types, Developments and Challenges", *Health Policy*, vol. 118(1), 2014, p. 1-7.
2. Pelletan C., « La transformation des soins primaires aux États-Unis : un bilan des expérimentations conduites dans le cadre de l'Obamacare », *Comparaisons internationales*, n° 2, avril 2022.

Le modèle de Gesundes Kinzigtal se distingue par son approche populationnelle, où les soins ne se limitent pas seulement aux traitements des maladies mais incluent également des efforts significatifs pour la prévention, en particulier pour les maladies chroniques telles que le diabète, les maladies cardiovasculaires, et les troubles musculo-squelettiques. Les programmes de santé sont personnalisés en fonction des besoins spécifiques des différentes populations, avec une attention particulière portée à l'éducation des patients et à l'encouragement de modes de vie sains.

Le financement de Gesundes Kinzigtal repose sur un modèle innovant de partage des économies. Les prestataires de soins reçoivent une partie des économies réalisées grâce à une gestion efficace et une réduction des hospitalisations inutiles, des consultations répétées et des traitements redondants. Ce système incite fortement les prestataires à améliorer la qualité des soins tout en contrôlant les coûts. Les résultats du projet ont été évalués et montrent des améliorations significatives des résultats de santé, notamment une meilleure gestion des maladies chroniques et une réduction des admissions hospitalières, accompagnées d'économies notables pour le système de santé[1].

L'impact positif de Gesundes Kinzigtal a inspiré des initiatives similaires aux Pays-Bas et au Royaume-Uni, où l'intégration des soins et la gestion proactive des maladies chroniques sont également considérées comme des solutions clés pour relever les défis des systèmes de santé modernes.

LA SUISSE, PIONNIÈRE EN MATIÈRE DE MODÈLE DE « *MANAGED CARE* »

En Suisse, les modèles d'assurance alternatifs tels que HMO, Médecin de Famille, Telmed et les modèles mixtes, offrent des primes réduites en échange de restrictions sur le choix des prestataires de soins. Ces systèmes visent à maintenir une haute qualité des soins tout en maîtrisant les coûts, en imposant par exemple le passage par un médecin de famille avant la consultation d'un spécialiste[2].

Des initiatives comme le Réseau Delta, un réseau de médecins de famille favorisant une intégration renforcée des soins, ont démontré jusqu'à 15 % d'économie grâce à une meilleure coordination, un financement innovant et une utilisation optimisée des ressources médicales. Delta associe soins primaires renforcés, technologies numériques et participation active des patients,

1. Hildebrandt H., *et al.*, "Gesundes Kinzigtal Integrated Care: improving population health by a shared health gain approach and a shared savings contract", *International Journal of Integrated Care*, vol. 10(e046), 2010, p. 1-15.
2. Schusselé Filliettaz S., *et al.*, *Soins intégrés en Suisse*, Résultats de la première enquête (2015-2016), Obsan Dossier 57, Neuchâtel, Observatoire suisse de la santé, 2017.
Allocution de M. Didier Burkhalter, Conseiller fédéral, sur la radio suisse Symposium.fmc, « *Managed Care*: Qualité et efficacité au service de l'être humain », Conseil fédéral Suisse, 2010.

notamment à travers des programmes de prévention et des outils d'autogestion. La réussite de ce modèle repose aussi sur l'émergence de nouveaux rôles professionnels (IPS, pharmaciens, coachs en santé…).

Cependant, son déploiement à grande échelle se heurte à des défis majeurs : coordination des acteurs, alignement des incitations financières et résistance au changement des professionnels de santé. Réussir cette transition suppose une évolution culturelle, où la collaboration interprofessionnelle devient une norme[1].

CONCLUSION

L'intégration des soins est un enjeu stratégique majeur, mais il n'existe pas de modèle unique et universel à adopter. Chaque système de santé doit trouver son propre équilibre, en tenant compte des réalités locales, culturelles et organisationnelles. Les preuves disponibles sont complexes, souvent influencées par la qualité des recherches et les spécificités des modèles étudiés[2]. Cependant, les bénéfices sont clairs :

- pour les individus et leurs familles : un accès amélioré, des soins plus rapides et une approche centrée sur les résultats qui comptent pour les patients ;
- pour les communautés locales : une réduction des inégalités et une amélioration de la santé des populations ;
- pour les systèmes de santé : une utilisation plus efficace des ressources et une meilleure coordination des soins ;
- pour les professionnels de santé : moins de surcharge, une meilleure gestion du travail et une réduction des redondances et du gaspillage.

L'intégration des soins n'est pas qu'un défi technique ou financier, c'est une transformation culturelle et organisationnelle qui demande vision, engagement et leadership. Les managers ont un rôle clé : créer un environnement favorable, aligner les incitations, soutenir l'innovation et accompagner les équipes dans cette évolution. L'enjeu n'est pas seulement d'améliorer les soins, mais de repenser fondamentalement la manière dont ils sont conçus et délivrés[3].

---

1. Schusselé Filliettaz S., Berchtold P., Koch U., Peytremann-Bridevaux I., "Integrated Care in Switzerland: Strengths and Weaknesses of a Federal System", *International Journal of Integrated Care*, vol. 21(4), 2021, p. 101-8.
2. « Repenser l'évaluation de la performance des systèmes de santé : un cadre renouvelé », études de l'OCDE sur les politiques de santé, Éditions OCDE, Paris, 2024.
3. Lindner L., Lorenzoni L., "Innovative providers' payment models for promoting value-based health systems: Start small, prove value, and scale up", rapport pour l'OCDE, 2023.

PROPOSITIONS MANAGÉRIALES

- Un leadership transformationnel qui vise à inspirer, motiver et engager pour opérer des changements profonds.
- Des infrastructures numériques et des systèmes d'information performants pour un partage efficace des données et une meilleure gestion des maladies chroniques.
- Une reconfiguration des ressources humaines, en développant de nouvelles compétences, de nouveaux métiers et des méthodes de travail collaboratif.
- Un cadre réglementaire facilitant la coopération et réduisant les obstacles à l'intégration.
- Une réforme profonde de l'allocation des ressources, incitant et récompensant la coordination des soins plutôt que la fragmentation des services.

Lectures complémentaires

- Schusselé Filliettaz S., Kohler D., Berchtold P., Peytremann-Bridevaux I., « Soins intégrés en Suisse : Résultats de la 1re enquête (2015–2016) », Observatoire suisse de la santé, 2017.
- Création d'une caisse d'assurance-maladie publique à Genève, « Projet Béluga », rapport du group d'experts. République et Canton de Genève, Département de la santé et des mobilités (DSM), janvier 2025.
- *Integrating Care to Prevent and Manage Chronic Diseases: Best Practices in Public Health*, rapport de l'OCDE, Paris, 2023.

GESTION DE CRISE

6 PARTIE

20 GÉRER LES ÉPIDÉMIES

Antoine Flahault

Résumé

Ce chapitre montre que la gestion des épidémies peut s'apparenter à une enquête policière : on cherche à traquer l'agent pathogène, cet ennemi invisible, à découvrir son mode opératoire, c'est-à-dire ses voies de transmission (respiratoire, digestive, sanguine, sexuelle), à mieux saisir l'ampleur du phénomène, en connaître la sévérité, et enfin maîtriser et empêcher l'agent criminel de continuer à nuire.

MESSAGES-CLÉS

- La gestion efficace des épidémies repose sur des stratégies visant à réduire ce taux en limitant la transmission par des mesures adaptées au mode de contamination.
- L'hôpital joue un rôle clé dans l'identification des émergences épidémiques, mais une surveillance élargie (tests diagnostiques, analyse des eaux usées, réseaux sentinelles) est essentielle pour estimer rapidement l'ampleur et la gravité de la situation.

INTRODUCTION

Une épidémie de maladie infectieuse se définit par la survenue de manière groupée de cas, dans une période donnée. Pour les maladies transmissibles, la théorie mathématique des épidémies considère la survenue d'une épidémie lorsque le taux de reproduction dépasse la valeur « 1 » – lorsqu'un cas génère plus d'un cas secondaire, c'est-à-dire lorsqu'une personne infectée contamine à son tour plus qu'une personne[1].

La gestion d'une épidémie va donc conduire à reprendre contrôle sur sa dynamique, à réduire le taux de reproduction au-dessous de la valeur « 1 », en intervenant en particulier sur la probabilité de transmission de l'agent infectieux, sur le nombre de contacts efficaces et sur l'intervalle de génération entre deux cas. Il existe des épidémies communautaires et des épidémies nosocomiales (réduites au cadre hospitalier).

LES MODES DE CONTAMINATION

Le contrôle d'une épidémie dépend principalement des modes de contaminations. La transmission par voie aérosol ou respiratoire, comme dans le cas de la grippe, la COVID-19, la rougeole, ou même la varicelle, est souvent associée à des flambées épidémiques importantes et difficiles à contrôler. Cette difficulté réside dans la grande transmissibilité des agents infectieux en cause et de la complexité de la gestion de la voie aérosol (qui désigne la suspension de particules infectieuses dans l'air). Les moyens à mettre en œuvre sont alors l'isole-

1. « Notions clés à l'usage des responsables des interventions en cas d'épidémies », Fédération Internationale des Sociétés de la Croix Rouge et du Croissant Rouge, Genève, 2024.

ment des cas hospitalisés dans des chambres à pression négative, la ventilation efficace des locaux (précisément avec une concentration de CO_2 inférieure à 800 ppm en continu), le port de masque de protection, de lunettes et d'équipements de protection du personnel soignant.

La transmission hydrique ou alimentaire est manuportée (dont la transmission peut se faire par simple contact), comme dans le cas du choléra ou des salmonelloses, et des autres virus entériques. La combattre nécessite une bonne hygiène des mains, un assainissement de l'eau, le recours à l'eau potable, y compris pour le lavage des mains et des aliments (fruits et légumes notamment), ainsi qu'un contrôle sanitaire adéquat de la chaîne alimentaire.

Il est des contaminations hybrides, comme celles des légionelles (qui causent la légionellose, une pneumopathie parfois gravissime), car elles sont véhiculées par l'eau insuffisamment chauffée ou traitée, vaporisée et aérosolisée, et contaminent les personnes exposées par voie respiratoire. La transmission par contact direct avec les fluides des personnes infectées (salive, plaies de la peau, autres liquides biologiques…) combine les précautions à prendre pour la voie aérosol et la voie manuportée (c'est le cas avec les virus d'Ebola ou de Lassa, par exemple).

La transmission par le sang ou par voie sexuelle (le VIH-Sida, les Hépatites B et C, et dans une certaine mesure le papillomavirus (HPV) ou le Mpox) peut aussi survenir en milieu de soin, lorsque l'hygiène et notamment la stérilisation des dispositifs médicaux est imparfaite ou en cas de faute d'asepsie.

La transmission par des moustiques vecteurs ou des tiques, ou encore par les rats, est plus généralement communautaire, même si le milieu hospitalier doit aussi se prémunir contre la contamination des insectes au contact des personnes virémiques hospitalisées et du personnel. Nous pouvons donner comme exemple la dengue, la fièvre jaune ou le paludisme.

La transmission verticale, de la mère à son fœtus durant la grossesse, voire lors de l'accouchement, peut se produire avec bon nombre d'agents pathogènes, notamment en cas d'épidémie communautaire ou nosocomiale. Elle peut entraîner des fausses couches, une mort *in-utero*, ou des malformations fœtales. Elle impose de déployer des précautions renforcées pour les femmes enceintes, pour les protéger de la contamination.

L'HÔPITAL EN PREMIÈRE LIGNE

L'hôpital est souvent une porte d'entrée de la découverte et de l'identification des émergences épidémiques. La pandémie de COVID-19 a été rapportée pour la première fois lors de l'hospitalisation de personnes atteintes de pneumonies atypiques à Wuhan, en Chine, en décembre 2019. De même en Italie, en février 2020, ce fut dans les hôpitaux de Lombardie que l'on a découvert l'ampleur de la propagation du SARS-CoV-2 en Europe. Cela ne signifie pas que la maladie a eu un point de départ hospitalier. Au contraire elle était d'origine communautaire, mais les premiers cas ont été détectés à l'hôpital en raison de leur sévérité et de l'infrastructure sanitaire permettant plus aisément d'en faire l'identification et de transmettre l'information aux autorités sanitaires et à l'OMS.

L'hôpital est parfois un lieu d'émergence épidémique. On parle alors d'épidémie nosocomiale et le processus infectieux vient alors compliquer la prise en charge des patients, auxquels se surajoutent les comorbidités pour lesquelles ils sont initialement hospitalisés.

En cas d'épidémie, qu'elle soit d'origine communautaire ou nosocomiale, il importe de rapidement chercher à en estimer son ampleur, son ou ses modes de transmission et sa sévérité. Ces trois étapes sont cruciales mais se heurtent souvent à des difficultés logistiques et parfois théoriques. La logistique demande en premier lieu de disposer d'un accès facilité à des outils de diagnostic. Tant que l'on ne disposait pas d'un accès large aux tests diagnostiques (RT-PCR) de la COVID-19, il n'était pas aisé d'estimer l'ampleur des foyers épidémiques en cours. Puis les tests antigéniques rapides ont permis de généraliser davantage l'auto-diagnostique, en cas de symptômes voire de contact.

La voie de transmission est souvent délicate à déterminer. Ce fut le cas au début de la pandémie de Sida, où des travaux scientifiques ont rapidement pu écarter la transmission par la salive ou encore par le moustique. Ce fut à nouveau le cas avec la COVID-19, où la plupart des agences sanitaires, nationales ou internationales, ont longtemps privilégié la voie de transmission manuportée ou le contact direct (appelé parfois balistique). Il s'est avéré par la suite que la transmission était essentiellement par voie aérosol, due aux microgouttelettes de la respiration contaminées et flottant plusieurs minutes ou heures en lieux clos bondés et mal ventilés.

Enfin, on peut approcher l'estimation de la sévérité par le rapport entre les formes graves (hospitalisées) et le nombre d'infections. Cette estimation est rendue compliquée par l'absence de précision du numérateur comme du dénominateur. Le numérateur, constitué par le nombre d'hospitalisations causées par les formes graves de la maladie est parfois difficile à déterminer lorsque toutes les hospitalisations ne font pas l'objet d'un test diagnostique. Par ailleurs, l'indication d'hospitaliser un patient dépend des critères d'hospitalisation et de la culture médicale locale. De plus, en période de forte circulation virale, des patients hospitalisés pour d'autres causes peuvent être incidemment contaminés par l'agent infectieux, sans qu'ils développent nécessairement une forme grave de celle-ci.

Par ailleurs, le dénominateur est également souvent difficile à déterminer avec précision. Il s'agit du nombre d'infections qu'il faudrait estimer de manière fiable si des échantillons représentatifs de la population se voyaient proposer des tests d'une manière systématique. On peut aussi disposer de mesures indirectes (comme la présence de l'agent infectieux dans les eaux usées des stations d'épuration), qui permettent alors d'estimer grossièrement le niveau de circulation du virus dans la communauté. Les réseaux de médecins généralistes sentinelles peuvent aussi donner une indication du nombre de cas symptomatiques diagnostiqués en ville qui se rapproche du nombre d'infections. Mais les personnes paucisymptomatiques ou asymptomatiques[1] ne consultent pas et ne sont pas donc pas comptabilisées par ces approches. La sévérité peut aussi être mesurée par le *case fatality ratio*, c'est-à-dire, en français, la létalité, qui est le taux de décès causé par la maladie infectieuse rapporté au nombre d'infections, avec des difficultés d'estimation semblables à celles évoquées ci-dessus.

LES STRATÉGIES POSSIBLES

Gérer une épidémie, dans tous les cas, s'apparente un peu à une enquête menée par Sherlock Holmes. Le criminel qu'il traque ici est le germe pathogène, il recherche son mode opératoire (la ou les voies de transmission), notifie et décrit les délits commis en évaluant leur gravité (infections asymptomatiques ou paucisymptomatiques, infections symptomatiques…), voire les crimes perpétrés (formes graves et mortalité). Il explore, lors d'une enquête approfondie, les origines possibles de la contamination : tours aéroréfrigérantes ou circuits d'eau dans les cas de légionelloses hospitalières ; moustique vecteur dans les cas de dengue ou de chikungunya communautaire ; matériel médical insuffisamment aseptisé dans le cas d'hépatites virales ou de contamination nosocomiale par le VIH.

La méthodologie de l'investigation des épidémies hospitalières ou communautaires répond souvent au modèle d'étude épidémiologique *cas-témoins*, où l'on compare chez les cas (personnes ayant contracté l'infection) et les témoins (personnes indemnes de l'infection), l'exposition à divers toxiques et les comportements vis-à-vis de pratiques à risques. Cette comparaison est faite selon des questionnaires guidés par les connaissances que l'on a des pathogènes présumés en cause. Un médecin peut déceler une affection grave touchant au rein et suspecter qu'elle est liée à la bactérie Escherichia coli. Alors, les questions se tourneront vers une origine alimentaire et l'on détaillera les aliments

1. Présentant très peu de symptômes, ou pas de symptômes du tout.

ingérés par les cas (malades confirmés) et que l'on comparera à ceux ingérés par les témoins (personnes indemnes de toute infection et comparables aux cas vis-à-vis des caractéristiques socio-démographiques).

Une fois la source de contamination identifiée, si elle est externe – comme les conduites d'eau ou de climatisation, la nourriture, la boisson ou des pratiques (médicales ou comportementales) à risques –, alors il devient relativement aisé de sécuriser l'environnement et d'éviter des expositions ultérieures à cette origine de l'infection. Lorsque l'origine de l'épidémie est seulement suspectée, on peut actionner le principe de précaution, en l'absence de preuve, pour viser à reprendre le contrôle sur l'épidémie. C'est ainsi que le Dr John Snow, médecin accoucheur de la reine Victoria avait suggéré, en 1854, de retirer la manivelle de la pompe de Broad Street, dans le quartier londonien de Soho, suspectant le rôle possible de l'eau contaminée de la Tamise dans l'épidémie de choléra qui sévissait à l'époque dans la capitale britannique. Cette intervention fut rapidement couronnée de succès et l'épidémie jugulée, alors même qu'à l'époque on ne connaissait toujours pas l'agent en cause de cette.

CONCLUSION

L'intelligence artificielle, qui permet de conduire l'analyse de signaux faibles en provenance de la presse, de réseaux sociaux, de données de ventes de médicaments, contribue à une détection plus précoce des émergences épidémiques sur un territoire donné.

À l'instar de l'assainissement de l'eau au cours du vingtième siècle, les programmes visant l'amélioration de la qualité de l'air intérieur dans les hôpitaux et les établissements médico-sociaux, ainsi que dans les écoles, pourraient s'avérer des alliés puissants dans la lutte contre les infections respiratoires d'aujourd'hui, quels qu'en soient les agents pathogènes responsables.

PROPOSITIONS MANAGÉRIALES

- La surveillance des infections nosocomiales est essentielle pour rester informés et détecter précocement le démarrage d'une épidémie. Dans ce cadre, par exemple, l'analyse des eaux usées systématique et régulière permet de disposer d'instruments fiables et peu coûteux.
- La surveillance épidémiologique communautaire relève de systèmes d'échantillonnage de la population, et de tests systématiques et réguliers auprès de personnes volontaires dès le début d'une alerte sur une émergence épidémique.

D'autres outils de surveillance peuvent contribuer au monitorage des épidémies, comme les réseaux de médecins généralistes sentinelles, les données recueillies auprès des services d'urgence, le pourcentage d'occupation des lits hospitaliers et de soins intensifs, l'analyse des biobanques existantes, etc.

- La prévention des infections nosocomiales nécessite la mise en œuvre de procédures d'asepsie et d'une assurance qualité des soins concernant les actes invasifs, les soins, l'alimentation et les circuits d'eau des établissements. Une ventilation des locaux correcte et monitorée en continu doit devenir une priorité dans les établissements hospitaliers et médico-sociaux.
- La prévention des émergences infectieuses communautaires nécessite, selon les modes de transmission envisagés, l'assainissement de l'air, de l'eau, le respect de normes alimentaires, ou la lutte contre les vecteurs.

Lectures complémentaires

- Flahault A., Zylberman P., *Des épidémies et des hommes*, La Martinière, 2008.
- Flahault A., *Covid, le bal masqué*, Dunod, 2021.
- Flahault A., *Prévenez-moi !*, Robert Laffont, 2024.
- Zylberman P., *Tempêtes microbiennes – Essai sur la politique de sécurité sanitaire dans le monde transatlantique*, Gallimard, 2013

21 MIEUX COMMUNIQUER EN TEMPS DE CRISES

Claude-François Robert

Résumé

*Conduire son organisation implique d'en maîtriser la communication. La capacité de communiquer en situation de crise est fondamentale. D'autres dimensions de communication s'avèrent utiles : approches comportementales (marketing social), capacité à atténuer l'impact des infoxs (*fake news*) et communication interne. Se former et se préparer à ces défis vise à une meilleure conduite de son organisation et renforce la confiance des utilisateurs, des partenaires et des collaborateurs.*

MESSAGES-CLÉS

- La communication est une fonction centrale du management des organisations.
- Une organisation doit se préparer à assurer une communication de crise.
- Le dispositif de communication doit être actif et exercé régulièrement.
- La capacité de réponse à un flux d'infoxs (infodémie) est critique.
- Les approches comportementales (marketing social) s'appliquent à la mise en valeur des prestations de l'organisation vers son public-cible.

INTRODUCTION

Une stratégie de communication a pour but de fournir l'information juste, au bon moment et aux bonnes personnes, afin qu'elles puissent prendre les bonnes décisions. La maîtrise de la communication est essentielle, tant en situation de crise que dans la conduite au quotidien. À partir des années 1970, des accidents industriels (Bhopal, Seveso, puis AZF) ont mis en évidence les besoins en communication de crise[1]. Au niveau sanitaire, tant la crise du sang contaminé que l'expérience récente de la pandémie de COVID-19 ont nourri réflexions et méthodologies. La multiplication d'informations, mêlant infoxs (*fake news*) à des informations avérées, connue sous le terme « infodémie », a un impact mesurable sur la santé d'une population ; cela se chiffre en maladies et décès évitables[2]. Cette communication non-éthique menace le fonctionnement et les prestations d'une organisation, en s'attaquant à l'expertise, à l'image et aux personnes.

QUELLE PLACE POUR LA COMMUNICATION DANS L'ORGANISATION DE SANTÉ ?

Une organisation délivre des prestations sous la conduite d'une gouvernance. Une fonction logistique assure le fonctionnement de l'ensemble. À ces fonctions de base s'ajoute celle de la communication, portée par une personne en charge, voire toute une équipe. Les prestations doivent répondre aux besoins des publics-cible. L'expérience acquise dans le domaine de la promotion de la

1. Lagadec P., *États d'urgence – Défaillances technologiques et déstabilisations sociale*, Le Seuil, Paris, 1988.
2. Pinna M., Picard L., Goessmann C., "Cable news and COVID-19 vaccine uptake", *Scientific Reports*, vol. 12(1), 2022.

santé a montré le potentiel des approches comportementales (marketing social et emploi du *nudging*), construites à l'écoute des publics-cibles[1].

Le partage des choix stratégiques avec les collaborateurs, la discussion de l'impact d'événements critiques, mais aussi certains changements opérationnels vont nourrir la communication interne. Une communication coordonnée soutient l'exécution des stratégies de l'organisation et vise à préserver la confiance.

QUELS BESOINS EN COMMUNICATION EN FONCTION DES RISQUES ?

Plusieurs mécanismes peuvent impacter les fonctions de gouvernance (décès d'un cadre), logistique (piratage informatique), fourniture de prestations et communications. On note que pour chaque type de crise, la fonction de communication est concernée. Dans la crise « E », la plus rare, toutes les fonctions sont impactées ; on entre alors dans un fonctionnement de crise majeure. Plus fréquente, une atteinte unique sur la fonction de communication « A » correspond à des attaques par rumeurs et infoxs (par exemple, des rumeurs de contamination de lots dans un centre de transfusion alors que la sécurité des contrôles est garantie).

Type de crise	**Gouvernance**	**Logistique support**	**Prestations**	**Communication**	**Besoins en communication**
A				**X**	Gestion infodémie
B	**X**			**X**	Crise, infodémie
C		**X**		**X**	Crise, marketing social
D			**X**	**X**	Crise, marketing social
E	**X**	**X**	**X**	**X**	Crise, infodémie

Fonctions impactées par type de crises[2]

PRINCIPES DE COMMUNICATION

La communication s'inscrit dans un flux d'événements, dont certains, critiques, ont une importance stratégique (EIS). Les objectifs de communication doivent sans cesse s'adapter à ce flux et au contexte. Une bonne communication

1. Bezençon V., « Essor des approches comportementales et des *nudges* dans le domaine de la santé », *Revue médicale suisse*, vol. 19, 2023, p. 299-301.
2. Robert C.-F., 2025.

demande une maîtrise du message, du porteur de message (donc du messager) et l'analyse de l'évolution du contexte.

COMMENT CONSTRUIRE UNE NARRATION DANS L'URGENCE D'UNE CRISE ?

La perte de contrôle de la communication en situation de crise constitue un risque majeur. Préparer une interview, écrire un communiqué de presse, peut se construire avec la méthode du *message mapping*[1]. Pour répondre aux besoins d'information de la cible, il faut rédiger trois messages simples. Chaque message est étayé par 3 faits au maximum. Le fil conducteur, entre les trois messages, sert à consolider une narration.

Exemple de *message mapping* pour expliquer l'infodémie à propos du vaccin COVID-19

Message clé 1	Message clé 2	Message clé 3
L'infodémie rend malade et tue.	Dans une crise complexe, chacun a besoin d'explications simples.	Pour vous vacciner, notre organisation agit avec responsabilité et professionnalisme.
Faits 1.1	***Faits 2.1***	***Faits 3.1***
Elle diminue l'accès aux soins et aux vaccins par de faux messages.	La propagation d'un virus inconnu avec des pénuries de ressources est une source d'angoisse.	Les désinformateurs veulent changer notre rôle (corrompu, disciple du Dr Mengele). La contestation de ce discours est impossible.
Faits 1.2	***Faits 2.2***	***Faits 3.2***
Les malades sont poussés à utiliser des solutions dangereuses et non validées (chloroquine, ivermectine, eau de javel).	La peste, les épidémies induisent une recherche du bouc émissaire (migrants, les « puissants » comme Bill Gates).	Comme professionnels, nous exposons la réalité avec transparence et selon les connaissances scientifiques.
Faits 1.3	***Faits 2.3***	***Faits 3.3***
Ces rumeurs dégradent la confiance dans les organisations en charge de gérer la crise.	Les personnes sont influencées par des facteurs psychologiques, (biais cognitifs, pression des réseaux sociaux).	Notre site internet et notre hotline sont là pour répondre à vos questions sur la vaccination.

1. COVELLO V.T., "Message Mapping, Risk and Crisis Communication", Conférence sur le bio-terrorisme et la communication de crise, Organisation mondiale de la santé, Génève, Suisse, octobre 2002.

COMMENT COMMUNIQUER AU PUBLIC-CIBLE SUR LES PRESTATIONS FOURNIES ?

L'information seule ne remplace pas une communication active. Le marketing social vise à inciter votre public-cible à bénéficier de vos prestations. Il peut s'agir d'une campagne de don du sang, de la promotion d'un test de dépistage ou d'un vaccin, ou le développement de nouveaux services.

COMMENT COMMUNIQUER FACE À UN DÉLUGE D'INFOXS (INFODÉMIE) ?

La numérisation croissante (médias sociaux) propage rapidement des informations sur un mode viral. Cela contribue à combler rapidement les lacunes en matière d'information, mais risque aussi d'amplifier des messages nuisibles. Cette forme de communication non-éthique abuse de métaphores (« thérapie génique » au lieu de vaccin, « merdias » pour médias). Elle réattribue les rôles des acteurs, l'agent de santé publique devenant un kapo sanitaire.

L'EXPÉRIENCE ISSUE DE LA COVID-19

La pandémie de COVID-19 a montré le besoin de renforcer, capacités en communication, leadership, coordination entre acteurs et production de messages adaptés à l'audience[1]. En voici trois exemples.

COMMUNICATION DE CRISE

En février 2020, les administrations de santé publique ont activé des hotlines et des pages internet dédiées pour répondre à des vagues de questions. Conférences de presse, désignation de porte-paroles avec capacité de communication et expertise scientifique ont ensuite été mis en place. Une surveillance des réseaux sociaux a été activée pour détecter les tendances des infoxs et de possibles menaces contre les experts.

PROMOTION DES AUTOTESTS

Dans un canton suisse, la mise à disposition de tests rapides en avril 2021 a fait l'objet d'une promotion, « *T'en a marre, dis ? Les mardis, je m'autoteste !* ». L'auto-annonce sur internet par les participants a permis d'évaluer l'effet « mardi ». Une approche de marketing social a soutenu cette campagne.

1. "Lessons from the COVID-19 pandemic", rapport du Centre européen de prévention et de contrôle des maladies (ECDC), mai 2023.

VACCINATION CONTRE LA COVID-19

À l'automne 2021, l'extension de la vaccination à toute la population a nécessité une campagne intensive de promotion[1]. Une analyse des besoins a permis de définir les rôles attendus des publics-cibles (vaccinés, non-vaccinés et anti-vaccins). Les moyens d'action étaient :

- une ligne de conseils téléphoniques ;
- des séances de discussion avec la population en présence de médecins ;
- des événements médiatiques et des clips humoristiques.

Puis, l'arrivée de la vague Omicron a changé le contexte et nécessité une réévaluation. Les décideurs ont renoncé aux clips humoristiques pour concentrer les messages sur le rattrapage de la vaccination chez les personnes vulnérables.

UNE STRATÉGIE EN SEPT POINTS

L'expérience des crises récentes appuie le développement d'une stratégie de communication en sept points. L'organisation devrait les passer en revue pour s'assurer de sa capacité à réagir.

Identifier acteurs et publics-cibles

Une organisation se déploie sur une scène qu'il s'agit de délimiter, du niveau local à l'international. Sur cette scène, évoluent des acteurs, les mandants des organisations, des partenaires, des concurrents et des bénéficiaires de prestations. Dresser une liste de ces acteurs est une première étape. Elle conduit ensuite à identifier les publics-cibles de votre communication. Il existe des outils pour prioriser ces acteurs, par exemple en leur attribuant un degré de pouvoir et d'influence sur les actions. Un ministère de la santé a une relation de pouvoir s'il autorise l'organisation à exercer et surveille ses activités. Les médias, une association de consommateurs jouent un rôle d'influence sur l'organisation.

Évaluer les risques, l'impact de la crise, construire des scénarios et identifier les besoins en communication

Après une analyse de type SWOT[2], la préparation consiste à élaborer des scénarios pour anticiper les demandes, à identifier les publics-cibles et à dresser une liste de questions pièges avant les interviews. Pour chaque scénario, il faut définir les besoins en communication et en dresser la liste.

---

1. Wood S., Schulman K., "Beyond Politics. Promoting COVID-19 Vaccination in the United States", *The New England Journal of Medicine*, vol. 8, 2021.
2. Analyse SWOT (*strenghts, weaknesses, opportunities, threats*) : outil de stratégie basé sur une matrice de quatre catégories.

Activer une veille stratégique et fixer des objectifs

La veille du flux d'événements impactant l'organisation permet d'ajuster la stratégie de communication. L'identification des événements d'importance stratégique (EIS) déclenche une alerte, donc une activation immédiate du dispositif de communication. Finalement, l'analyse doit aboutir à formuler des objectifs de communication.

Créer un dispositif de communication de crise

L'organisation doit mettre en place un dispositif durable de communication de crises avec pour objectif de garder la maîtrise de la communication, tout en donnant les bonnes informations au bon moment. La maîtrise de l'agenda par des points presses initiaux, puis des communiqués et des conférences de presse est fondamentale. Le flux d'événement va se constituer en un feuilleton avec de multiples rebondissements. À chaque étape, une appréciation des besoins en communication doit être opérée par une équipe indépendante des gestionnaires de crise. Ceci nécessite une logistique propre, du personnel et les moyens d'activer une hotline. La capacité à durer de cette équipe doit être estimée.

S'exercer et se préparer à construire du message-mapping

L'organisation doit organiser régulièrement des exercices qui impliquent toutes ses fonctions, de la gouvernance aux prestations. Par exemple, pour appliquer systématiquement la méthode du *message-mapping* à toute situation de communication, même hors urgence.

Promouvoir ses prestations par des approches comportementales

L'information seule n'est plus suffisante. Renforcer sa capacité à user des approches comportementales[1,2] donne un avantage pour l'avenir. Cela signifie se doter de collaborateurs formés en marketing social. Surtout, agencer les moyens à l'appui d'une nouvelle prestation (tests ciblés dans une partie de la population, vaccination urgente d'un groupe à risque, etc.).

Affronter l'infodémie

La gouvernance doit s'interroger si l'organisation a la capacité d'analyser un événement survenu sur les réseaux sociaux qui pourrait lui provoquer un dégât

1. Emmerling T, Paul A.F., Seyffardt D., *Kit de communication sur les approches comportementales*, OFSP, 2022.
2. Bezençon V., « L'application des approches comportementales à l'action publique », Analyse internationale et pistes de réflexion pour la promotion de la santé en Suisse, 2021, document de travail n° 60, Berne et Lausanne : Promotion Santé Suisse.

d'image et si elle aura la capacité d'y répondre ? Cette réponse s'appuie sur la mise en place d'une veille, de mesures préventives, de contre-mesures et d'actions pour protéger ses équipes.

Veille de l'infodémie

L'organisation dispose de plusieurs moyens pour développer cette veille. Tout d'abord par une surveillance quasi épidémiologique des rumeurs virales avec production de rapports d'appréciation (*infodemic insight report*). Ce rapport vise à identifier les craintes, faux espoirs, éléments de narration qui favorisent sa propagation[1]. Une analyse des rôles, des messages, permet de comprendre la force narrative de l'infodémie.

Ensuite, par une analyse du discours porté par la séquence des fausses informations et les biais cognitifs qui les favorisent. Le sémioticien Umberto Eco nous rappelle qu'une fiction ne peut être falsifiée[2]. Par exemple, le personnage de Tintin a son existence propre dans l'imaginaire collectif, comme l'hydroxychloroquine sera toujours qualifiée par certains de cure miracle du COVID-19.

Enfin, par une appréciation des menaces contre les personnes exposées de l'organisation. On se souvient des attaques contre des acteurs de santé publique, qualifiés de Dr Mengele ou de corrompus de la Big Pharma.

Mesures préventives

Il faut assurer une communication active et continue pour occuper le terrain, sachant que tout vide de communication va se remplir par le plus offrant. Il peut s'agir de délivrer des messages crédibles et légitimes par des porte-parole professionnels adoptant un langage clair, jouant sur la transparence et l'empathie. Surtout, il faut éviter l'usage de jargon complexe et technocratique. Le soutient aux professionnels et à la stratégie, avec l'appui de leaders d'opinion, est essentiel.

Prise de contre-mesures

La stratégie de communication visera à mettre en action une batterie de contre-mesures :

- par la répétition des éléments factuels validés. Cette constance des messages a pour but « d'immuniser » une partie de la population des contre-vérités[3] ;

---

1. "How to build an infodemic insights report in six steps", rapport conjoint de l'OMS et de l'UNICEF, Genève, 2023.
2. Eco Umberto, *Pour en finir avec la théorie du complot*, trad. de la Lectio magistralis prononcée à l'université de Turin (2017) par l'auteur pour son doctorat *honoris causa*, publié en français le 24 décembre 2020 dans la revue *Le Grand Continent*.
3. Van der Linden S., "Misinformation : susceptibility, spread, and interventions to immunize the publiques", *Nature Medicine*, vol. 28(3), 2022, p. 460-467.

- par l'exposition du mécanisme de la manipulation pour du moins en partie désarmer l'information corrompue ;
- par des prises de paroles de leaders d'opinion, des témoignages de pairs, ceci visant à atténuer les faux messages et à construire une autre narration.

Protection légale des collaborateurs menacés

Le personnel de santé et les fonctionnaires doivent se sentir protégés dans leur fonction et leur personnalité[1]. Contrainte, injure, diffamation, menaces de mort constituent des infractions pénales. Face à des faits avérés dont les auteurs sont identifiables, il est important d'envoyer un signal par des dénonciations aux autorités pénales.

CONCLUSION

Une organisation doit intégrer la communication dans son processus de conduite. Cela se comprend au niveau stratégique, lors des analyses SWOT[2] en fonction des menaces et faiblesses, mais aussi des opportunités et des forces. Il convient donc d'intégrer les personnes en charge de la communication dans les organes de direction. Au niveau opérationnel, comme la mise en œuvre de projets ou de nouvelles prestations, ou sur les questions logistiques, la communication doit s'intégrer à chaque phase et peut aussi jouer un rôle de garde-fou.

PROPOSITIONS MANAGÉRIALES

- Intégrer la fonction de communication dans la gouvernance de crise et définir ses rôles et responsabilités : qui va préparer les messages, qui va les valider, qui sera le porte-parole ? L'organigramme situe le dispositif de communication dans la gouvernance de l'organisation
- Veiller à la continuité et à la durabilité : des événements de faible intensité sont des occasions à saisir pour tester le dispositif de communication et anticiper les ressources à mobiliser
- Évaluer le dispositif de communication avant et après la crise : utiliser chaque expérience pour évaluer la capacité du dispositif de communication

1. Swan A. "Zero tolerance for threats against scientists", *Nature*, vol. 609(7926), 2022.
2. Analyse SWOT (*strenghts, weaknesses, opportunities, threats*) : outil de stratégie basé sur une matrice de quatre catégories.

Lectures complémentaires

- Covello V. *et al.* "Effective Risk and Crisis Communication during Water Security Emergencies", EPA, rapport sponsorisé par Message Mapping Workshops, 2007.
- Wagner-Egger P., *Psychologie des croyances aux théories du complot*, PUG, 2021.
- "Managing the COVID-19 infodemic: call for action", rapport de l'Équipe de prevention et préparation aux épidémies et pandémies, OMS, Génève, 2020.

22 COMMENT PRÉPARER VOTRE ORGANISATION AUX ÉVÈNEMENTS MÉTÉOROLOGIQUES EXTRÊMES

Marlène Barreda et Irène Georgescu

Résumé

Ce chapitre souligne l'importance pour les organisations de santé de se préparer adéquatement aux évènements météorologiques extrêmes (EME) afin de garantir la continuité des soins et la résilience organisationnelle face aux défis climatiques croissants.

MESSAGES-CLÉS

- Un EME ne touche pas uniquement un établissement mais des établissements de santé durant sa phase aiguë. Dès lors, il est important d'engager un réseau de parties prenantes dans des exercices de simulations aux EME.
- Pour s'inscrire dans le long terme, la résilience organisationnelle devra s'appuyer sur une réflexion des décideurs afin tenir compte des éléments suivants :
  - les effets sur le long terme des décisions d'investissements sur la structure des organisations de santé. Les infrastructures déployées pour protéger l'organisation d'un type d'EME peuvent devenir une menace dans le cadre d'un autre type d'EME ;
  - les effets sur le long terme des décisions managériales et financières auprès des salariés. Les coupes budgétaires décidées par les directions peuvent générer parfois un sentiment d'injustice organisationnelle chez les employés qui se sont beaucoup investis pour permettre à l'organisation de faire face à l'EME. Il s'agira alors de travailler à la reconstruction d'un climat organisationnel favorable à la résilience.

INTRODUCTION

Ces dernières années, le changement climatique a conduit à une accentuation des EME, tels que les tempêtes et les incendies de forêt, soulevant des inquiétudes majeures en termes d'augmentation de leur intensité, de leur fréquence et de leur durée.

Les changements climatiques affectent non seulement la santé des populations mais également les institutions qui délivrent les soins[1][2]. Aux Bahamas, en 2020, l'ouragan Dorian entraîne la fermeture de trois grands hôpitaux. En juillet 2021, des précipitations remarquables par leur intensité privent d'électricité un hôpital chinois de 7 000 lits, obligeant le transfert d'environ 600 patients en phase aiguë

1. Patz J. A., Campbell-Lendrum D., Holloway T., Foley J. A., "Impact of regional climate change on human health", *Nature*, vol. 438(7066), 2005, p. 310-317.
2. Frumkin H., McMichael A. J., "Climate change and public health : thinking, communicating, acting", *American journal of preventive medicine*, vol. 35(5), 2008, p. 403-410.

vers d'autres hôpitaux[1]. Le rapport du Ministère national de la santé d'Afrique du Sud a révélé que les inondations d'avril 2022, dans la province du KwaZulu Natal, ont causé des dommages importants aux établissements de santé, avec un coût estimé à plus de 10 millions de dollars pour réparer l'infrastructure sanitaire (comprenant 23 hôpitaux, 34 cliniques, trois centres de santé communautaires et cinq immeubles de bureaux). Les dégâts ont eu un impact négatif sur les établissements de santé et la prestation des services de santé dans les districts touchés. Ces quelques exemples sont loin d'être des phénomènes marginaux.

Les évolutions climatiques sont susceptibles d'affecter de manière très significative les infrastructures de services de santé. En effet, 150 villes européennes (76 %) ont déclaré avoir réalisé des évaluations climatiques à l'échelle de la ville et 118 (59 %) ont indiqué que le changement climatique menaçait leur santé publique ou leurs services de santé[2]. Dès lors, il est important d'étudier les effets des EME sur les organisations de santé afin de mieux cerner leurs contours ainsi que la résilience organisationnelle nécessaire pour y faire face.

LA RÉSILIENCE ORGANISATIONNELLE DES ÉTABLISSEMENTS DE SANTÉ

Les EME sont définis comme des conditions météorologiques telles que les vagues de chaleur, les tempêtes et les inondations, qui dépassent un certain seuil et s'écartent de manière significative des conditions climatiques moyennes[3].

LE CAS DES INONDATIONS

À ce jour, l'EME le plus courant est l'inondation[4]. Des estimations ont montré qu'environ 200 millions de personnes dans plus de 90 pays sont exposées au risque d'inondation. Si la fréquence et la gravité de ces événements devraient

1. Gan C. C. R., Oktari R. S., Nguyen H. X., Yuan L., Yu X., Alisha K. C., Chu C., "A scoping review of climate-related disasters in China, Indonesia and Vietnam: disasters, health impacts, vulnerable populations and adaptation mesures", *International Journal of Disaster Risk Reduction*, vol. 66, 2021.
2. Van Daalen K. R., *et al.*, "The 2022 Europe report of the Lancet Countdown on health and climate change: towards a climate resilient future", *The Lancet Public Health*, vol. 7(11), 2022.
3. Linnenluecke M. K., Griffiths A., "Corporate sustainability and organizational culture", *Journal of world business*, vol. 45(4), 2010, p. 357-366.
4. Yazdani M., Mojtahedi M., Loosemore M., Sanderson D., Dixit V., "An integrated decision model for managing hospital evacuation in response to an extreme flood event: a case study of the Hawkesbury – Nepean River, NSW, Australia", *Safety science*, vol. 155, 2022.

augmenter dans de nombreuses régions du monde[1], force est de constater qu'aujourd'hui les hôpitaux ne sont pas en mesure d'y faire face.

Les événements climatiques peuvent interrompre les chaînes d'approvisionnement, fermer les voies de transport, perturber les réseaux informatiques, autant de facteurs qui réduisent la capacité d'un hôpital à fournir des soins de santé[2]. C'est le cas avec les inondations, mais aussi les tempêtes, par exemple. Les établissements de santé devraient être en mesure de fournir des services quotidiens et d'urgence, mais les inondations majeures sont connues pour causer des complications dans l'approvisionnement en eau propre, la production d'électricité, la sécurité des patients, les communications et l'accès[34]. En 2018, l'OMS attire l'attention sur ce fait ; les hôpitaux doivent rester sûrs, accessibles et au maximum de leur capacité pour sauver des vies. Aussi, ces quelques exemples montrent les divers effets des EME sur les organisations de santé.

Étant donné que les projections indiquent une augmentation de l'incidence des EME à l'avenir, il convient de poursuivre les recherches sur la manière dont les hôpitaux peuvent tirer des enseignements de l'évolution des vulnérabilités associées aux EME[5].

VERS UN PROCESSUS DE RÉSILIENCE

La résilience a été analysée sous l'angle organisationnel, psychologique et écologique des catastrophes, et ce à plusieurs niveaux[6]. Le concept de résilience se définit comme la capacité à revenir à un état initial, après une perturbation. La résilience est liée à la réponse de l'individu et de l'organisation à des événements imprévus. Elle peut être analysée comme un processus[7], un ensemble de capacités[8], de fonctions[9] ou des résultats[10]. La résilience doit être comprise non

1. *Ibid.*
2. Hiete M., Stengel J., Ludwig J., Schultmann F., "Matching construction and demolition waste supply to recycling demand: a regional management chain model", *Building Research & Information*, vol. 39(4), 2011, p. 333-351.
3. Keim M. E., "Building human resilience: the role of public health preparedness and response as an adaptation to climate change", *American journal of preventive medicine*, 35(5), 2008, p. 508-516.
4. Frumkin H., McMichael A. J., "Climate change and public health: thinking, communicating, acting", *American journal of preventive medicine*, 35(5), 2008, p. 403-410.
5. Loosemore M., Chand A., "Barriers to building resilience to extreme weather events in Australian hospitals", *Management*, vol. 2, 2016, p. 1201-1210.
6. Williams T. A., Gruber D. A., Sutcliffe K. M., Shepherd D. A., Zhao E. Y., "Organizational response to adversity: Fusing crisis management and resilience research streams", *Academy of management annals*, vol. 11(2), 2017, p. 733-769.
7. Ishak A. W., Williams E. A., "A dynamic model of organizational resilience: Adaptive and anchored approaches", *Corporate Communications: An International Journal*, 23(2), 2018, p. 180-196.
8. Duchek S., "Organizational resilience: a capability-based conceptualization", *Business research*, vol. 13(1), 2020, p. 215-246.
9. Wicker P., Filo K., Cuskelly G., "Organizational resilience of community sport clubs impacted by natural disasters", *Journal of Sport Management*, vol. 27(6), 2013, p. 510-525.
10. Sincorá L. A., Oliveira M. P. V. D., Zanquetto-Filho H., Ladeira M. B., "Business analytics leveraging resilience in organizational processes", *RAUSP Management Journal*, vol. 53, 2018, p. 385-403.

seulement comme une caractéristique d'une organisation, mais aussi comme une pratique de ses dirigeants[1]. Souvent décrite de manière holistique, c'est-à-dire analysée comme un ensemble d'éléments formant un tout, la résilience demeure délicate à définir tant aux niveaux qualitatifs que quantitatifs permettant d'assurer une réponse appropriée (la prévention, la protection, la préparation, l'atténuation, la réaction et la récupération)[2].

Selon Conz et Magnani[3], la résilience en tant que processus dans le temps est un attribut dynamique de l'organisation, caractérisé par une phase proactive au moment *t–1* ; une phase d'absorption ou d'adaptation au moment *t*, et une phase réactive au moment *t+1* (où *t* est le moment où un événement inattendu se produit et modifie l'équilibre de l'organisation[4]). Cette définition identifie deux « voies de résilience » dynamiques distinctes : la voie de l'absorption et la voie de l'adaptation. La voie de l'absorption est caractérisée par des capacités de redondance, de robustesse et d'agilité. La trajectoire adaptative de l'organisation se caractérise par ses capacités de ressources, d'adaptabilité et de flexibilité.

Les EME offrent les meilleures opportunités d'apprentissage expérientiel sur la manière d'améliorer la résilience des hôpitaux[5]. Toutefois, bien que les EME se répètent, les organisations ne parviennent pas à en tirer des enseignements efficaces[6], témoignant de la complexité du champ de l'activité de soin. Bien qu'il existe des connaissances et une compréhension de la résilience dans les hôpitaux pendant les inondations, des recherches supplémentaires sont nécessaires pour comprendre leurs effets à long terme sur la résilience des hôpitaux.

LES ENSEIGNEMENTS TIRÉS DANS LE CADRE D'INONDATIONS

En cas d'inondation dans un établissement de santé, il est essentiel de porter une attention particulière aux points que nous allons détailler.

1. Conz E., Lamb P. W., De Massis A., "Practicing resilience in family firms: An investigation through phenomenography", *Journal of Family Business Strategy*, vol. 11(2), 2020.
2. Braes B., Brooks D., "Organisational Resilience: Understanding and identifying the essential concepts", *Safety and Security Engineering IV*, vol. 117, 2011, p. 117-128.
3. Conz E., Magnani G., "A dynamic perspective on the resilience of firms: A systematic literature review and a framework for future research", *European Management Journal*, vol. 38(3), 2020, p. 400-412.
4. *Ibid.*
5. Loosemore M., Chand A., "Barriers to building resilience to extreme weather events in Australian hospitals", *Management*, vol. 2, 2016, p. 1201-1210.
6. Bhaskara G. I., Filimonau V., "The COVID-19 pandemic and organisational learning for disaster planning and management: A perspective of tourism businesses from a destination prone to consecutive disasters", *Journal of Hospitality and Tourism Management*, vol. 46, 2021, p. 364-375.

LES RÉSEAUX ET LES PARTIES PRENANTES

Selon Chand et Loosemore[1], il existe de nombreuses parties prenantes dans le contexte hospitalier (infirmières, médecins, gestionnaires, services d'urgence, centres de santé externes, etc.). Il est important de pouvoir les gérer en contexte de préparation d'événements, au cours de l'événement et lors de la phase de reconstruction. Nos travaux confirment l'importance du rôle des réseaux et des parties prenantes pour la résilience des hôpitaux, car lors d'une inondation, les hôpitaux ont besoin de ressources supplémentaires (par exemple, fournitures médicales, équipement, personnel, soutien logistique…).

Les parties prenantes peuvent aider à mobiliser et à coordonner ces ressources afin de garantir aux établissements des ressources complémentaires, absentes ou détruites en contexte d'inondations. Elles peuvent aider à mobiliser et à coordonner ces ressources, pour s'assurer que les hôpitaux ont les capacités nécessaires pour fournir des soins aux patients et au personnel de santé touchés. Il est intéressant de noter parmi les cas analysés que, si les établissements peuvent s'inscrire dans une forme de concurrence à la captation de ressources, lors d'un EME, ils s'inscrivent dans une relation de collaboration afin d'accueillir les patients et assurer la continuité des soins. En cela, la résilience d'un établissement de santé n'est possible que si un territoire et des acteurs extérieurs sont mobilisés.

L'APPRENTISSAGE

Les établissements de santé sont insuffisamment préparés aux inondations ou vagues de chaleur. On observe que les connaissances mobilisables sur la manière de gérer l'EME n'étaient pas acquises ou fonctionnaient partiellement, et étaient actionnées parfois avec du retard. Certains acquis développés à l'occasion d'exercices (type plan blanc) ont été transférés lors des EME.

En revanche une capacité d'adaptation, grâce notamment à l'ingéniosité, a été développée face à l'événement permettant ainsi aux établissements de faire face à un afflux majeur de patients ou encore assurer une évacuation de patients. Par la suite, les expériences vécues durant l'inondation sont devenues de nouvelles connaissances acquises sur la manière de résoudre les problèmes. Selon Argote et Miron-Spektor[2], l'apprentissage au sein d'une organisation est un processus continu et dans lequel l'expérience est transférée entre le personnel interne et des parties prenantes externes. Ce processus est continuellement transformé en connaissances afin d'améliorer la performance de l'organisation.

---

1. Loosemore M., Chand A., "Barriers to building resilience to extreme weather events in Australian hospitals", *Management*, vol. 2, 2016, p. 1201-1210.
2. Argote L., Miron-Spektor E., "Organizational Learning: From Experience to Knowledge", *Organization science*, vol. 22(5), 2011, p. 1123-1137.

À cet égard, le rôle des exercices d'entraînements et retour d'expérience traditionnellement réalisés (même s'ils ne portent pas sur les EME) demeure majeurs car ils contribuent à la création de réseaux, de liens entre toutes les parties prenantes et enrichissent un processus d'apprentissage permettant l'amélioration continue de la résilience.

LA RECONSTRUCTION

À l'issue d'un EME, la phase de reconstruction d'un établissement nécessite une attention toute particulière aux aspects financiers et humains. La fermeture temporaire d'un établissement de santé affecte l'offre de soin d'un territoire, s'accompagne d'un redéploiement du personnel dans d'autres établissements, mais également de nouveaux investissements visant à la remise en état des infrastructures. Or nous avons observé que, dans ce contexte, alors que les personnels de santé et personnels administratifs ont témoigné d'un surinvestissement durant la gestion de l'EME, les décisions managériales basées sur des contraintes financières orientent la myopie des décideurs et contribuent à créer un sentiment d'injustice pour les employés parfois sur-engagés dans l'organisation. Des émotions négatives (sentiments de colère, d'amertume) affectent l'engagement organisationnel des employés à long terme, génèrent des tensions non exprimées et réprimées au sein des organisations. La confiance ainsi que le sentiment d'équité perçue sont des facteurs critiques pour une gestion réussie de l'après-EME.

Autrement dit, les décisions visant à rétablir un équilibre financier mériteraient d'être accompagnées de quelques éléments prospectifs sur leurs potentiels effets à long terme. Si nous avons observé qu'un processus de communication et discussion était bien engagé, notamment avec les représentants du personnel, les décisions managériales sont parfois perçues comme injustes par une partie très engagée du personnel.

La résilience organisationnelle est considérée comme « le maintien d'un ajustement positif dans des conditions difficiles afin que l'organisation en ressorte plus forte et plus ingénieuse »[1]. C'est pourquoi, la perception de l'injustice organisationnelle joue un rôle crucial dans le succès de la résilience organisationnelle. Les chercheurs en résilience organisationnelle analysent souvent le type de rôle des capacités nécessaires au rétablissement et à la restauration de l'efficacité. La plupart des études partent du principe que le rétablissement est associé à un alignement implicite et positif entre les ressources et la gestion.

Les décisions managériales peuvent conduire à une injustice organisationnelle perçue par le personnel administratif et de santé, avec des conséquences

1. Vogus T. J., Sutcliffe K. M., "Organizational Resilience: Towards a Theory and Research Agenda", *2007 IEEE internationales conference on systems, man and cybernetics*, IEEE, 2007, p.3418-3422.

délétères pour les individus et l'organisation. Ainsi, les dimensions des ressources humaines représentent un levier important pour améliorer la résilience organisationnelle face à de tels événements climatiques.

CONCLUSION

Ce chapitre met en avant les défis actuels auxquels les établissements de santé sont confrontés : les EME. Ces événements perturbent le ravitallement en eau et en électricité, les chaînes d'approvisionnement, les transports et les communications, compromettant donc la capacité des hôpitaux à fournir des soins de santé. Pour faire face à ces défis, trois points sont à prendre en considération : les parties prenantes et les réseaux, l'apprentissage des expériences passées et l'attention aux professionnels (de santé et administratifs) ayant participé à l'évènement.

PROPOSITIONS MANAGÉRIALES

- Intégrer des simulations dans la formation continue du personnel et les parties prenantes externes pour améliorer la réactivité et l'efficacité des réponses aux crises, ainsi que pour renforcer la coordination inter-organisationnelle.
- Établir des collaborations formelles entre les hôpitaux, les cliniques et les acteurs de la santé d'un même territoire pour garantir une répartition efficace des ressources en période de crise.
- Mettre en place un dispositif de soutien psychologique et organisationnel pour les personnels fortement mobilisés durant l'EME.
- Anticiper les décisions financières de reconstruction en intégrant une évaluation de leur impact sur l'engagement des salariés et le sentiment d'équité.

Lectures complémentaires

- « Établissements de santé résilients face au changement climatique et écologiquement viables : orientations de l'OMS », rapport de l'OMS, 2021.
- Arbuthnott K. G., Hajat S., "The Health Effects of Hotter Summers and Heat Waves in the Population of the United Kingdom: a Review of the Evidence", *Environmental health*, vol. 16, 2017, p. 1-13.
- Flouris A. D. *et al.*, "Workers' Health and Productivity under Occupational Heat Strain: a Systematic Review and Meta-Analysis", *The Lancet Planetary Health*, vol. 2(12), 2018, p. 521-31.

- HAINES A., EBI K., "The Imperative for Climate Action to Protect Health", *New England Journal of Medicine*, vol. 380(3), 2019, p. 263-273.
- KOMPAS T., PHAM V. H., CHE T. N., "The Effects of Climate Change on GDP by Country and the Global Economic Gains from Complying with the Paris Climate Accord", *Earth's Future*, vol. 6(8), 2018, p. 1153-1173.
- LEVY B. S., SIDEL V. W., PATZ J. A., "Climate Change and Collective Violence", *Annual review of public health*, vol. 38, 2017, p. 241-257.
- LOOSEMORE M., CARTHEY J., CHANDRA V., MIRTI A., "Risk Management of Extreme Weather Events: A Case Study of Coffs Harbour Base Hospital, Australia", présentation de cours pour l'UNSW de Sydney, 2010.
- RATTANAKANLAYA K., SUKONTHASARN A., WANGSRIKHUN S., CHANPRASIT C., "Flood Disaster Preparedness Experiences of Hospital Personnel in Thailand: a qualitative study", *Australasian emergency care*, vol. 21(3), 2018, p. 87-92.
- RATTANAKANLAYA K., SUKONTHASARN A., WANGSRIKHUN S., CHANPRASIT C., "Improving Flood Disaster Preparedness of Hospitals in Central Thailand: Hospital Personnel Perspectives", *Journal of clinical nursing*, vol. 31(7-8), 2022, p. 1073-1081.
- ROZENBERG J., HALLEGATTE S., "The Impacts of Climate Change on Poverty in 2030 and the Potential from Rapid, Inclusive, and Climate-Informed Development", *World Bank Policy Research Working Paper*, 2015, p. 7483.
- SANZ-BARBERO B., LINARES C., VIVES-CASES C., GONZÁLEZ J. L., LÓPEZ-OSSORIO J. J., DÍAZ J., "Heat Wave and the Risk of Intimate Partner Violence", *Science of the total environment*, vol. 644, 2018, p. 413-419.
- SZÉKELY M., CARLETTO L., GARAMI A., "The Pathophysiology of Heat Exposure. Temperature", *Multidisciplinary Biomedical Journal*, vol. 2(4), 2015, p. 452.
- WATTS N. *et al.*, "The 2018 Report of the Lancet Countdown on Health and Climate Change: Shaping the Health of Nations for Centuries to Come", *The Lancet*, vol. 392(10163), 2018, p. 2479-2514.

VERS UN SECTEUR DE LA SANTÉ PLUS VERT

7

PARTIE

23 COMPRENDRE L'IMPACT CARBONE DU SYSTÈME DE SANTÉ

Laurie Marrauld

Résumé

Le secteur de la santé contribue significativement aux émissions de carbone (presque 5 % des émissions mondiales). Pour atténuer cet impact, les compétences managériales jouent un rôle crucial. Les managers doivent organiser la gestion des ressources, gérer efficacement les processus d'activité de bout en bout et encourager des pratiques durables pour minimiser l'empreinte environnementale tout en maintenant la qualité des soins.

MESSAGES-CLÉS

- Les systèmes de santé représentent environ 4,5 % des émissions carbone au niveau mondial et 8 % en France.
- La décarbonation est un moyen d'atténuer les émissions mais aussi de renforcer le système de sante en diminution sa dépendance aux énergies fossiles.
- Les organisations de santé s'orientent vers des stratégies de planification de décarbonation. Les réglementations environnementales encouragent de plus en plus fortement les hôpitaux à agir.
- Plusieurs actions doivent être menées en parallèle : instaurer une communication régulière parmi le personnel de tous les niveaux et de tous les secteurs, institutionnaliser la préoccupation environnementale en désignant des responsables ou encore internaliser la compétence carbone afin de définir des scénarios.

INTRODUCTION

Les infrastructures de santé sont de grosses contributrices aux émissions de gaz à effet de serre (GES). Les activités de santé représentent environ 4,5 % des émissions mondiales[1]. À titre de comparaison, l'aviation commerciale mondiale représente environ 2,5 %. Si la santé était un pays, elle serait le cinquième plus gros pollueur. En outre, dans les pays du Nord, la santé représente jusqu'à 8 à 10 % des émissions nationales – respectivement la France et les USA.

L'EMPREINTE CARBONE DU SECTEUR DE LA SANTÉ

Durant la COP26 à Glasgow, plus de cinquante pays se sont engagés dans la construction de systèmes de santé résilients et bas carbone. Ils ont reconnu collectivement l'importance d'adapter les infrastructures afin d'atténuer leur impact et de se préparer aux menaces actuelles et à venir. Cet engagement fut renouvelé à la COP28 de Dubaï en 2023. L'Organisation mondiale de la santé (OMS) a aussi

1. Romanello M., *et al.*, "The 2023 Report of the Lancet Countdown on Health and Climate Change: the Imperative for a Health-Centred Response in a World Facing Irreversible Harms", *The Lancet*, vol. 402(10419), 2023, p. 2346-2394.

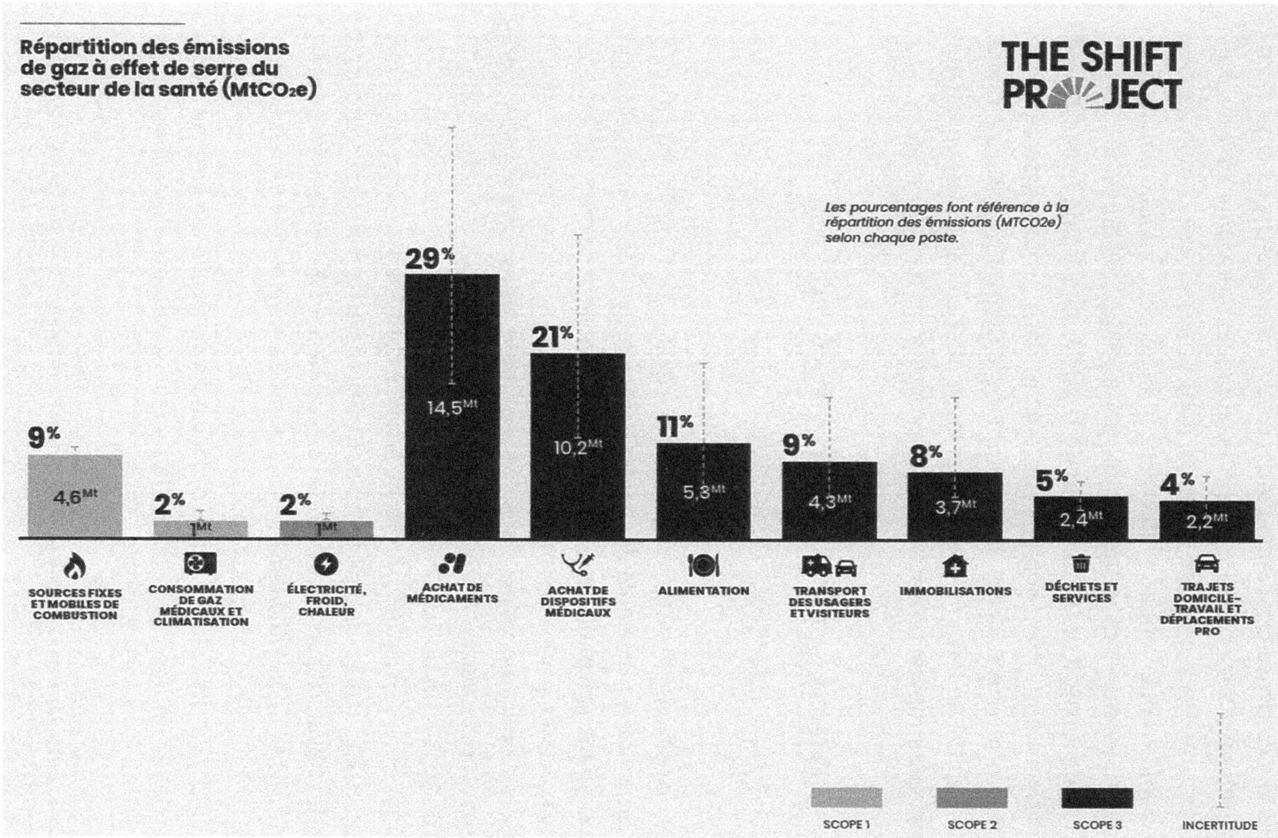

Répartition des émissions de gaz à l'effet de serre du secteur de la santé (MtCO2e)[1]

1. Calculs issus de *The Shift Project 2023*, « Décarboner la santé pour soigner durablement », rapport final version 2, 2023.

répondu à cette urgence en déclarant que la résilience en santé est une priorité. Cela éclaire le besoin crucial d'intégrer la soutenabilité dans les pratiques de santé afin d'assurer la continuité des soins face aux défis environnementaux.

En effet, la résilience des systèmes de santé doit aller au-delà de la simple adaptation. Elle doit aussi assurer la continuité des soins sans imposer des charges financières trop lourdes, causer des dommages écologiques ou anéantir les ressources naturelles. La résilience en santé nécessite donc une approche compréhensive qui réfléchit à atténuer les gaz à effet de serre et adapter nos infrastructures et activités au changement climatique afin de préserver la santé humaine.

Dans ce contexte, il paraît pertinent de regarder la place du management environnemental ou management soutenable dans les établissements de santé. Dans la section suivante, nous évoquons la dynamique institutionnelle française inspirée de travaux nationaux et internationaux, et regardons ce que cela induit en termes de prospective et de propositions managériales.

DÉCARBONATION DE LA SANTÉ : UN ÉLAN FRANÇAIS ?

L'empreinte carbone du système de santé a été évaluée à 49 millions de tonnes CO_2e[1], comprenant l'ensemble des activités nécessaires à la bonne réalisation du parcours patient. À partir de ce diagnostic, une feuille de route de décarbonation a été proposée par le *think tank The Shift Project* sur la base d'une trentaine de mesures de décarbonation planifiées : bâtiment, transports, alimentation, médicaments et dispositifs médicaux, numérique, déchets, etc. Cette feuille de route reposait sur un objectif bien identifié : atteindre une réduction de 80 % d'émissions de GES d'ici 2050, en respect des accords de Paris afin de ne pas dépasser les 2 C° d'élévation de température globale. La feuille de route était inspirée des travaux du secteur tels que ceux du NHS[2] et de l'organisation internationale *Health Care Without Harm* ainsi que des travaux déjà menés au sein du think tank dans de nombreux autres projets[3].

En mai 2023, le ministère français de la Santé annonce la sortie d'une feuille de route de planification écologique du secteur de la santé. Parallèlement, de

1. Marrauld L., Egnell M., Verneuil B., Rambaud T., « Soigner les patients tout en soignant la planète : le bilan carbone du système de santé français et ses leviers de réduction », *Médecine des Maladies Métaboliques*, vol. 17(4), 2023, p. 318-325.
2. *National Health Service*.
3. « Décarbonons la santé » appartient à un travail plus large du *Shift Project* proposant une feuille de route de décarbonation nommée « Plan de transformations de l'Économie Française » dans une quinzaine de secteurs d'activité, dont la santé mais aussi les transports, l'industrie, l'administration publique, etc.

nombreuses actions sont réalisées dans les établissements français. Depuis 2023, les 32 centres hospitaliers régionaux et universitaires (CHRU) de France s'engagent, via la Conférence des CHU, à réduire leur empreinte environnementale et à participer aux efforts de décarbonation en santé. Parmi eux, certains se distinguent avec le déploiement de véritables stratégies de décarbonation, accompagnées d'objectifs opérationnels et de scénarios de diminution de l'empreinte à 2030 puis 2050, comme c'est le cas au CHU de Rennes et à l'APHP par exemple. La direction du développement durable de la Fédération des hôpitaux de France (FHF) est aussi largement impliquée dans la formation et la transmission de bonnes pratiques entre établissements, grâce à des webinaires mensuels consacrés au sujet, la constitution du comité Transition en santé (TES) et la remise de prix consacrés aux meilleures initiatives de développement durable à la conférence Santexpo. D'après la norme ISO 14001, l'engagement des dirigeants constitue une condition *sine qua non* au succès du management environnemental[1].

LES FEUILLES DE ROUTE, ENTRE ENGAGEMENT ET SUIVI.

Pour accompagner les stratégies d'établissements et les enjeux nationaux de décarbonation, le ministère de la santé et les établissements construisent des feuilles de route. Celles-ci servent à la fois de guide opérationnel aux choix stratégiques réalisés mais permettent également de « dé-sédimenter » les missions environnementales au sein des institutions publiques et établissements de santé afin de les intégrer tout à fait à l'organisation et aux pratiques managériales. En parallèle de cela, l'importance de mettre en place des indicateurs et outils de suivis est régulièrement rappelée. Des études en management environnemental montrent qu'un tableau de bord « vert » constitue l'outil autour duquel s'organisent les débats, car ce type d'outil regroupe des indicateurs clés servant à mesurer et à piloter la performance environnementale des organisations[2]. Il permet à la fois d'attirer l'attention des dirigeants sur les priorités stratégiques et de réagir aux dérives ou difficultés mises en évidence. Un autre outil, qui peuvent servir de source d'inspiration est le « projet Grønnköpingkið » créé par le *Nordic Center for Sustainable Healthcare*. Il s'agit d'un hôpital fictif qui

1. Boiral O., "Corporate Greening through ISO 14001: A Rational Myth?", *Organization Science*, vol. 18(1), 2007, p. 127-146.
2. Dupont V., *Les leviers et les freins à une transition vers un hôpital durable selon les composantes environnementales, sociale et économique dans deux hôpitaux belges,* Faculté de santé publique, Université catholique de Louvain, 2022. Prom : Thys F., Maule Y.

rassemble et décrit les différentes solutions et produits qui peuvent augmenter les performances de durabilité des hôpitaux. L'hôpital fictif est représenté sur un site web qui expose les différentes catégories qu'il estime nécessaires pour construire l'hôpital le plus « vert » du monde. Les solutions proposées sont déjà installés dans quelques hôpitaux nordique.

CONCLUSION

En termes de prospective, on peut tout d'abord noter que les travaux actuels sont et seront rythmés par une réglementation dynamique sur la question environnementale. L'amende appliquée à la non-publication du Bilan de gaz à effet de serre (BGES) est passée de 1 500 euros à 50 000 euros en 3 ans. L'application de la CSRD[1] est aussi l'illustration d'un besoin de transparence sur les pollutions en lien avec les chaînes de production et d'approvisionnement. Il est donc probable que davantage d'enjeux réglementaires poussent les acteurs institutionnels et industriels à agir dans le sens d'une action environnementale dans un futur proche.

On peut aussi anticiper un regroupement des hôpitaux vers des stratégies communes d'accès aux données environnementales, leur conférant une extension de leur pouvoir d'influence (sur le secteur des consommables par exemple).

Peu à peu, le management environnemental, soutenu par la croissance des disciples de santé environnementale et de bioéthique globale, peut devenir la norme et non plus l'exception. Les projets environnementaux d'établissement pourraient alors apparaître comme moteur du changement et du recrutement. En cela, les modèles d'hôpitaux soutenables seront davantage sollicités et partagés.

Enfin le déploiement des standards d'outils de diagnostic et de suivi est aussi en cours. Si les « méthodes carbone » pour les organisations sont bien maitrisées, d'autres viennent tout juste d'être publiées, comme la méthodologie d'évaluation carbone des médicaments, portée par la Direction générale des entreprises[2].

Selon Boiral[3,4], « le management environnemental aurait [...] deux côtés pas toujours cohérents : le *côté jardin* prenant en compte les apparences, les

1. Applicable depuis le 1er janvier 2024, la directive européenne « Corporate Sustainability Reporting Directive » fixe de nouvelles normes et obligations de reporting extra-financier.
2. Ministère de l'Économie, des Finances et de la Souveraineté industrielle, *Méthodologie d'évaluation de l'empreinte carbone des médicaments. Guide pratique*, Paris, France, février 2025.
3. Boiral O., *Environnement et gestion : de la prévention à la mobilisation*, Les Presses de l'Université Laval, 2007.
4. Boiral O., "Corporate Greening through ISO 14001: A Rational Myth?", *Organization Science*, vol. 18(1), 2007, p. 127-146.

discours des dirigeants, les politiques officielles, les engagements institutionnels, etc. ; et le *côté cour* beaucoup moins apparent, celui des pratiques internes, des comportements de travail, des préoccupations quotidiennes pour l'environnement, des mesures concrètes de prévention de la pollution, etc. ». La cohérence est pourtant devenue indispensable à la poursuite des objectifs de management environnemental, car ceux-ci doivent atteindre des réductions réelles de pollution sur des durées longues. Pour mettre cette cohérence au centre des actions de chacun, il convient d'envisager des évolutions managériales, que nous présentons sous forme de propositions.

PROPOSITIONS MANAGÉRIALES

- Les comités de directions doivent intégrer ces enjeux de durabilité dans leurs activités de pilotage des établissements. Cela permet d'augmenter la visibilité des enjeux de soutenabilité, favoriser les situations expérientielles d'apprentissage et de test, valoriser les initiatives gagnantes, voire lancer des défis aux équipes dans un cadre de travail favorable.
- L'implication et formation des personnels de la santé dans le management environnemental sont essentielles afin de maîtriser les concepts et ordres de grandeur associés aux enjeux environnementaux dans la santé.
- Le déploiement des expertises carbone dans les établissements de la santé permet d'internaliser et institutionaliser la compétence carbone, un domaine spécifique et complexe.
- La nomination de référents permet d'intervenir à l'échelle des services, en apportant des recommandations et répondant aux interrogations des personnels.
- Les personnels soignants devraient bénéficier de temps de prise de recul et d'une réflexivité sur les pratiques quotidiennes pour aider à interroger l'ensemble des processus qui les maintiennent dans des pratiques non-durables.
- Les réseaux « verts » constituent un moyen de rassembler tous les acteurs environnementaux de son secteur et de coordonner leurs actions autour d'une stratégie environnementale.
- Instaurer une communication régulière parmi le personnel de tous les niveaux et de tous les services est essentiel. Cela permet notamment de sensibiliser sur l'impact environnemental d'actions quotidiennes : gestion du matériel périmé, réduction du gaspillage en appliquant le principe d'économie circulaire quand c'est possible.

Lectures complémentaires

- Braithwaite J., Zurynski Y., Carolynn K., *Routledge Handbook of Climate Change and Health System Sustainability*, Routledge, 2024.
- Hess J. *et al.*, "Petroleum and Health Care: Evaluating and Managing Health Care's Vulnerability to Petroleum Supply Shifts", *American Journal of Public Health*, vol. 101(9), 2011, p. 1568–79
- Laviolle B., *et al.*, « Comment prendre en compte la dimension éco-responsable des produits de santé tout au long de leur cycle de vie ? », *Thérapies*, vol. 79(1), 2024, p. 47-60.
- Rich C. R., Singleton J. K., Wadhwa S. S., *Sustainability for Healthcare Management: a Leadership Imperative*, Routledge, 2018.

24 SENSIBILISER LES PERSONNELS DE SANTÉ À LEUR IMPACT ENVIRONNEMENTAL

Sylvain de Lucia, Isabelle da Ernestho Crespin, Sophie Meisser

Résumé

Le dérèglement climatique et les pollutions environnementales constitueront l'un des enjeux majeurs pour les institutions de santé dans les décennies à venir. Il va, en effet, avoir un impact sur les populations tant en termes de morbidité que d'impacts psycho-sociaux, qui nécessiteront des ressources adaptées aux besoins. Les systèmes de santé sont aussi d'importants émetteurs de pollutions. Engager une transition écologique dans les institutions de soins permet de renforcer la résilience et la sécurité des systèmes de santé tout en réduisant leur impact environnemental. Ces changements demanderont un engagement et un leadership fort des managers de santé pour accompagner les transformations nécessaires.

MESSAGES-CLÉS

- Le dérèglement climatique et les pollutions environnementales seront probablement le plus grand enjeu sanitaire du XXIe siècle.
- Les systèmes de soins sont une source majeure de polluants et de gaz à effet de serre (GES). Dans les hôpitaux, ces derniers sont liés aux activités de soins, aux achats, aux consommations d'énergie et aux déplacements du personnel et des patients.
- Chaque pratique de soins est à l'origine d'émission de GES, et constitue une opportunité de diminuer l'impact total des institutions de santé. La transition écologique dans les pratiques médico-soignantes est un des enjeux majeurs pour diminuer l'impact des institutions de santé.
- Les managers de la santé jouent un rôle clé pour piloter et accompagner les transformations environnementales dans leurs institutions : gouvernance, changements structurels et organisationnels ou encore engagement des équipes de terrain.

INTRODUCTION

Les changements climatiques et le dépassement des autres limites planétaires[1] constituent à l'heure actuelle la plus importante menace sanitaire à l'échelle globale au XXIe siècle, selon l'Organisation mondiale de la santé (OMS). On estime le fardeau sanitaire global qu'impliquent ces dépassements à plusieurs millions de morts par année, et plusieurs dizaines ou centaines de millions de personnes malades, accidentées, et déplacées. Il existe un tribut plus lourd porté par les pays et les personnes issues de groupes dits vulnérables. Les adaptations nécessaires à la prise en charge des personnes affectées constituent un défi majeur pour les managers des institutions de santé.

Si les interactions entre l'environnement physique et la santé sont connues depuis longtemps, elles ne suscitaient jusqu'à récemment que l'intérêt de certains chercheurs et cliniciens, notamment dans le domaine de la santé publique et de la médecine du travail. Il aura fallu attendre les années 1990-2000 pour qu'apparaissent, dans la littérature médicale, les premières études de grande ampleur concernant la pollution de l'air et ses conséquences sur la santé humaine. Et c'est

1. Richardson K., *et al.*, "Earth beyond Six of Nine Planetary Boundaries", *Science advances*, vol. 9(37), 2023.

plus récemment encore que sont parues les premières publications dédiées aux effets du dérèglement climatique sur la santé, avec une augmentation exponentielle de ces dernières sur les trente dernières décennies. Cet intérêt de la communauté médicale pour la pollution et le dérèglement climatique coïncide avec une prise de conscience de la part des gouvernements concernant ces enjeux. Il s'est ensuivi la signature du protocole de Kyoto en 1997 et des Accords de Paris en 2015, qui engagent les gouvernements à se fixer des objectifs en matière de protection du climat[1]. Après que ces traités internationaux ont été signés, tous les secteurs économiques se sont vus contraints de se fixer à leur tour leurs propres objectifs.

LE PARADOXE DU SECTEUR DE LA SANTÉ COMME POLLUEUR

De manière paradoxale, les systèmes de soins, dont l'objectif principal est de préserver la santé des populations, contribuent de manière significative aux émissions de CO_2 et aux autres formes de pollution environnementale. Ils dépendent en effet de l'extraction de matières premières, d'énergie, de processus de transformation, de transports, dont l'empreinte environnementale est conséquente, tout particulièrement dans les pays à hauts revenus. Au niveau mondial, on estime que 4.5 % des émissions de gaz à effet de serre sont imputables aux systèmes de soins[2]. Le système de santé suisse se hisse au niveau de ceux dont l'empreinte environnementale est la plus élevée en termes relatifs – constituant 6,7 % des émissions nationales –, et absolus – avec des émissions totales de 8 millions de tonnes $CO_{2éq}$/an. Cela équivaut à des émissions de 1 tonne de $CO_{2éq}$ par habitant et par an.

Comme tous les pays signataires des Accords de Paris, la Suisse est tenue de planifier la transition écologique (atténuation et adaptation) des divers secteurs de l'économie, sans exception. Pour l'heure, contrairement à d'autres pays tels que le Royaume Uni, il n'existe pas en Suisse de plan de décarbonation spécifique au système de santé à l'échelle nationale ou cantonale. C'est également le cas des autres systèmes de soins les plus pollueurs à l'échelle internationale, comme les États-Unis ou le Canada. Il est donc de la responsabilité des entreprises et des différents acteurs du système de santé de se fixer des objectifs de décarbonation et de se donner les moyens de les atteindre.

1. Dimitrov R.S., "The Paris Agreement on Climate Change: Behind Closed Doors", *Global Environmental Politics*,vol. 16(3), 2016, p. 1-11.
2. Romanello M., *et al.*, "The 2023 Report of the Lancet Countdown on Health and Climate Change: the Imperative for a Health-Centred Response in a World Facing Irreversible Harms", *The Lancet*, vol. 402(10419), 2023, p. 2346-2394.

Certains autres systèmes de santé nationaux ont quant à eux élaboré une stratégie de réduction des émissions de GES à l'horizon 2040-2050, répondant ainsi aux demandes de décarbonation des secteurs économiques faites aux États dans les Accords de Paris. C'est le cas notamment du *National Health Service* (NHS) au Royaume-Uni qui s'est fixé d'atteindre le net zéro émissions d'ici 2045[1]. La France a également établi un plan de décarbonation de son système de soins. À l'horizon 2050, elle espère avoir réduit ses émissions de 80 %[2]. Les 20 % restants nécessiteront des efforts majeurs de la part de l'industrie pharmaceutique, ou une intensification importante des investissements en faveur des mesures de prévention et de promotion de la santé. L'empreinte environnementale de ces dernières est faible, et les gains sur le long terme sont considérés comme conséquents.

Notons en outre qu'à l'échelle des institutions de soins, le partage des données concernant les stratégies de transition écologique est encore très parcellaire, la majorité des hôpitaux ne les rendant pas publiques. Cela est confirmé par plusieurs études, dont certaines concluent à un manque de transparence problématique des hôpitaux concernant leur empreinte carbone et leurs objectifs de réduction[3]. Certains grands établissements hospitaliers font néanmoins le choix d'une certaine transparence. C'est le cas des Hôpitaux universitaires de Bâle et Genève, qui ont fait le choix de publier chaque année, et de manière détaillée, leur bilan carbone et les grands axes de leur stratégie de durabilité.

Enfin, concernant le rôle individuel des soignants dans la transition écologique, il importe de souligner qu'il n'est pas négligeable et fait l'objet d'une littérature abondante[4]. Si chaque professionnel de santé a en effet un certain pouvoir de décision concernant la limitation des actes à basse valeur ajoutée et de la production de déchets, l'essentiel de la littérature s'accorde à dire que ce n'est qu'avec un soutien fort de leur institution que les professionnels de santé peuvent avoir un impact considérable. Les approches *top-down* et *bottom-up* doivent donc être considérées dans leur complémentarité.

---

1. Tennison I., *et al.*, "Health Care's Response to Climate Change: a Carbon Footprint Assessment of the NHS in England", *The Lancet*, vol. 5(2), 2021, p. 84-92.
2. « Tenir le cap de la décarbonation, protéger la population », rapport annuel 2024, Haut Conseil pour le climat.
3. Quitmann C., Sauerborn R., Herrmann A., "Gaps in Reporting Greenhouse Gas Emissions by German Hospitals. A Systematic Grey Literature Review", *Sustainability*, vol. 13(3), 2021, p. 1430.
4. Sommer J., De Lucia S., Peterschmitt L. O., Delamare E., Jackson Y., "Eco-Competences for a Sustainable Medical Practice", *Revue médicale suisse*, 2023, p. 1569-1573.

EXPÉRIENCE DE GENÈVE

Les Hôpitaux universitaires de Genève (HUG) rassemblent 10 hôpitaux et cliniques publics. Ils prodiguent des soins dans toutes les spécialités médicales à 250 000 personnes par an. Ils disposent de 2 000 lits hospitaliers et emploient 12 803 personnes.

La durabilité environnementale fait partie des engagements concrets des HUG depuis de nombreuses années. Un plan de mobilité a été mis en place dès 2008. 60 % du personnel est aujourd'hui éco-mobile. En 2009, l'institution était le premier hôpital européen à dresser un écobilan. Puis le recours à une électricité 100 % renouvelable a été décidé. L'hôpital comptait en 2024 quelques 4 126 m^2 de panneaux solaires et 11 914 m^2 de toitures végétalisées. Les optimisations menées entre 2020 et 2024 ont permis de réduire les consommations d'énergie de 16 % alors que de nouveaux bâtiments ont été ouverts. 58 % des véhicules des HUG sont électriques et 46 % des déchets sont recyclés. Près d'un quart des plats du jour servis au personnel et aux patients sont végétariens, 90 % des légumes frais utilisés pour la préparation des repas proviennent de Suisse et 40 % sont même issus de la région genevoise.

Si les initiatives durables ont longtemps été portées par les équipes de la logistique ou des infrastructures, l'intégration des enjeux environnementaux dans les pratiques médico-soignantes s'étend progressivement. Le service d'anesthésiologie a supprimé le desflurane (gaz anesthésique à très fort impact climatique) en 2022. Un travail complémentaire durant la même année a permis de réduire de 37 % le protoxyde d'azote (N_2O), autre gaz très émetteur de GES.

Souhaitant renforcer et structurer leur engagement, les HUG se sont dotés, dès 2020, d'une gouvernance dédiée à la durabilité en créant un pôle expert et une commission institutionnelle de responsabilité sociale et environnementale. Cette dernière a pour mission d'élaborer et de proposer la stratégie de responsabilité sociale, environnementale et climatique de l'hôpital, d'en assurer le suivi et de rapporter régulièrement à la Direction générale et au Conseil d'administration. Présidée par le directeur général adjoint, elle regroupe une quinzaine de hauts cadres des différentes directions et départements tant administratifs, techniques que médico-soignants.

Reconnaissant l'importance de l'expertise du personnel et des différentes parties prenantes dans un environnement hospitalier complexe, les HUG ont adopté une approche participative pour construire leur stratégie de durabilité 2030[1]. En 2022, le personnel, les patients, leurs proches, les partenaires, les fournisseurs et le grand public ont été invités à voter, débattre et suggérer des

1. Hôpitaux universitaires de Genève, *Stratégie de durabilité 2030*.

actions pour rendre l'hôpital plus durable via une plateforme participative en ligne. Des sessions spécifiques ont été organisées pour recueillir les contributions des membres du personnel ayant un accès réduit aux outils numériques. Au total, 522 personnes se sont impliquées et 152 propositions ont été recueillies. Plus de la moitié des propositions issues de ce processus participatif a été intégrée dans la version finale du plan d'action de durabilité.

Construite autour de trois axes prioritaires « climat et santé », « diversité, égalité et inclusion » et « consommation et production durables », la stratégie de durabilité fixe des objectifs dans des domaines aussi variés que la rénovation énergétique des bâtiments, la production d'énergie renouvelable, le numérique responsable, les achats durables, l'amélioration de la prise en charge des personnes en situation de handicap, le renforcement du recrutement de personnes en réinsertion professionnelle ou encore la transition écologique dans les soins (TES).

Initialement portée par un groupe bénévole engagé dans la médecine écoresponsable, cette transition s'est progressivement intégrée dans la stratégie des HUG. Un poste de responsable de la transition écologique dans les soins, une première en Suisse, a été créé en 2022 à l'initiative conjointe de la direction des soins et de la direction médicale. Ce poste a pour mission de conduire plus de 9 000 professionnels de santé à une transition de culture et de pratiques plus respectueuses de l'environnement. Une des premières réalisations a été la mise en place d'une communauté de pratiques dédiée à la TES, visant à professionnaliser les initiatives pour réduire les impacts environnementaux liés à l'activité de soins des HUG. Composée d'une cinquantaine de référents médico-soignants issus des dix départements médicaux de l'hôpital, cette communauté soutient les professionnels de santé de terrain dans la mise en œuvre des changements promus par la démarche TES. En s'inspirant d'initiatives locales et internationales, et en s'appuyant sur des données probantes, elle intègre des pratiques écoresponsables tout en maintenant un haut niveau de qualité et de sécurité. D'ici 2030, l'objectif est que toutes les unités de soins de l'hôpital aient concrétisé leur transition environnementale.

Un autre pilier de cette démarche est le développement d'un programme de formation continue en santé environnementale. Coordonné avec les formations développées par la faculté de médecine et les hautes écoles de santé, il est conçu pour renforcer l'engagement des professionnels de santé[1]. Il leur fournit les compétences nécessaires pour intégrer des pratiques écoresponsables dans leur quotidien et les sensibilise aux enjeux environnementaux spécifiques à leur

1. Delamare E., Greipl C., Peterschmitt L., Ruiz De Castañeda R., Sommer J., Flahault A., « Enseigner la santé planétaire dans le curriculum médical prégradué en Suisse », *Revue médicale suisse*, vol. 790, 2022, p. 1391-4.

métier. En les rendant conscients de l'impact environnemental de leurs actions, la formation continue est un levier essentiel pour transformer les pratiques et assurer l'adoption active de cette nouvelle culture.

À l'échelle régionale, les initiatives individuelles et institutionnelles se fédèrent au sein d'un Réseau romand des soins durables, créé en 2023[1]. Ce réseau regroupe les représentants médico-soignants des hôpitaux publics, des facultés de médecine et des hautes écoles de santé de Suisse francophone, partageant ainsi des initiatives concrètes pour des soins écoresponsables.

PROPOSITIONS MANAGÉRIALES

- L'intégration des enjeux environnementaux (et sociaux) dans les institutions de santé passe par une approche managériale combinant des approches *top-down* et *bottom-up*.
- Les initiatives individuelles ou des équipes (*bottom-up*) sont souvent la première étape d'une démarche de durabilité environnementale dans un hôpital. Cela permet la concrétisation de réalisations dans des secteurs variés (logistique, infrastructures, soins, etc.).
- L'identification et la reconnaissance de ces succès permettent de fonder et d'orienter une démarche coordonnée à l'échelle d'un établissement et de valoriser l'engagement des équipes. Les contributions *bottom-up* sont également essentielles lors la construction et l'ancrage d'une stratégie institutionnelle globale.
- La formation continue aux enjeux environnementaux est également essentielle à la transformation des pratiques dans les différents métiers.
- Une gouvernance dédiée, un leadership fort de la direction générale, des directions médicales et des soins (*top-down*), et l'allocation de ressources dédiées sont le second facteur de succès d'une telle transformation. Ces approches complémentaires se renforcent et s'alimentent mutuellement.
- Ces approches peuvent s'enrichir de démarches transversales complémentaires, soutenues par des réseaux d'éco-ambassadeurs (comme l'exemple des référents TES aux HUG).

1. Da Ernestho Crespin I., De Lucia S., Meisser S., Jackson Y., « L'engagement des institutions de santé pour des soins durables : exemples à Genève et en Suisse romande », *Revue médicale suisse*, vol. 885, 2024.

Lectures complémentaires

- Romanello M., *et al.*, "The 2024 Report of the Lancet Countdown on Health and Climate Change: Facing Record-Breaking Threats from Delayed Action", *The Lancet*, vol. 404(10465), 2024, p. 1847-1896.
- Rockström J., *et al.*, "Planetary Boundaries Guide Humanity's Future on Earth", *Nature Reviews Earth & Environment*, vol. 5, 2024 , p. 773-788.
- Senn N., *et al.*, *Santé et environnement : vers une nouvelle approche globale*, éditions Médecine et Hygiène, 2022.
- Formations, outils d'évaluation et de simulation sur la durabilité environnementale pour le management des hôpitaux, proposés par le Geneva Sustainability Centre.
- Différentes ressources sur les enjeux environnementaux dans les hôpitaux, pour le management et le personnel, proposées par l'organisation Health Care Without Harm Europe.
- Hôpitaux universitaires de Genève, *Stratégie de durabilité 2030 et démarche de transition écologique dans les soins*.

CONCLUSION

Le management de la santé est un domaine en perpétuelle évolution, où se croisent des considérations cliniques, économiques, organisationnelles et politiques. Dans un monde marqué par la complexification des besoins des patients, les progrès technologiques, les changements climatiques ou les crises sanitaires majeures, il est aujourd'hui impératif de repenser la manière dont les services de santé sont organisés et gérés.

Cet ouvrage s'inscrit dans cette démarche. Il a exploré les fondements de la gestion à l'aune de défis majeurs auxquels sont confrontés les professionnels et les décideurs de la santé. Il propose des recommandations concrètes pour accompagner les managers dans les transformations nécessaires des organisations.

Il ne s'agit pas seulement de gérer des structures et des budgets, mais d'assurer la coordination d'acteurs – soignants, administrateurs, patients, décideurs publics et partenaires privés – afin d'offrir des soins accessibles, de qualité et durables. Cette coordination est d'autant plus essentielle dans un contexte où la demande en soins ne cesse de croître, notamment en raison du vieillissement de la population, de l'augmentation des maladies chroniques et de l'émergence de nouvelles menaces sanitaires. Face à ces défis, une gouvernance fondée sur des données probantes et une vision stratégique à long terme s'impose.

Le rôle du leadership dans le management en santé est plus crucial que jamais. Loin d'être une simple fonction administrative, la gestion des soins de santé repose sur des qualités de vision, d'adaptabilité et de mobilisation. Les dirigeants du secteur doivent être capables d'anticiper les évolutions, d'innover dans l'organisation des services et de fédérer les équipes autour d'objectifs communs.

L'innovation, qu'elle soit technologique, organisationnelle ou sociale, représente un levier fondamental pour répondre aux attentes des patients et des soignants, et améliorer la performance des systèmes de santé. L'intelligence artificielle et la télémédecine redéfinissent les pratiques, offrant de nouvelles opportunités pour optimiser la prise en charge et renforcer la prévention. Toutefois, ces avancées posent également des questions de gestion, d'éthique et de régulation qui ne peuvent être éludées et nécessitent une approche prudente et éclairée.

Si la quête d'efficience est devenue, dans tous les systèmes de santé, un impératif dans un contexte de ressources limitées, elle ne doit pas se faire au détriment des valeurs fondamentales du soin. L'équilibre entre performance économique et humanisme est un enjeu central du management en santé. Derrière les structures et les indicateurs de gestion se trouvent des patients avec des besoins spécifiques, ainsi que des professionnels engagés qui méritent des conditions de travail favorisant leur bien-être et leur épanouissement. Un système de santé performant ne peut exister sans une reconnaissance de la dimension humaine et éthique du soin.

Les crises sanitaires récentes, en particulier la pandémie de COVID-19, ont révélé la nécessité d'une gouvernance plus résiliente et proactive. Elles ont mis en évidence l'importance de la coopération entre acteurs publics et privés, de l'investissement dans la recherche et du renforcement des capacités de réponse aux urgences. Ces événements ont également souligné la nécessité de repenser les modèles de financement, afin de garantir des ressources adaptées aux besoins et d'assurer l'équité dans l'accès aux soins.

L'avenir du management en santé repose donc sur une approche intégrée et responsable, qui conjugue innovation, efficacité et éthique. Il est essentiel de promouvoir une culture managériale fondée sur la collaboration, la transparence et la participation des usagers. La construction de systèmes de santé plus résilients et plus inclusifs passera par un engagement collectif en faveur de la qualité des soins, du bien-être des professionnels et d'une meilleure prise en compte des déterminants sociaux et environnementaux de la santé.

En définitive, le management en santé ne se limite pas à l'optimisation des ressources et des processus ; il porte en lui une responsabilité sociétale majeure. Pour faire face aux défis à venir, il faudra non seulement innover et s'adapter, mais aussi préserver l'essence même du soin : une approche centrée sur l'humain, où la santé est considérée comme un bien commun à protéger et à promouvoir pour les générations futures.

Karl Blanchet et Mathias Waelli

À retrouver chez Dunod

87029 - (I) - OSB 80° - NOC - PRU
Dépôt légal : juin 2025
Achevé d'impression par
la Nouvelle Imprimerie Laballery 58500 Clamecy
N° d'impression : 504801
Imprimé en France